현대시의 종말과 미학

이 승 훈

집문당

책머리에

최근의 우리시가 재미없는 것은 복고적인 서정시들이 판을 치기 때문이다. 원로, 중견, 신인 할 것 없이 모두 발표하는 시들이 한결같이 자연 찬미, 자연 감상, 자연 놀이다. 물론 모두 그런 것은 아니지만 대체로 그렇다. 이유는 무엇인가? 첫째로 시인들이 공부를 안 한다는 것. 나도 그렇지만. 최소한 나는 내가 공부를 안 한다는 것을 알지만 대부분의 시인들은 그것도 모른다. 둘째는 그 많은 잡지들이 보여주는 문학적 태도의 유사성, 셋째는 평론가, 이론가들의 지적 수준과 안목을 들 수 있다. 이런 문제야 내가 이러니저러니 할 게 아니지만 하도 딱해서 하는 소리다.

문학이 있는 게 아니라 문학과 문학의 차이가 있고 시가 있는 게 아니라 시와 시의 차이, 관계가 있을 뿐이고 이 차이, 관계가 문학이고 시다. 시에 무슨 본질이 있다고 믿는 본질주의자들이 많은 우리 시단에선 이런 소리가 무슨 소린지 모르겠지만 아무튼 이 차이가 중요하다. 문학의 역사는 차이의 역사고 문학이 있는 게 아니라 역사가 있고 차이가 있다. 이 차이를 알고 차이를 만드는 것이 이른바 모험이고 도전이고 실험이다.

이런 차이를 만들기 위해 모험은 모험을 두려워해서는 안 되고 그것은 문학이라는 법, 언어라는 법 속에서 이 법과 싸우고 이 법을 파괴하면서 이 법과 함께 추락해야 한다. 시쓰기는 결국 시를 배반하고 위반하고 폭로하는 행위이다. 나는 지금 새로 서문을 쓰는 게 아니라 이 책 한 구석에서 내가 한 말을 인용하고 베끼고 표절한다. 사실 서문도 문제다. 서문을 쓰고 본문을 써야 하지만 책을 낼 때마다 나는 본문, 그러니까 원고들을 정리하고 마지막으로 이런 글을 쓰기 때문에 서문이 아니라 후문을 쓰는 셈이다. 그러므로 본문의 일부를 옮긴다고 문제될 건 없다.

본문의 일부를 옮기는 또 하나의 이유는 피로 때문이다. 어제는 대학원 종강 기념으로 학교 후문 2층 카페에서 학생들과 저녁 여섯시 반부터 맥주를 마시고 그래서 여간 피로한 게 아니다. 밖에서 술을 마실 때는 아직도 내가 젊은 줄 알고 주는 대로 마시다가 이 지경이 되고 한편 이 지경이 되려고 마시는지 모른다. 특히 젊은 애들과 마실 때는 나도 젊다는 착각이 들고 그래서 좋다. 사는 게 결국은 착각이고 이 착각이 황홀하다. 미칠지도 모른다는 애처로운 사유가 나를 지탱했고 내 시를 지탱했고 오늘을 지탱한다.

'현대시의 종말과 미학'이라는 이름으로 책을 내는 것도 착각인지 모른다. 인생이 썩으면 예술이 되고 사회가 썩으면 예술이 된다고 말한 건 백남준. 그러나 우리시는 썩을 줄 모르고 부식을 모르고 부패도 모르고 피로도 모르고 한마디로 죽음을 모른다. 말하자면 새로운 탄생을 모른다. 모험은 고독한 시도이고 실패하려는 시도이고 죽으려는 시도이다. 최소한 이 책에서 내가 강조한 것이 그렇다. Ⅰ부는 최근의 내 시쓰기에 대한 사유, Ⅱ부는 한국모더니즘시에 대한 반성, Ⅲ부는 선(禪)과 모더니즘 혹은 선과 포스트모더니즘의 관계에 대한 성찰을 담고 있다.

그동안 나는 아무 말도 할 수 없다는 걸 말하기 위해 시를 쓰고 시에 대해 생각했다. 말하자면 나에겐 인생이 없었고 내가 없었고 지금도 없다. 이게 내 사상이고 이런 문제는 허무와 고뇌가 책임져야 한다. 이 책은 집문당 임경환 사장님의 배려로 나오게 되었다. 거듭 감사의 말씀을 드린다. 아울러 이 책의 편집·교정을 위해 애써 준 편집부 성인숙, 조서영 님에게도 고마운 마음을 전한다.

2007년 여름 서초동에서

이 승 훈

차 례

II

III

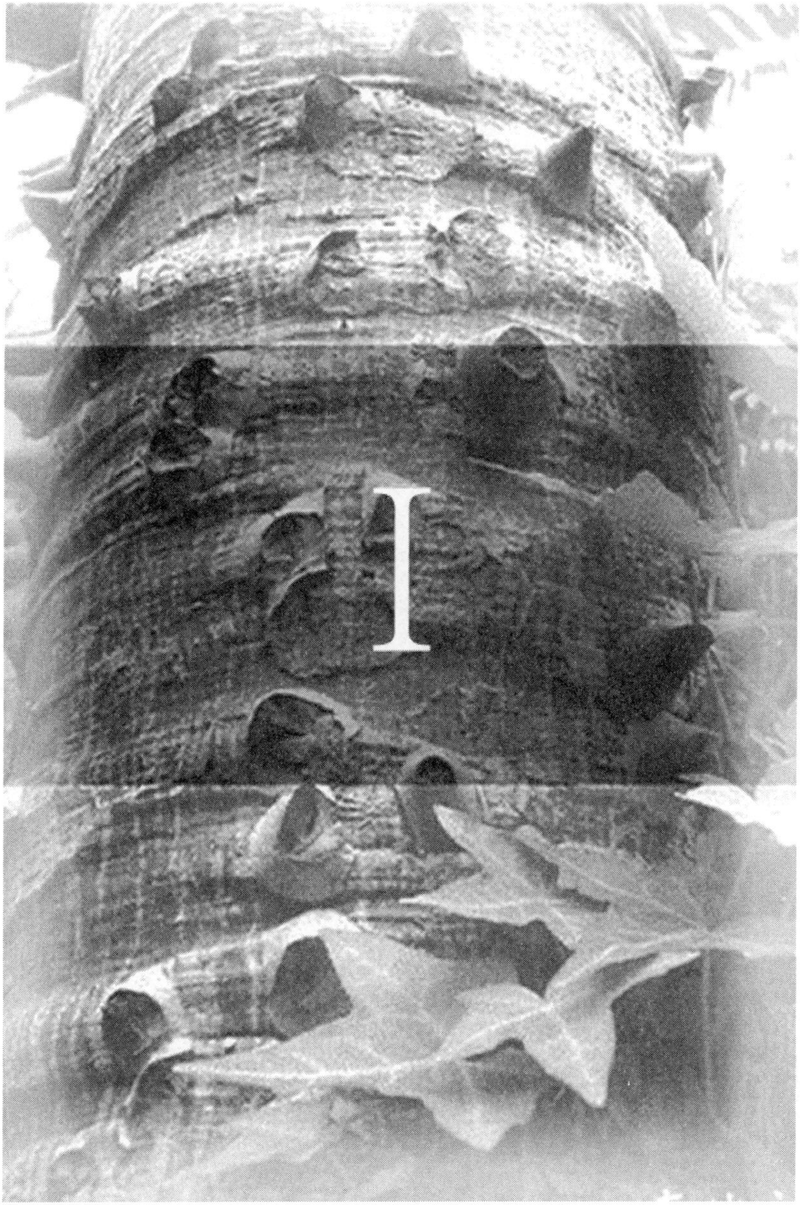
I

1. 아무것도 아닌 것에서 시작하기

서준섭 교수에게

서 교수. 편지 잘 받았습니다. 편지는 이렇게 공개적으로 주고받는 게 아니라 개인적인 사연들을 남모르게 주고받는 소통의 수단이죠. 그러나 잘되었습니다. 『현대문학』에서 이런 지면을 마련한 것은 무엇보다 이 시대 많은 사람들이 편지를 쓰지 않고 편지의 귀중한 의미를 상실했기 때문입니다. 이제는 작가나 시인들도 편지를 쓰지 않습니다. 옛날엔 잠이 오지 않는 밤이면 많은 편지를 썼지요. 소생은 고교 시절 릴케의 「가을날」을 읽으며 특히 "지금 홀로 있는 사람은 앞으로도 오래오래 홀로 있고/ 잠자지 않고 책을 읽고 길고 긴 편지를 쓰고/ 나뭇잎이 굴러떨어질 때면 가로수 사이를/ 이리저리 불안스레 방황할 것입니다"라는 구절을 얼마나 사랑했는지 몰라요. 그러나 이제는 아무도 길고 긴 편지를 쓰지 않고 낙엽 지는 가로수 사이를 불안하게 방황하지 않고 한마디로 이 시대는 불안과 방황을 모르는 시대입니다.

서 교수. 문학은 그리고 시는 불안과 방황에서 시작되고 특히 소생의 경우가 그래요. 오늘처럼 흐린 가을이면 불안이 도지고 마음은 끝없이 방황하죠. 유랑이라고 할까? 주체도 목적도 없이 그저 떠도는 겁니다. 서 교수가 계신 춘천은 소생의 고향이고 서 교수도 잘 알듯이 난 30대를 스산하기만 했던 춘천교육대 교수로 보내고 그때 서 교수, 최승호, 이외수, 송준영 등이 문학청년들이었죠. 오늘처럼 흐린 가을이면 춘천엔 하루 종일 안개가 끼고 안개 속에서 시와 예술이 태어납니다. 그래서 춘천은 쓸쓸해요. 거대한 비애가 아니라 작은 비애, 슬픔, 애처로움, 우울 등이 예술을 태어나게 합니다. 춘천에서 내가 느끼고 사유한 것이 그렇습니다. 30대는 또 얼마나 방황이 심한 시기입니까?

춘천은 비싸지 않고 비상을 모르고 비분강개하지 않고 비생산적이지만 난 그런 비생산성을 좋아해요. 사실 따지고 보면 예술은 비생산적이고 정신의 낭비이고 정서의 낭비죠. 그러나 이 낭비가 새로운 사유를 낳고 자유를 낳고 아무튼 지금 내가 하는 말은 그리고 하려는 말은 춘천이 그립다는 거죠. 막상 찾아가면 아무도 없고 그래서 쓸쓸하고 돌아오면 다시 그립죠. 서 교수가 사는 가을 샘밭, 그 텅 빈 들판이 눈에 선합니다. 샘밭 지나 소양댐 가는 길에서 화천으로 가는 왼쪽 산길을 조금 올라가면 산비탈에 소생의 아버지와 어머니 무덤이 있어요. 그러나 자주 가지 못하고 올해도 추석 때 잠시 찾아갔습니다. 오랫동안 방황하시던 아버지와 귀가 잘 들리지 않으시던 어머니 생각을 하면 지금도 가슴이 아려옵니다. 가슴이 쑤시는 것도 아니고 가슴을 얇게 베어내는 것 같은 그런 심정이죠.

서 교수. 내 말만 해서 미안해요. 서 교수 고향 강릉은 소생의 외삼촌이 병원을 하던 곳이고 서 교수가 대학 시절 발레리의 「해변의 묘지」를 좋아하게 된 강릉 바다, 그것도 경포가 아니라 안목 바다는 내가 처음 본 바다이기도 하죠. 고교 시절 여름방학 때 강릉 외숙 댁에 놀러가 처음 바다를 보았죠. 물론 6·25 때 부산에서 바다를 보긴 했지만 너무 어려 바다에 대한 기억이 별로 없고 따라서 강릉 바다가 처음 본 바다입니다. 그 무렵 외숙은 가족들과 함께 안목으로 해수욕을 가곤 했습니다. 안목 바다 앞엔 서 교수 말처럼 무덤들이 있었던 것 같아요. 그러고 보니 서 교수와의 인연도 보통이 아닙니다. 이번 편지를 읽고 서 교수의 고교 시절 이야기를 새로 알게 되었죠. 우리는 한세상 함께 살지만 사실 타인들에 대해 모르는 게 너무 많아요.

서 교수. 서 교수가 전공으로 하는 한국모더니즘 문학은 소생의 전공(?)이기도 해요. 서 교수는 또 소생이 젊은 시절에 쓴 난해한 시들을 치밀한 분석과 섬세한 감성으로 해석하고 또 논문도 쓰고 그런 분야의 많은 저서들을 내고 저서를 낼 때면 빠지지 않고 소생에게 부쳐주었죠. 그러나 소생은 격려 전화도 고맙다는 편지도 못했고 언제나 이 빚을 갚을지 막막해요. 이번에 소생이 펴낸 『이승훈의 현대회화 읽기』에서 다룬 그림들은 서문에서 고백했듯이 내 젊은 시절의 내면이고 초상이고 흔적이죠. 결국은 스산했던 대학 시절의 추억이고 불안, 피해망상, 우울증에 시달리던 젊은 날의 내면이고 무의식이고 이런 무의식은 지금도 계속됩니다.

우리는 과거의 흔적을 먹고 삽니다. 특히 예술가들이 그래요. 이런 흔적들이 나를 구성하고 서 교수 말처럼 "하나의 인간은 무수한 타자로 구성되어 있다"는 명제가 중요하고 이런 명제에 대한 사유, 자의식이 중요하죠. 그런 점에서 모든 글쓰기는 서 교수 말처럼 "함께 쓰기"입니다. 이런 자각에 의해 우리는 근대적 주체의 뻔뻔함, 무얼 내가 만든다는 오만함, 자율성이라는 허구, 독창성이라는 사기, 창조라는 미적 이데올로기를 극복하고 극복해야 합니다. 그러나 우리 시단은 아직도 전근대가 판을 치고 그런 점에서 미적 근대성도 모르는 한심한 처지죠. 말하자면 근대적 자아의 고독이 전개하는 추상도 모르는 처지입니다. 그러나 시대는 변하고 사유도 변하고 미학도 변합니다. 지금 우리 시의 과제는 아무것도 아닌 것에서 시작하기, 기댈 곳이 없는 글쓰기, 이런 글쓰기에 대한 사유라고 생각합니다.

서 교수. 난 지금 이런 말을 하려던 게 아니었는데 쓰다 보니 이렇게 되었죠. 언어는 믿을 수 없어요. 언제나 우리는 소통에 실패하고 그런 점에서 말하기, 글쓰기는 실언이고 오류이고 끊임없는 실패입니다. 그러나 언어가 결핍이라는 걸 알면서도 우리는 말하고 써야 하죠. 왜냐하면 외롭기 때문입니다. 외롭지 않은 사람들, 결핍을 모르는 사람들, 상처를 모르는 사람들, 건강한 사람들에겐 시라는 이상한 글쓰기가 필요 없어요. 그들을 구성하는 건 무수한 타자들이 아니고 나라는, 자아라는, 주체라는 허상이죠. 그들은 내 안에 무수한 타자들이 살고 이들이 생각하고 결국 나는 없고 이 타자들과 나의 사이, 상호주체성이 있다는 걸 부정하고 계속 나만 주장합니다.

한편 이런 의미로서의 타자, 그러니까 내 안의 타자들도 중요하지만 나라는 인간, 지금 서초동에 앉아 이 글을 쓰고 있는 나도 타자라는 생각이고 결국은 같은 소리가 되지만 내가 타자라는 것은 내가 나를 모른다는 것이죠. 사실 나는 지금 누가 이 글을 쓰고 있는지 몰라요. 나는 나의 거울, 이미지, 허깨비입니다. 『금강경』 마지막 장 「응화비진분」에는 "일체 현상이 꿈이요 허깨비요 물거품이요 그림자 같고 이슬 같고 번개 같으니 마땅히 이와 같이 보라(一體有爲法 如夢幻泡影 如露亦如電 應作如是觀)"는 부처님 말씀이 나옵니다. 내 안의 무수한 타자들이 이른바 오온(五蘊)과 통한다면 나를 타자로 인식하는 것은 위의 부처님 말씀과 통하고 따라서 소생은 라캉이 거울이론에서 강조하는 오인된 자아, 거울 이미지를 불교적으로 수용하고 극복하고 발전시켜야 한다는 입장이죠.

그러나 서 교수. 난 불교 공부도 별로 한 게 없고 수행과는 거리가 멀고 체질적으로 산행도 못하고 여행도 싫고 절에선 잠도 못자요. 무엇보다 우울증으로 고생이죠. 올 가을도 여지없이 이놈의 우울증이 찾아오고 해질 무렵 혼자 맥주를 마시는 것도 따지고 보면 불안과 우울증에서 도피하기 위한 수단이죠. 최근엔 두통까지 찾아와 여간 고생이 아닙니다. 또 감기는 달고 다녀요. 내가 생각해도 우습죠. 해질 무렵 알코올중독, 박카스중독, 최근엔 판피린중독. 약을 끊어야 하는데 의지가 약해요. 대학 시절 외로움과 내성적 성격을 고치려고 산행과 합기도를 배웠다는 서 교수의 의지가 여간 부럽지 않습니다. 소생은 나이만 먹었지 도대체 아직도 사는 방법을 모르겠어요.

서 교수. 이번에 함께 펴낸 『선과 기호학』에서도 밝혔지만 소생의 경우 선은 언어학이고 사유이고 철학입니다. 그런데 서 교수는 언제 그렇게 불교공부를 많이 하셨는지 너무 놀랐습니다. 최근엔 서 교수의 「십현담 주해 읽기」를 비롯한 논문들을 읽고 많은 공부를 하지요. 시집 『인생』과 『비누』에 대한 말씀은 과찬이시고 서 교수의 논문 「한용운의 시와 선」을 다시 읽으며 많은 생각을 했습니다. 특히 만해가 "한 마디로 열반(타고 남은 재)에 머물지 않는 선을 표현한 것(다시 기름이 됩니다)"이라는 주장, "우리는 근대와 탈근대를 동시에 사유해야 하는 시대를 살고 있다"는 주장, 이런 문제를 만해를 통해 사유하는 서 교수의 태도가 너무 좋고 배우는 게 많아요. 어느덧 어두워졌습니다. 내내 건강하소서.

2. 나를 쳐라

서준섭 교수에게

서 교수. 날씨가 많이 추워졌습니다. 며칠 전엔 서울에도 많은 눈이 내리고 소생이 사는 서초동 아파트 뒤 중학교 운동장엔 눈이 그대로 쌓여 있습니다. 오늘처럼 적막한 겨울 오후 물을 마시려고 주방으로 가서 물 마실 생각은 잊고 물끄러미 유리창 너머 중학교 운동장을 봅니다. 학생들도 없고 텅 빈 저녁 운동장. 그런 시간에 무슨 말이 필요하고 사유가 필요할까요? 그런 시간이 좋아요. 춘천에도 많은 눈이 내렸겠죠?

서 교수 편지 잘 받았습니다. 지난 편지에서도 잠시 말했듯이 소생의 경우 선(禪)은 참선이나 수행이 아니라 철학이고 사유이고 특히 언어학입니다. 소생이 선과 만난 건 1997년 봄입니다. 그러니까 법연(法緣)이 너무 늦게 찾아온 셈이죠. 서 교수도 알고 있듯이 그동안 소생의 시쓰기는 남들이야 뭐라든 시를 구성하는 세 요소 자아/대상/언어에서 처음부터 대상의 세계를 괄호 치고 자아탐구에 관심을 두었죠. 이른바 '비대상'의 시론에서 강조한 것이 그래요. 그러나 한 10년 자아를 찾다가 깨달은 게 자아는 없다는 사실이고 이때 자아소멸의 주제와 만나고 자아/대상/언어에서 남은 건 언어뿐이고 그러므로 자아소멸의 시학은 언어가 시를 쓴다는 명제를 낳았습니다.

언어가 시를 쓴다? 물론 어려운 명제입니다. 자아탐구가 모더니즘의 세계라면 자아소멸은 포스트모더니즘의 세계에 해당하고 따라서 언어가 시를 쓴다는 것은 자아소멸과 장르해체의 양상으로 전개되고 이런 사유는 시론 「시적인 것은 없고 시도 없다」, 「비빔밥 시론」으로 요약됩니다. 그러나 이상해요. 언어가 시를 쓴다지만 문득 언어도 헛것이다, 언어도 버리자는 생각이 들고 그 무렵 선과 만나게 됩니다. 그러니까 결국 소생의 시쓰기는 시를 구성하는 세 요소, 자아/대상/언어를 하나씩 죽이는 과정이고 결과적으로 그렇게 된 것이고 그건 어디까지나 후기 구조주의 철학자들, 특히 데리다나 라캉 같은 철학자들을 매개로 한 사유의 결과였습니다. 그런 점에서 서 교수가 논문 「'바깥'으로의 사유」(『현대시』, 2002년 11월호)에서 지적하신 다음과 같은 말은 거의 정곡을 찌르는 발언입니다.

> 데리다의 철학에 기댄 '외부'에 대한 사유보다도, 자아란 '다섯 가지 쌓임'이고, '비어 있음'이고, 상호의존태라고 보는 불교철학이 더 의미 있는 '외부에로의 사유'가 아닐까. 중요한 것은 그가 시쓰기의 모험을 통해 주체의 바깥으로의 사유라는 중요한 화두를 던지고 있다는 점이다. 그의 시론의 중요성이 여기에 있다.

그렇습니다. 서 교수. 그때부터 소생의 선에 대한 공부가 시작되고 자아불이(不二)라는 개념을 수용하죠. 결국 소생의 시쓰기는 자아탐구－자아소멸－자아불이로 발전하고 불이는 『유마경』을 읽으며 수용한 것. 불이는 같은 것도 아니(不一)고, 다른 것도 아니(不異)라는 것. 그러나 해체시론을 쓰던 무렵만 해도 이런 사유는 어디까지나 머리로만 왔던 것이죠.

서 교수. 소생이 선과 만난 것은 그리고 아 이런 게 법연이로구나 하고 느낀 것은 1997년 봄입니다. 소생의 처가는 경남 진주이고 그 무렵 돌아가신 장모님 49재가 있었어요. 내려갈 때도 그랬고 서울에서도 그랬고 당시 소생은 왜 그렇게 미운 사람들이 많았는지 몰라요. 병이라면 병이죠. 49재는 진주에서 하동 방향 지리산 입구에 있는 칠성암이라는 작은 암자에서 있었죠. 하동 가던 봄날 오전 햇살은 맑고 도로변엔 하얀 벚꽃이 피어 있었습니다. 지금은 사찰이 되어 칠성사로 알고 있지만 당시엔 칠성암이었고 이 암자는 돌아가신 장모님이 많은 시주를 하신 곳입니다. 장모님은 신심이 깊은 보살이었고 아내도 보살입니다. 아내는 어제도 상원사엘 다녀왔어요.

아무튼 춥던 봄날 아침 처제, 동서, 우리 식구들은 봄 햇살이 물들던 법당에 무릎을 꿇고 앉고 열 명 남짓한 스님들이 승복을 입고 불공을 드렸죠. 문제는 독경 시간. 한 스님이 내 앞에 책 한 권을 놓는 겁니다. 노란 표지에 한지로 된 얇은 책. 그 책의 한 부분을 낭송할 때도 소생은 눈만 감고 있었죠. 독경이 끝나고 다른 의식(儀式)이 진행될 때 눈을 뜨고 앞에 놓인 책자를 우연히 펼쳤어요. 책 이름은 『금강반야바라밀경』 흔히 『금강경』으로 부르는 불경이고 소생이 우연히 펼친 부분은 「대승정종분(大乘正宗分)」이고 그때 눈에 들어온 구절이 "수보리야 만약 보살에게 아상 인상 중생상 수자상이 있으면 이는 보살이 아니다(須菩提 若菩薩 有我相人相衆生相壽者相 卽非菩薩)"라는 부처님 말씀이었죠.

소생은 이 구절을 읽으며 거의 충격에 빠졌습니다. 특히 아상(我相)이라는 말씀과 아상을 버리라는 말씀. 그동안 40년 넘게 소생은 자아를 찾고 자아소멸을 주장했지만 모두가 자아를 전제로 한 것. 모두가 자아 집착이었고 자아가 상(相)에 지나지 않는다는 생각을 못했던 거죠. 그때 깨달은 것이 자아는 상(相)이라는 것. 그리고 이 상(相)이 상(想)과 통한다는 것. 서 교수. 참 이상합니다. 하필 그때 만난 책이 왜 『금강경』이고 그때 우연히 펼친 부분이 아상을 버리라는 부처님 말씀이었을까요? 모두가 돌아가신 장모님 은덕이라는 생각이 들고 그렇게 순간적으로 선과 만나고 갑자기 주위가 밝아지고 증오심도 사라지고 내가 한없이 가엾어지는 거였어요. 아무튼 참 이상한 체험을 했습니다.

서 교수 말처럼 선불교에 대한 관심의 동기는 실존의 문제입니다. 이런 건 학교에서도 가르쳐주지 않죠. 그동안 소생의 화두였던 자아가 결국은 하나의 상이고 문제는 이 상을 버리라는 것. 소생은 40년 동안 이놈의 상을 찾아 헤맨 겁니다. 서 교수 말처럼 자아는, 나는, 주체는 '다섯 가지 쓰레기'이고 '공(空)'이고 '오온(五蘊)'이고 '비어 있음'이라는 부처님 말씀을 그때 거기서 우연히 순간적으로 만났죠. 참 고마운 인연이라고 생각합니다. 이런 깨달음은 많은 수행을 요구하고 실천을 요구합니다. 그러나 소생의 한계는 이런 말씀을 실천하지 못하고 언제나 사유, 철학, 시쓰기의 한 방식 혹은 전략으로 원용하는 데 있고 이 한계가 문제입니다.

서 교수. 선의 기호학은 일체의 지식과 분별을 떠나 직관적으로 이해되는 것이라는 서 교수의 말에 공감합니다. 소생도 이번에 『선과 기호학-화두의 기호학적 읽기』를 펴내면서 그런 말을 했어요. 그러나 소생은 불립문자(不立文字)도 언어이고 "내가 하는 설법이 비유하면 뗏목과 같다는 것을 알라(知我說法 如筏喩者)"는 부처님 말씀도 언어라는 입장이죠. 물론 도를 깨달으면, 피안에 도달하면 이 말, 언어, 뗏목을 버려야 합니다. 그러나 나 같은 중생, 교수,

시인은 언어를 버리기 위해 언어를 사용할 수밖에 없다는 입장이고 스님들의 화두를 읽으며 스님들이 언어와 싸우는 방식, 언어를 버리는 방식, 마침내 언어가 없는 언어를 찾아가는 방식에 관심을 둔 것은 그동안 시를 인생이 아니라 언어학으로 생각하고 지금도 그렇게 생각하는 소생의 문학관과 인생관이 작용한 것 같습니다.

그러므로 선에 대한 기호학적 읽기를 시도하고 서 교수 말처럼 이런 읽기는 기호학을 초월하는 일종의 탈기호학과 만났죠. 선은 시니피에 없이 떠도는 시니피앙의 세계, 서 교수가 말하는 몸의 연장으로서의 언어, 바르트 식으로 말하면 카메라에 필름 넣는 것을 잊고 셔터를 누르는 것이죠. 그러나 서 교수가 말하는 일상생활의 기호학에 대해서는 아직 공부가 모자라고 "돌발적으로 다가와 삶 전체를 뒤흔드는 경이로운 내면적 경험을 하게 하면서 우리를 다시 태어나게 하는 기호"라는 서 교수의 말을 소생은 일상세계에 갑자기 구멍이 뚫리는 현상으로 해석하고 최근에 발표한 시론 「비대상에서 禪까지」(『작가세계』, 2005년 봄호)에서 조심스럽게 밝힌 바 있습니다.

최근에는 모노파 운동을 전개한 재일 화가 이우환에 대해 논문을 쓰면서 이 구멍에 대해 다시 생각하고 있어요. 그는 '관계항'에서 유리판에 돌을 떨어뜨리는 작업을 했죠. 이런 작업은 일본의 대표적인 하이쿠 시인 바쇼(芭蕉)가 노래한 "해묵은 연못 개구리 뛰어드는 물소리여"와 유사한 구조이고 이때 연못은 유리판이고 개구리는 돌입니다. 중요한 것은 연못에 개구리가 뛰어드는 순간이고 유리판에 돌이 떨어지는 순간이죠. 연못에도 금이 가고 유리판에도 금이 갑니다. 그리고 소리가 나죠. 물론 이 소리는 선에서 말하는 고요, 空의 소리입니다. 요컨대 유리판과 연못이라는 삶의 세계에 돌과 개구리가 돌발적으로 다가와 삶 전체를 흔드는 거죠. 소생이 최근에 생각하는 시가 그래요. 예컨대 「철학」 같은 시가 그런 세계를 지향합니다. 그리고 이런 문제는 라캉이 말하는 상징계, 실재계와 관련된다는 생각이지만 아직 가설 단계죠.

서 교수. 중요한 것은 서 교수 말처럼 극단적인 사유이고 소생은 시나 예술이나 철학이나 극단적인 게 좋아요. 시의 극단에는 시가 없고 사유의 극단에도 사유가 없고 이런 극단이 선과 통하죠. 경허 스님에겐 이런 일화가 있습니다. 어느 날 스님이 마정령 아래 놀고 있던 아이들에게 묻죠. "내가 누구냐?" "모릅니다." "그러면 나를 보느냐?" "네." "나를 모르면서 어떻게 나를 보느냐?" "나를 치면 과자값을 주겠다." 그러자 아이들이 스님을 지팡이로 때리죠. 그러나 스님은 "왜 나를 치지 않느냐?"고 해요.

나를 쳐라! 사유의 극단에는 무가 있을 뿐입니다. 사유의 극단이 극단의 사유이고 이런 사유는 사유 저쪽에 있죠. 시인들은 미치광이 혹은 어린아이가 되어야 합니다. 당나라 스님 습득과 한산이 그렇고 이우환도 그런 말을 했지만 백남준과 요셉 보이스는 현대판 습득과 한산입니다. 우리 시단은 너무 점잖고 고상하고 고색이 창연해요. 사유도 없고 광기도 없고 대체로 공부도 안 하고 좀 웃기죠. 그러나 이게 우리 시의 팔자이고 이 팔자를 사랑해야죠. 서 교수. 말이 좀 많았습니다. 이만 줄입니다. 곧 겨울 방학입니다. 이번 방학엔 무슨 공부를 하시려는지 소생은 그게 궁금해요. 그리고 참 이번 <시와시학상> 수상을 진심으로 축하합니다. 내내 건강하소서.

3. 난 구석이 좋다

서준섭 교수에게

서 교수. 편지 잘 받았습니다. 새해엔 서 교수에게도 좋은 일이 많았으면 좋겠고 아마 많을 겁니다. 지나고 보면 좋은 일 나쁜 일 모두 생각하기 나름인 것 같아요. 나쁜 일도 전생의 업이라고 생각하면 고맙게 받아야 하고 그 업을 조금이라도 없애기 위해 착한 일을 해야 하니까 고마운 일이죠. 세상만사 마음먹기에 달렸습니다. 아 내가 전생에 업이 많아 이생에서 이렇게 고통을 받는구나. 이런 생각을 하면 마음이 좀 편해져요. 그러나 불교에선 그러잖아요? 좋은 일도 없는 것만 못하니라.

그러니까 아무 일도 없는 것이 제일 좋은 거죠. 나이가 들수록 그런 생각이 들어요. 새해 같은 것도 없는 것이 좋지요. 소생은 어떻게 생겨먹은 위인인지 젊은 시절도 그랬고 지금도 그렇고 새해가 오는 게 싫고 무슨 명절, 기념일, 그러니까 생일도 싫어요. 새해라고 무슨 계획이 있는 것도 아니고 생일이라고 그렇게 기쁜 것도 아닙니다. 말하자면 변화가 싫고 두려운 거죠. 그러나 올해는 개띠 해여서 예감이 좋아요. 소생은 말띠이고, 말띠 인생들은 사주에 개띠, 호랑이띠 인생들과 궁합이 맞는 것으로 나오고, 그동안 살아오면서 이 사주팔자가 맞는다는 생각을 했죠. 그만큼 사는 게 외롭다는 뜻입니다.

만나면 모두가 인연인데 소생은 이상하게도 띠에 집착하고, 이것도 병이라면 병이죠. 시는 모더니즘, 아방가르드를 지향한다는 위인이 사주팔자에 집착한다며 학생들은 우습다고 해요. 나도 이런 내가 우습고 그런 점에서 소생의 이런 집착이야말로 포스트모던(?)한 게 아닐까요? 새해엔 토정비결도 보고 용한 점쟁이도 찾아가고 싶지만 아내는 이런 나를 미쳤다고 하니 그럴 수도 없습니다. 요컨대 소생은 언제나 불안한 거죠. 개띠, 호랑이띠 인생들을 만나면 친척 같은 생각이고 올해가 개띠 해이기 때문에 다소 마음이 놓여요.

지난해는 닭띠 해였죠. 그런데 이상해요. 서 교수도 알겠지만 소생의 시에는 말보다 닭이 자주 나오죠. 자칭 초기의 대표작으로 꼽는 「사물A」라는 시에는 겨울 아침 마당을 뒤뚱거리며 뛰어가는 목이 달아난 닭이 나옵니다. 왜 닭이었는지 모르겠어요. 그 후에도 닭의 이미지는 계속 반복됩니다. 최근에 소생의 시인론을 쓴 최라영 평론가도 지적했지만(『현대시학』, 2005년 11월호) 왜 그렇게 닭의 이미지가 반복되는지 나도 모르겠어요. 이 목이 달아난 닭은 그 후 내가 허기가 져서 방으로 들어가 이불을 뒤집어쓰면 방에 가득 차서 밤새도록 푸드득거리는 하얀 닭들이 되고 최근에는 겨울 아침 목이 달아난 닭이 아니라 온전한 닭이 눈을 맞으며 알을 낳죠. 목이 달아난 닭이 온전한 닭이 되기까지 거의 40년이 걸린 셈입니다.

서 교수. 서울엔 지난밤에 많은 눈이 왔어요. 아침에 일어나 보니 아파트 주위가 하얀 눈으로 덮여 있어요. 지난 편지에도 말했지만 소생의 아파트 뒤엔 중학교가 있고 방학을 맞은 중학교 텅 빈 운동장에 쌓인 눈을 보면서 잠시 마음이 편해졌어요. 내가 내 시를 분석하고 연구할 수도 없고 아무튼 이 닭에 대해 이런저런 생각을 하던 차에 재작년 12월 어느 저녁 소생으로선 놀라운 생각이 떠올랐습니다. 그것도 그해가 닭띠 해라는 것이 매개가 되어 떠오른 거죠. 이상해요. 그동안 왜 그 생각을 못했을까요? 소생의 아버지가 닭띠라는 생각을 잊고 있었습니다. 지난밤 꿈엔 아버지가 나타나 "승훈아 이거 너 잡비해라." 그러시며 25만 원을 주시는 거예요.

그러니까 초기의 시가 소생의 억압된 무의식의 투사라는 서 교수의 해석을 좀더 부연하면 이 닭은 소생의 억압된 무의식이고 그것은 아버지를 상징한다는 확신이 서고 동시에 소생이죠. 왜냐하면 아버지는 프로이트가 말하는 자아이상이니까요. 한편 최근에 소생의 시인론을 쓴 송기한 교수는(『현대시』, 2005년 9월호) 소생의 초기시는 아버지, 곧 상징계, 언어질서를 외면하고 거부하고 거기서 도피하려는 괴물 같은 몸짓이고 따라서 자아형성에 실패한다고 해석했어요. 내가 쓴 시를 내가 더 이상 분석하면 서 교수 같은 평론가들이 할 일이 없을 것 같아 닭 이야기는 여기서 멈추겠습니다.

사실 지난해는 1년 내내 기력이 쇠잔하고 건강이 너무 안 좋았어요. 아마 닭띠가 잘 맞지 않는 것 같아요. 그러나 올해는 개띠 해이고 개띠, 호랑이띠 인생들과는 대체로 호흡이 맞는 편이죠. 서 교수는 무슨 띠인지 모르지만 서 교수하고도 호흡이 맞아요. 그러니까 개띠, 호랑이띠 운운하는 것은 외로워서 하는 말입니다. 물론 말띠끼리도 궁합이 좋아요. 올해는 개띠 해인데 서 교수, 소생이 또 놀란 게 있어요. 그동안 소생이 좋아한 시인은 누가 뭐래도 이상(李箱)과 김춘수입니다. 박목월 선생님이 내 인생의 대부라면 김춘수 선생님은 내 시의 대부였고 이상은 그런 말이 있는지 모르지만 시의 대조부(?)라는 생각을 하며 시를 써왔어요. 김수영은 대숙부(?)나 대외숙(?)이죠.

소생은 잠이 오지 않던 밤에 그런 생각을 했습니다. 정신적 가계(家系)를 그려보는 거죠. 철학의 경우는 소쉬르, 프로이트, 데리다, 라캉, 최근에는 선불교, 예술의 경우는 키리코, 뭉크, 자코메티, 잭슨 폴록, 마그리트, 최근에는 뒤샹, 앤디 워홀, 문학의 경우는 카프카, 다자이 오사무, 베케트, 이상, 김춘수 등이 우리 집 가계입니다. 이런 이론가, 예술가, 문인들이 없었다면 사는 게 참 힘들었을 것 같아요. 이야기가 많이 빗나가고 있습니다. 할 수 없죠. 이런 글, 그러니까 서 교수에게 주는 편지가 아니라면 이런 나의 내면에 대해 고백할 수도 없고, 또 이렇게 중심에서 이탈하고 한참 헤매는 게 소생의 장기(?)인지 모릅니다. 내가 하려던 말은 요컨대 올해가 개띠 해이고 개띠 인생들과는 대체로 호흡이 잘 맞고 새해에 놀란 건 이상과 김춘수가 개띠라는 거예요. 이상하잖아요? 그동안 시의 대조부, 대부라고 생각한 두 시인이 개띠라는 것이.

사실 소생에겐 이런 발견이 주는 기쁨이 여간 크지 않아요. 남들이야 대수롭지 않게 생각하겠지만 소생은 이렇게 대수롭지 않은 게 대수롭지 않은 게 아니에요. 쓸쓸한 세상에 재미있잖아요? 서 교수가 집에서 기르는 진돗개 이름이 '아침이'라니 한번 보고 싶어요. '아침이'는 이름이 좋습니다. '저녁이'라고 이름을 지었다고 생각해보세요. 역시 국어교육과 교수답고 문학평론가답습니다. 그런데 서 교수. 소생은 동물이 싫어요. 이상하죠. 길을 가다가 개를 보거나 마당에서 노는 개를 보거나 참 싫어요. 아직도 수행이 모자라는 거죠. 서 교수는 겨울 아침 '아침이'와 함께 집 주변을 산책하고 텅 빈 겨울 들판을 달리기도 한다니 얼마나 정신건강에도 좋겠어요? 소생은 집에 있는 날 아침이면 아파트 가까운 곳을 한 30분 정도 돌지만 산책이 아니라 고행이죠. 최근처럼 날씨가 영하 몇 도 이하로 떨어지면 그것도 엄두를 못 내요. 그러나 오늘 아침엔 다시 용기를 내어 밖으로 나갔죠. 스웨터를 입고 그 위에 잠바를 입고 또 그 위에 사파리를 걸치고 모자를 쓰고 최근엔 낡은 가죽장갑을 끼고 나가요. 콧물감기 때문에 장갑 낀 바른손으로 코를 가리고 땅만 보며 걷다 옵니다. 우습죠. 약국에선 마스크를 하라고 해서 하얀 마스크를 샀어요. 그러나 마스크를 하고 거울을 보면 너무 웃기고 또 마스크를 하면 여간 답답하지 않아요. 내가 안경을 썼잖아요? 마스크를 하고 안경을 써보세요. 얼마나 웃기고 답답한지 몰라요.

서 교수에겐 어린 시절 고향집에서 화롯불에 고구마를 구워 먹던 추억도 있고 올겨울엔 군밤을 가스 불에 올려놓고 구워 드신다니 얼마나 정취가 있습니까? 서 교수는 소생에게도 그렇게 군밤을 구워 드시라고 권하지만 소생은 도대체 그런 취미도 없고 참 미안해요. 옛날 어린 시절에도 그랬고 고교 시절에도 그랬고 소생은 도대체 먹고 싶은 게 없습니다. 세끼 밥 외에는, 아니 언제부턴가 두끼로 되었지만 밥 외에는 먹고 싶은 게 없고 사실 밥도 먹고 싶어 먹는 게 아니라 일을 하기 위해 할 수 없이 먹는 거죠. 밥 말고 무슨 알약 같은 거나 먹고 살았으면 좋겠어요. 서 교수도 알겠지만 맥주도 하이트만 마시고 안주는 언제나 멸치 아니면 김이죠. 일종의 편식인데 이제 와서 어쩌겠어요? 그러니까 외식을 전혀 즐기지 못하고 무슨 회식이 있는 날이면 그것도 회비를 내는 자리면 소생은 여간 손해가 아닙니다. 회식자리에서도 맥주와 멸치만 주워 먹다 오니까요. 아내는 이런 내가 얼마나 한심하겠어요? 기껏 회식에 나간다고 한 양반이 늦은 밤 돌아와서 밥을 찾으니! 그러나 이렇게 생겨먹은 걸 어쩌느냐 운운하죠. 잘못하면 또 싸우게 되니까요.

참 이번 편지에서 서 교수가 착각을 한 것 같아요. 소생이 주간으로 있던 잡지는 『시와 사상』이 아니라 『현대시사상』이었고 그때 서 교수가 좋은 글을 주어 참 고마웠습니다. 그리고 최근엔 모더니즘을 놓고 전통과 현대, 한국적 사유와 감각에 대해 공부를 한다니 그런 태도가 또한 모던한 태도라고 생각해요. 소생이 말하는 모더니즘은 한물간 역사적 모더니즘이 아니라 이런 의미, 그러니까 광의로서의 모더니즘, 언제나 새로워지려는 태도를 뜻하죠. 그래서 최근에는 모더니즘이라는 용어보다 아방가르드, 전위라는 용어를 다시 써봅니다. 이것도 역사적 아방가르드가 아니죠. 평론도 그렇고 시도 그렇고 최근 우리 시단은 전통 일색이고 너무 보수적이고 무슨 농경시대에 사는 것 같아요. 꽃, 이슬, 산, 나무, 강 도대체 이런 시대착오적인 시들이 어떻게 나오는지 모르겠어요. 전통은 지키려고 있는 게 아니라 부정하고 변형하고 파괴하고 새로운 현재를 창조하기 위해 있는 거죠. 그런 점에서 전통과 현대에 대한 서 교수의 공부에 기대가 큽니다.

서 교수. 그러나 이상합니다. 사고, 사유, 감각은 언제나 전위가 좋고 극단이 좋고 낯선 것이 좋은데 소생의 생활은 너무 단조로워요. 그러니까 여행도 못하고 여행이 싫어요. 우선 서너 시간 차를 타는 게 힘들고 떠나기 전부터 어디론가 떠나야 한다는 생각이 억압을 주고 이 억압 때문에 아무 일도 못하고 막상 떠나면 물이 안 맞아 배탈이 나고 잠자리가 불편하고 먹는 게 안 맞아요. 그러므로 꼭 가야 하는 여행, 여행이 아니라 고행이지만, 그런 여행이 있으면 맥주만 마시고 굶다 돌아오죠. 팔자라고 해야죠. 옛날 어린 시절에도 제일 좋은 건 아무도 없는 빈집에서 혼자 노는 거였습니다. 밖에 나가도 낯설고 안에 있으면 아버지와 어머니가 자주 싸우고 그러니까 제일 행복한 건 빈집에서 혼자 노는 것이고 결국 시 쓰기도 혼자만의 놀이인 셈이죠.

해질 무렵 나이 든 교수가 방구석에 앉아 고개를 숙이고 시를 쓰는 모습을 상상해보세요. 얼마나 웃겨요? 젊은 시절엔 시를 쓴다는 게 감정의 사치일 수도 있고 멋도 있지요. 그러나 내일모레면 정년퇴임을 할 양반이 방구석에 쭈그리고 앉아 자신도 잘 모르는 시를 쓰는 건 내가 생각해도 업이고 팔자예요. 그러나 나만의 방이 좋고 방에서도 구석이 좋고 구석에 앉아 한 세상 글을 쓰다 가는 겁니다. 무슨 욕심도 없고 프로젝트도 없어요. 혼자 놀다 가는 겁니다. 불안 그리고 강박증과 싸우며! 서 교수. 이 편지 교환이 한 1년 계속되면 좋겠어요. 하고 싶은 말도 실컷 하고. 그러나 소생이 좋아하는 알튀세르의 말을 인용하며 편지를 끝내겠습니다. “이 사람의 나이는 중요치 않다. 그는 아주 늙었을 수도 있고 아주 젊었을 수도 있다. 중요한 건 그가 자신이 어디 있는지 모른다는 것.” 내내 건강하소서.

4. 불안해서 쓴다

나는 시인이 아니라 우울증 환자(?)다. 오늘처럼 가을비 오는 저녁이면 우울증이 도지고 그만큼 사는 게 힘들고 도무지 힘이 없다. 이런 저녁 도대체 무엇을 해야 한단 말인가? 추석 연휴가 끝나고 며칠 째 비가 온다. 가을비다. 가을비는 왜 오는가? 이렇게 하루 종일 흐리고 비가 오는 날이면 정신은 집중되지 않고 우울한 나는 아무 것도 손을 못 대고 작은 방에 앉아 담배만 피운다. 어느 날 아침 눈을 떴을 때 비가 내리고 있다는 이유만으로 권총으로 자살을 했다는 영국의 한 우울증 환자가 생각난다. 벤야민은 이 환자의 자살을 날씨와 권태의 내밀성에 대한 아이러니컬한 극복이라고 말한 적이 있지만 우울의 극한에는 죽음이 있고 나의 경우 시쓰기는 이 죽음과 싸우는 길이었다.

세상엔 정신과 육체 모두 건강한 사람들이 있고 정신은 건강하지만 육체가 병든 사람들도 있고 정신은 병들었지만 육체가 건강한 사람들도 있다. 시인들 역시 대체로 이 세 가지 유형 가운데 하나일 것이다. 그러나 나는 정신도 그렇게 건강하지 못하고 육체도 그렇게 건강한 편이 아니다. 나를 만난 사람들은 알겠지만 나는 왜

소하고 눈도 나쁘고 잔병도 많고 정서 불안에다 신경 쇠약으로 고생이다. 그러므로 내가 쓰는 시들은 오죽하랴? 세상엔 이런 시인도 있고 이건 팔자라면 팔자이다. 내가 알고 있는 것은 내가 모르는 것. 나는 바깥세상엔 별로 관심이 없다.

그동안 나는 비 오는 가을 저녁 유곽에서 손님을 기다리는 창녀 혹은 작은 아파트에서 서방을 기다리는 첩처럼 살아온 것 같다. 아니 창녀가 아니라 첩의 신세다. 첩은 애인도 정부도 아니다. 언젠가 나태주 형과 봄밤 술자리에서 한 말이 생각난다. "나형! 난 전생에 스님이었는데 술과 여자를 알게 되어 파계한 파계승이었던 것 같소. 그래서 불교에 관심은 있지만 이렇게 헤매는 게 아니겠소? 모두 전생의 업이지요." "아닙니다. 이 선배. 선배님은 전생에 스님이 아니라 권력가의 첩이었을 겁니다. 그러니까 이승에서 시도 쓰고 대학 교수 월급도 받아먹고 살지요." "그래요? 하하 그런 것 같소. 전생에 누구의 첩이었기 때문에 이승에서도 언제나 결핍, 그리움을 앓고 있나 봅니다." 난 웃으며 말한 적이 있다.

첩은 먹을 걱정은 별로 안 해도 언제나 서방을 기다리며 세월을 보내고 또 본처가 찾아올지 모른다는 불안감에 시달리고 서방이 오랫동안 찾아오지 않으면 우울증에 시달린다. 그러니까 나를 키운 건 팔 할이 불안과 우울이다. 불안은 분리 불안이고 대상과 나 사이에 분리가 발생하면 애도의 시간이 찾아오고 애도가 심해지면 우울증이 발생한다. 한숨, 탄식, 애도 다음에 우울증이다. 우울증이 찾아오는 시간에 내가 알고 있는 것은 내가 모르는 것. 아는 것은 의식이고 모르는 것은 무의식, 트라우마, 외상(外傷)이다. 물론 난 외상으로 술을 먹거나 물건을 산 적이 없다. 마음이 약해서 그런 짓은 못한다. 그러므로 나의 무의식에는 외상 술값이나 물건값은 없다. 그렇다면 무슨 외상인가? 이 외상은 유년 시절에 체험한, 그러나 그 후 그것이 정신적 상처로 회상되는 개념이다.

그런 점에서 외상은 외상이 아니고 내가 말하는 외상은 회상으로 나타나는 정신적 상처다. 정신분석에서 중요한 것은 모든 현상이 소급적 환상 속에 있고 프로이트에 의하면 이런 작용이 이른바 사후 작용(differed action)이다. 어른은 자신의 과거를 현재 문제에 대한 상징적 환상 속에서 다시 해석한다. 그런 점에서 재해석은 과거의 수정이고 현실의 요구를 상상적 과거로 도피시키는 방식이다. 과거가 사후 작용에 의해 새롭게 연상되는 것은 과거의 외상이 억압되었기 때문이다.

우울한 시간에 내가 만나는 것은 나도 모르는 무의식, 외상, 트라우마이고 시쓰기는 이런 외상과의 만남이고 외상과의 싸움이다. 팝 아티스트 앤디 워홀은 동일한 이미지, 예컨대 수프 깡통을 캔버스에 계속 반복해 모사하고 이런 이미지의 반복은 라캉이 말하는 실재계(트라우마)를 은폐하는 증상이고 기표이다. 그러나 이런 은폐는 쾌락원칙을 벗어난다. 말하자면 트라우마, 외상은 이런 은폐 속에 우연히 혹은 간접적으로 회귀한다. 따라서 워홀의 이미지 반복은 실재계와의 외상적 만남이 된다. 이건 내가 하는 말이 아니라 핼 포스터의 말이고 그가 강조하는 것은 프로이트의 외상, 트라우마가 라캉의 실재계와 통하고 외상의 은폐가 비은폐라는 것, 혹은 은폐와 폭로의 변증법이다.

불안해서 시를 쓰고 우울해서 시를 쓴다는 것은 결국 억압된 과거를 수정하는 일이고 과거를 현재의 상징적 표현, 환상 속에서 다시 해석하는 일이고 내가 계속 시를 쓰는 것은 계속 불안하고 우울하기 때문이다. 이런 시쓰기의 반복은 죽음, 외상, 트라우마를 은폐하는 증상이고 기표이지만 결국은 죽음, 실재계와의 외상적 만남을 의미한다. 어린 시절 부모가 있었지만 난 고독하고 불안하고 우울했다. 우울은 반항을 모른다. 세상엔 불안하고 우울해서 시를 쓰는 사람도 있다. 다음은 언젠가 발표한 「서울에서의 이승훈 씨」 전문.

> 불안해서 시를 쓰고 불안해서 전화를 걸고 불안해서
> 시를 분석하고 책을 내고 술을 마시고 외출도 못한다
> 불안해서 못한다 여행도 못한다 도대체 엄두를 못 낸다
> 꿈도 못 꾼다 불안해서 가방을 들고 바람에 젖고 소음에
> 시달린다 말라죽을 불안이라는 놈 초라한 저녁이 오면
> 초라한 방에서 시를 쓰고 불안해서 다시 전화를 건다
> 의자에서 벌떡 일어난다 비 내리는 거리를 내려다본다
> 세상엔 비라는 게 있군 비에 젖는 차들을 본다 비에
> 젖는 차들은 불안하지 않으리라 사랑이 없으니까 욕망도
> 없으리라 차들은 행복하다 따뜻하다 참담하다 따뜻한
> 참담한 저녁이 있다 불안해서 시를 쓰는 남자가 있다
> 세상에 불안해서!

불안의 내면에 존재하는 건 파편들뿐이다. 시를 쓰는 것, 전화를 거는 것, 시를 분석하는 것, 책을 내는 것, 술을 마시는 것은 서로 아무 관계가 없다. 시를 쓴다고 전화를 하는 것도 아니고 시를 분석하기 때문에 책을 내는 것도 아니고 책을 냈기 때문에 술을 마시는 것도 아니다. 모두가 전체, 유기체에서 탈락한 파편들이고 이 파편들, 쓰레기, 조각들이 불안을 구성한다. 우울이라고 해도 되리라. 이런 행위들이 도대체 무슨 의미가 있는가? 그저 불안을 견디는 방식일 뿐이다. 물론 난 불안해서 여행도 못 한다. 나를 보호하는 최후의 피난처는 가방이고 내가 언제나 가방을 들고 다니는 것은 가방이 나를 불안에서 보호하기 때문이다. 워홀은 기계가 되고

싶다는 말을 했지만 나도 기계가 되고 싶다. 기계, 저 비에 젖는 차들은 불안을 모르기 때문이다.

결국 불안한 시간, 우울한 시간에 내가 만나는 것은 전체를 상실한 생의 파편들이고 이 파편들이 나를 구성하고 순간과 순간 사이에 백년이 흐른다. 어제와 오늘 사이에 천년이 흐른다. 기억은 망각이고 회상은 상처이고 삶은 도무지 이해할 수 없다. 이해하지 말자. 나이 들어 내가 웃는 것도 결국은 우울하기 때문이다. 웃음도 우울을 견디는 방식이다. 웃을 때 나는 파편이 되어 뒹굴고 붕괴하고 소멸한다. 나는 어디 있는가? 불안과 우울의 극한에 웃음이 있고 헛소리가 있고 이 헛소리가 나를 구원한다.

왜 시를 쓰는가? 불안해서 쓴다고 했지만 불안이 우울을 낳고 우울이 웃음을 낳고 웃음이 헛소리를 낳는다. 그러므로 최근에 나를 구성하는 건 헛소리이고 이 헛소리가 시이다. 그리고 삶이다. 무슨 진리는 없고 그저 헛소리가 있을 뿐이다. 지금 내가 하는 말도 헛소리, 어제 내가 한 말도 헛소리. 나는 작은 방에서 웃는 사람이고 헛소리하는 사람이고 헛소리하는 나를 바라보는 관음증 환자(?)다. 우습지 않은가? 내가 생각해도 내가 우습고 우습다고 생각하는 내가 우습다. 난 옷이 있어도 언제나 입고 나갈 옷이 없다. 나는 빠르게 늙어가고 있다. 에곤 실레의 말을 인용하며 이 글을 끝내자. "얼마나 좋은가? 살아 있는 모든 것들은 죽어가고 있다." 실레의 말이다.

그러므로 나이 든 늙은 시인들은 빨리 사라져야 한다. 그래야 젊은 시인들도 빨리 늙을 것이고 사라질 것이다. 나도 그렇지만 늙은 시인들이 시를 쓰는 건 너무 뻔뻔하다. 난 지금 무슨 말을 하려고 하지만 무슨 말을 하려고 하는지 나도 모르겠다. 결국 난 언어를 믿을 수 없고 언어는 언제나 실패한다. 그러나 시를 쓰는 건 이 실패와 싸우는 일이다.

5. 언어, 나를 웃겨라

나의 시정신은 우울증이다

새로운 시정신을 모색하는 것은 이 시대 시정신이 낡았다는 것을, 너절하다는 것을, 남루하다는 것을 암시한다. 그렇다면 나는 새로운 정신으로 시를 쓰는가? 새롭다는 것은 무엇인가? 그동안 나는 시를 쓰면서 나의 시정신에 대해 정신 차리고 생각해본 적이 없고, 지금도 사정은 비슷하다. 올 가을엔 우울증으로 또 한 차례 홍역을 치르고 이 놈의 병이 다 나은 줄 알았지만 올 가을에 다시 도지고 최근엔 피해망상으로 발전하는 것 같아 여간 고생이 아니다. 평소보다 맥주를 더 마시는 것도 이 놈의 우울증 때문이고 깊은 밤 전화를 하는 것도 그렇고 다음 날 사과하는 것도 그렇고 정신이 집중되지 않는 것도 그렇고 강의가 힘든 것도 그렇다.

그러므로 최근 나의 시정신은 우울증이고 이 시대 역시 우울하기 때문에 이 시대 시정신도 우울증이고 아니 현대의 정신적 특성이 우울이다. 우울은 나만이 아니라 보들레르, 릴케, 벤야민의 정신이고 아도르노의 철학이다. 아도르노가 호르크하이머와 함께 쓴 이 시대의 명저 『계몽의 변증법』은 하버마스에 의하면 이 시대의 가장 어두운 책 가운데 하나이고, 세계에서 가장 어두운 책 가운데 하나이다. 그렇다면 지금 내가 쓰는 글도 세계에서 가장 어두운 글 가운데 하나가 될 것인가?

『계몽의 변증법』이 강조하는 것은 계몽의 자기 파괴다. 인류의 역사는 계몽 이성의 발전이 아니라 이런 이성의 부단한 자기 파괴의 역사이고, 그러므로 문명의 역사가 아니라 야만의 역사다. 이 계몽 이성이 사유를 지배하기 때문에 아도르노에 의하면 계몽의 지칠 줄 모르는 자기 파괴는 사유의 순진성의 폐기를 강요한다. 이 시대엔 어떤 사상도 상품이 되고 언어도 상품을 위한 선전이 되기 때문이다. 물론 이 말은 2차 대전 중에 한 말이지만 이 말의 가치는 지금도 유효하다는 생각이다. 그런 점에서 사유의 부패는 여전히 계속되고 계몽의 자기 파괴는 그대로 지속된다. 한 마디로 이 시대 역시 어두운 시대이고 우울한 시대이다. 이런 시대의 시정신 역시 우울하고 어둡다.

우울하다는 것은 무엇인가? 우울은 근심이 많고 걱정이 많고 무언가를 두려워하고 무엇을 잃은, 상실한, 빼앗긴 심정이다. 무엇이 막힌 심정, 답답한 심정, 이상한 심리 상태, 정서 상태이다. 그러나 이런 정서가 증상이 되는 수도 있다. 말하자면 우울이 있고 우울증이 있다. 따라서 우울, 디프레스는 이상한 정서를 의미하기도 하고 이상한 증상을 의미하기도 하다. 정서로 나타날 때 우울은 무기력한 정신, 어두운, 흐릿한 정신을 뜻하고, 증상으로 나타날 때 이른바 우울증(melancholia)이 되고 정신분석의 대상이 된다. 우울한 시간에 우리를 찾아오는 것은 정신의 무기력, 이상한 상실감, 사고와 행동의 지연, 이완, 연기, 지체이고 이런 정신적 고통 외에도 망상적인 자기 비난이 따르고 이런 비난은 피해망상과 통한다.

내가 너무 무능하다는 자괴감, 당신을 위해 아무것도 할 수 없다는 무력감, 당신이 나를 버리고 떠난다는 망상, 아무렇지도 않게 던지는 당신의 말 한 마디가 칼이 되어 나를 벤다는 망상, 그러므로 이때 언어는 존재의 집이 아니라, 존재의 건설이 아니라 존재의 벌판이고 존재의 파괴이다. 우울증의 언어는 비탄이고 탄식이고 애도이다. 사라진 대상, 상실한 대상, 빼앗긴 대상은 무엇인가? 아니 왜 비탄에 잠기고 자기를 비난하고 당신에게 호소하는가?

우리가 처음 말하는 것은 어머니의 젖가슴에서 내가 분리될 때, 젖가슴이라는 대상이 나로부터 분리될 때, 라캉 식으로 말하면 유아가 최초로 젖을 달라고 보채는 시간, 말하는 시간이다. 유아는 젖을 달라는 말, 요구를 통해 최초로 자신을 확인한다. 말하자면 그는 욕망의 주체가 된다. 젖을 빨 때 유아의 욕구는 충족되지만 이 젖이 그에게서 사라질 때 그는 젖을 달라고 말하고 이 말, 요구에 의해 그는 욕망의 주체가 되고 따라서 이때 욕망이 발생한다.

욕망은 욕구와 요구 사이에 있고, 사라진 젖가슴과 유아의 말 사이에 있다. 중요한 것은 내가 원하는 것과 그것을 요구하는 말 사이, 젖가슴과 내 말 사이에는 구멍이 있고 균열이 있고 메워지지 않는 입벌림, 요컨대 상처가 있다는 사실. 그러므로 말은, 요구는 상처이고 말에 의해 유아는 대상과 분리되기 때문에 이 분리가 상처이고, 이 분리는 분리수거가 아니고, 결국 말, 언어는 내 몸에 상처를 낸다. 우울증의 언어는 존재의 벌판, 존재의 파괴가 아니라, 처음엔 그런 느낌이었지만, 이젠 존재의 분리이고 존재의 상처, 존재의 칼이다. 우울한 시간에 내가 하는 말, 내가 당신에게 하는 말은 내 몸에 상처를 낸다.

그러나 다시 생각하면 이런 상처는 내가 하는 말만을 동기로 하지 않고 당신, 어머니, 그대가 하는 말도 내 몸에 상처를 내고 나는 이런 상처에 시달린다. 그런 점에서 내 말이 주는 상처가 있고 그대 말이 주는 상처가 있다. 당신, 그대, 어머니는 내가 요구하는 것을 정확히 모르기 때문이다. 나는 춥고 쓸쓸하다고 말하지만 당신은 내 말을 오해한다. 오해는 언어의 조건이다. 어제 밤에도 당신은 다른 소리를 하고 나도 다른 소리를 하고 이 두 소리 사이에 상처, 균열이 있고, 그러나 상처를 입은 자는 당신이 아니라 나이다. 왜냐하면 나는 우울증에 시달리기 때문이다. 그러므로 무심히 뱉는 그대 말 한마디는 내 몸에 상처를 내고 내 몸을 베고 내 몸은 피를 흘린다. 라캉은 말한다. 파롤(말)은 육체를 베어 상처를 낸다. 우울한 시간에 지나가는 말 한 마디가 내 몸에 상처를 낸다. 피해망상은 언어의 불충분, 결핍, 결여, 궁핍을 동기로 한다. 물론 유아의 경우엔 젖가슴을 상실하면서 젖가슴과 분리되면서 이 젖가슴이 하나의 환상으로 대치된다. 그러나 우울증의 경우는?

우울증의 경우엔 이런 환상도 사라진다. 왜냐하면 환상은 내가 욕망의 주체가 될 때 가능하지만 우울증의 경우엔 주체도 자아도 제대로 설 수 없기 때문이다. 이성 주체, 언어 주체, 사유 주체가 아니라 이런 주체가 소멸하는 부패하는 주체, 병든 주체가 나타나기 때문이다. 정신적 무력감에 시달리는 저녁에, 아침에, 오후에, 깊은 밤에 내가 읽는 것은 전체에서 분리되어 따로 노는 부분들이고, 일종의 해체이다. 정신의 힘을 잃은 터에 무슨 게슈탈트가 가능하고 총체성이 가능하고 통일성이 가능한가? 과연 이런 시간에 가능성이라는 말이 가능한가? 정신적 무력감은 정신적 긴장이나 통일이나 균형이 아니다. 끊임없는 사고의 이완, 연기, 지체가 있을 뿐이다. 그렇다면 이런 정신(?)으로 시를 쓴다는 것은 무엇인가? 몇 해 전에도 우울증 때문에 고생을 하면서 나를, 나라는 시인을, 나라는 시인의 정신을 (그런 게 있다면) 생각한 적이 있고 그때 나는 「이 시대의 시쓰기」인가 뭔가 하는 이상한 제목으로 이상한 시를 썼고 이 시를 읽고 최동호 교수가 비판을 하기에 그 답으로 내 시를 옹호하기 위해, 내 우울증을 변호하기 위해, 변호사도 아닌 내가 한 편의 변호적 시론을 쓴 바 있다. 이른바 「시적인 것은 없고 시도 없다」. 이 글은 당시 『문학사상』(1996, 11)에 발표하고 그 후 내 시론집 『해체 시론』(새미, 1998) 맨 앞에 수록했다. 맨 앞에 놓은 것은 그만큼 우울증이 중요했기 때문이고 해체가 중요했기 때문이고 내 시보다 우리 시가 더 중요하고 시적인 것이 없기 때문이고, 시라는 것이 있다면, 그런 것이 있다면 지금도 기차를 타고 도시락을 들고 가방을 들고 찾아가고 싶었기 때문이다. 도대체 시가 있다면 시를 쓸 필요가 없다. 있는 것은 시라는 이름의 이상한 유령이고 이 유령이 체험하는 분리감, 상실감, 박탈감, 그리고 해체이다. 그때 내가 한 말은 많지만 우울한 시간에 나를 찾아오는 것은 슬픔과 공포이고, 이런 분위기 속에서 사물들이 파편으로 뒹군다는 것. 우울한 시간에 사물들은 전체에서 분리되고, 탈락되고, 떨어져 나온다. 전체와 관계없이 뒹구는 파편들만 보인다. 전체가 아니라 부분에 집착한다. 따라서 우울증은 분리, 단절, 소외를 경험하는 순간이며 세계가 파편으로 뒹구는 시간이다.

동일시와 공격의 변증법

벤야민은 우울 속에서 사물은 물화(物化)된다고 말한다. 물화된 사물엔 시간이 존재하지 않는다. 우울 속에는 '비균질적인 특이한 단편적인 순간들만' 존재한다. 그런 점에서 우울증의 시간은 역사가 없는 시간이다. 지속이 아니라 우울, 그것은 건전한 인간 이성이 허위로 드러나는 시간이다. 말하자면 우울증은 역사, 시간적 계기성, 전체성, 총체성이라는 그럴 듯한 부르주아 이데올로기가 해체되는 순간에 대한 체험이다. 그렇다면 우울증에 무슨 죄가 있는가? 상상이 아니라 상상의 균열을 보고, 이성이 아니라 이성의 허위를 보고, 건강이 아니라 광기를 본다는 것은 인간이 물화되고 사물이 물신(物神)이 되는 자본주의 사회에선 무엇보다 솔직한 미학이 될 것이다. 모든 것이 병드는 사회에선 병들지 않고 건강하다는 것이 병이며, 모두가 미쳐가는 사회에선 미치지 않은 인간들이 미친 인간들이다. 그러므로 건강한 인간들이 시를 쓸 수는 있겠지만 시를 쓰는 모든 인간들이 건강해야 하는 것도 아니다.

이상은 그때 내가 한 소리. 그러나 지금도 이런 생각은 옳다. 문제는 이런 정신(?)으로 시를 쓸 수는 있지만 시를 쓸 수 없을 수도 있고, 올가을 내가 겪는 우울증은 그동안 겪은 우울증과 비슷하고 다르다는 사실이다. 그동안, 특히 몇 해 전에는 사물들의 파편만 보였다면 올해 역시 내 의식은 전체가 아니라 파편으로 뒹군다. 그러나 이완된 정신, 나태한 정신, 퇴각하는 정신과 함께 오는 사고, 행위의 지연이 고통스럽고 망상적 자기비난, 일종의 피해망상이 더 고통스럽다. 자다가도 벌떡 일어나고 책을 보다가도 너무 화가 나서 집중이 안 된다. 이런 정서적 무질서, 해이, 이완은 나를 감싸고 내 방을 감싸고 아파트를 감싸고 세계를 감싼다. 우울 저편에 있는 조광, 열광, 마니아(mania)가 좀처럼 보이지 않는다. 우울증과 조광증은 흔히 한 인간에게 부단히 교체되면서 반복되지만 나의 경우엔 이런 교체, 균형이 좀처럼 찾아오지 않는다.

그대, 당신, 어머니를 잠시 만나면 기쁘지만 이 기쁨, 환희, 열광은 지속되지 않고 언제나 순간으로 끝나고 다시 기인 우울의 아침이, 오후가, 저녁이 찾아오고 이런 저녁에 내가 겪는 피해망상, 망상적 자기비난이 괴롭다. 우울증 환자 가운데는 알코올중독자도 있고, 투전꾼도 있고, 약물중독자도 있다. 우울증 환자는 도둑질도 한다. 그가 술을 마시고 투전을 하고 도둑질을 하는 것은 이런 증상에서 벗어나기 위해서이다. 물론 우울증이 심하면 창녀가 되고 싶어 하는 여자도 있다. 우리들은 이런 인간들을 보호하고 위로하고 보살펴야 한다. 몇 해 전에는 이런 증상을 미학으로 수용하는 이른바 도둑질 미학, 표절 미학을 옹호하고 전개하고 작품으로 보였다. 우리들은 이런 시쓰기를 옹호하고 용기를 주고 이론적으로 변호해야 한다.

그러나 올해가 문제다. 올 가을 내가 문제이고 내 시가 문제이고 우리 시가 문제이고 우리 시의 새로운 방향이 문제다. 내가 나를 문제로 삼는 것은 새로운 시쓰기와 우울증의 관계에 대한 새로운 성찰 때문이고 그것은 이 시대 시쓰기에 대한 새로운 이론 개발과 통하지만 물론 개발은 개의 발이 아닐 수도 있고 개의 발일 수도 있다. 문제는 이론의 발전이고 시론은 어디까지나 시를 쓰는 나에 대한 구체적인 성찰에서 출발해야 한다는 것. 따라서 이 글에서 내가 말하는 것은, 주장하는 것은 단순한 표절, 도둑질의 미학이 아니라 그런 미학을 뛰어넘는, 뛰어넘다 부서지거나 다시 한번 비약하는 미학/반미학이다. 그것은 우울증이 수반하는 피해망상을 동기로 하고 그러므로 피해망상의 미학/반미학이고 이 망상의 치료를 노린다.

정신 치료의 중심은 억압된 무의식을 드러내는 것. 꿈을 꾸기 때문에 우리는 억압에서 벗어나고 현실에서 해방되고 그러므로 꿈이 약이다. 세월도 약이지만 꿈도 약이다. 병든 사람들의 경우는 더욱 그렇다. 우리에게 꿈이 없다면/없었다면 우리들의 삶은 얼마나 더 힘이 들었겠는가? 더 일찍 죽고 더 절망하고 아무튼 제정신이 아니었을 것이다. 꿈길 밖에 길이 없어 꿈길로 가니 거기 님이, 그대가, 당신이, 어머니가 웃고 있네. 이 꿈길에서 만나는 것이 억압된 무의식의 해방이고 기쁨이고 쾌락이다. 시쓰기 역시 궁극적으로는 꿈과 같다. 말실수를 통해 억압에서 해방되고 행동 실수를 통해 해방되고 시쓰기를 통해 해방되고, 그렇다면 피해망상에서 해방되는 길도 피해망상을 드러내고 그 망상의 땅을 찾아가고 해명하고 확인하고 이야기할 때 가능할 것이다.

그러나 피해망상은 단순한 꿈의 논리나 시쓰기의 논리를 뛰어넘고 나는 피해망상의 근거, 이유를 알 수 없다. 왜냐하면 대상이 분명치 않은 망상이기 때문이다. 오직 내가 아는 것은 내가 모른다는 것. 어렴풋이 아는 것은 이 망상이 공격성과 통한다는 것. 피해망상의 시간에 나를 찾아오는 것은 내가 나를 비난하고, 내가 형편없는 인간이고, 이젠 정말 그대를 위해 아무 것도 해줄 것이 없다는 무력감, 무기력, 황폐감이다. 그러나 이런 시간엔 동시에 너에 대한, 당신에 대한, 그대에 대한 증오가, 비난이, 공격이 뒤따른다. 이상한 일이다. 어째서 나를 비난하면서 동시에 너를 비난하는 것일까? 그러므로 피해망상은 나를 향한 비난이고 동시에 그대를 향한 비난이다. 이 비난은 단순한 비탄, 프로이트가 「우울과 애도」에서 말한 그런 비난, 비탄이 아니다.

이 비난의 이중성, 이중구조가 문제이다. 피해망상의 시간에 나를 찾아오는 것은 공격성이고, 이 공격성은 나와 동시에 너를 지향한다. 그렇다면 이 공격성은 망상 다음에 오는 것인가? 혹은 망상 이전에 공격성이 있는가? 논리적으로 살피면 우울증—피해망상—나에 대한 비난—너에 대한 비난—나에 대한 공격—너에 대한 공격 같은 순서이지만 다시 생각하면 이런 비난, 공격은 망상과 함께 오는 것 같고 혹은 거꾸로 망상 이전에 공격이 있었던 것 같다. 망상은 망상이다. 망상에는 논리가 없고 순서가 없고 시간이 없다. 공간도 없다. 중요한 것은 이런 시간에, 피해망상의 시간에 나를 찾아오는 것은 이상한 공격성이라는 것. 망상과 함께, 분열과 함께,

환상과 함께 공격성이 찾아온다는 것. 그러므로 우리는 그것이 공격인 걸 모르고 그것이 망상인 걸 모른다. 라캉을 회상하자.

유아는 태어난 지 6개월에서 18개월 사이에 거울을 보면서 비로소 자아를 지각한다. 거울에 비치는 이미지를 보면서 그것이 자아임을 안다. 거울 이미지를 자아로 아는 것은 거울 이미지와 자아를 동일시하는 것이고 이런 동일시를 통해 자아를 알고 자아와 만나기 때문에 자아를 알면서 우리는 자아로부터 소외된다. 따라서 모든 자아 인식은 오인된 자아 인식이다. 이런 라캉의 주장은 프로이트의 '나르시스 이론'을 보충한다. 프로이트에 의하면 자아는 자기성애적(autoerotic) 단계와 대상애(object love) 단계 사이에 존재하고 프로이트의 자기성애적 단계는 거울 이전의 단계, 대상애 단계는 거울 단계에 해당한다. 문제는 거울을 보면서 우리가 내 몸의 전체를, 총체성을, 통일성을 인식하고, 따라서 그 이전의 단계에선 우리가 몸의 전체를 인식할 수 없었다는 것, 말하자면 거울 이전의 단계에서 우리는 우리 몸을 파편으로 인식한다는 점에 있다. 주체는 거울 이미지를 통해 자아 총체성을 지각한다. 이런 총체성 이전에 구조 이전에 형식 이전에 자아 이전에 언어 이전에 있는 것/없는 것은 파편이고 황홀이고 자아 리비도이고 무아(無我)이다.

그러나 내가 지각하는 나, 자아는 거울 이미지이기 때문에 환상이고 꿈이고 상상이다. 나는 내 몸을 상상적으로 지배하고 결국 자아는 파편화된 몸과 통합된 이미지로 구성된다. 15세기부터 현대 회화에 이르기까지 많은 화가들이 파편화된 몸, 해체된 팔다리를 그린 것은 이런 문맥을 거느린다. 요컨대 이런 그림들은 파편/통합, 파편화된 몸/거울 이미지의 부조화, 갈등에 대한 무의식적 반응이고 억압된 욕망의 폭발이고 인간이 지니는 원초적 공격성과 통한다. 라캉에 의하면 이런 공격성은 거울 이미지와 관련된다. 유아는 파편화된 몸과 통합적 이미지의 부조화를 몸의 공격적 분열로 경험한다. 결국 공격성은 거울 이미지와 관계된다는 것, 피해망상이 공격성을, 그것도 나에 대한 공격을, 나에 대한 비난을 수반하는 것은 결국 자아에 대한, 자아의 허위에 대한, 환상에 대한 무의식적 반응의 한 가지 형식이다. 그러므로 피해망상은 자아와 자아 이전의 주체 사이의 부조화에 대한 공격적 분열과 통한다. 그런 점에서 피해망상은 자아 이전이고 자아 이후이다. 물론 피해망상은 편집증과 관련된다. 그러나 이 글에서는 거울과 관련시킨다.

그렇다면 피해망상의 시간에 찾아오는 공격성이 나를 대상으로 하면서 동시에 너를, 그대를, 타자를 대상으로 하는 이유는 무엇인가? 유아는 거울을 통해 자아를 지각하듯 이런 동일시를 통해 타자를 지각하고 공간을 지각하고 세계를 지각하고 시간을 지각한다. 내가 피해망상의 시간에 나를 공격하면서 비난하면서 동시에 그대를 공격하고 그대를 비난하는 것은 이런 사정 때문이다. 나는 타자이다. 그리고 그대가 나이다. 그대가 나라는 사실이 중요하다, 그대가 나이기 때문에 나는 그대를 공격한다. 그러므로 그대는 나의 비난을, 공격을 받아주어야 하지만 그대가 나이기 때문에 그대 역시 나를 공격한다. 그대나 나나 동일시/공격의 변증법에 구속된다. 그러나 나는 우울증에 시달리고 피해망상에 시달리고 그대는 시달리지 않는다. 왜냐하면 그대는 떠났기 때문이다. 그러나 떠난 그대는 내 속에 있다. 사정이 이렇다면 결국 그대가 아니라 내가 문제이고 망상이 문제이고 망상과 함께 분열과 함께 환상과 함께 달려오는 공격성이 문제이다. 남는 것은 나이고 자아이다. 피해망상을 극복하는 일도 자아의 문제이고 나와 당신에 대한 공격을 초월하는 일도 자아의 문제이다. 그런 점에서 자아가 함축하는 동일시/공격의 변증법을 뛰어넘는 일, 자아 없음을 실천하는 일이 중요하다.

나는 가짜다

에고가, 자아가 환상이라면 이제 정신 치료는 무엇을 겨냥해야 하는가? 건전한 자아의 회복이 아니라 자아 이전에 있는 것, 자아라는 환상을 깨고, 자아가 환상이라는 것을 다시 확인하고 확실하게 아는 것. 데카르트 식의 코기토가 아니라 코기토 이전의 주체(?)를 찾는 것. 데카르트에 의하면 나는 사유하기 때문에 존재한다. "나는 생각한다. 고로 존재한다(cogito ergo sum)"라는 명제에서 중요한 것은 생각하는 주체와 존재하는 주체의 일치, 곧 자아의 자율성 개념이다. 그러나 라캉에 의하면 데카르트 명제에서 사유와 존재는 일치가 아니라 전후 관계, 인과 관계에 놓이고, 따라서 존재 이전에 사유하는 자는 누구인가라는 문제가 발생한다. 또한 우리가 믿고 있는 자아는 거울 이미지, 환상이라는 점에서 문제가 발생한다.

존재 이전에 내가 사유한다면 이 나는 누구인가? 라캉의 L도식에 따르면 거울 이미지 이전에 에스(Es), 그것(It)이 있고, 이 그것이 거울에 비치면서 타자가 되고 이 타자를 상상적으로 동일시한 것이 이른바 자아이다. 그렇다면 존재 이전에 있는 것은 그것, 이름 부를 수 없는 것, 존재 이전에 존재/부재하는 것. 그러므로 라캉은 말한다. "나는 내가 없는 곳에서 생각하고 내가 생각할 때 나는 존재하지 않는다." 그리고 프로이트는 말했다. "나는 내가 있던 곳으로 돌아가야 한다." 라캉이 에고 심리학, 그러니까 건강한 자아를 회복한다는, 회복해야 한다는 입장을 부정하고 비판하는 것은 이런 사정 때문이다. 강한 자아란 나르시시즘에 지나지 않고 자기애의 대상에 지나지 않는다. 이런 자아는 무의식의 언어에 귀를 기울이지 못한다. 소외되고 분열된 자아만이 무의식의 언어에 귀를 기울일 수 있고, 자기로부터 소외되고 타자로부터 소외되고 세계 혹은 사회로부터 소외되는 것은 인간의 운명이다.

에고 심리학이 합리적 의식이라는 이름으로 무의식적 욕망의 극복 방법을 가르친다면 라캉은 이와는 달리 프로이트의 위대한 발견은 주체에게 아무 것도 가르치지 않는 것, 의식이 환상임을 깨닫고, 따라서 무의식을, 무의식의 언어를 해방시키는 일이라고 주장한다. 아무것도 가르치지 않는다? 가르칠 게 없다? 주체에게 아무것도 가르치지 않는다는 것은 가르침의 대상인 의식이 환상이기 때문이다. 그러므로 가르치지 않는 것은 자아가 환상이라는 것을, 사회가 환상이라는 것을 깨닫는 일이고, 결국은 깨달음도 깨달음이라는 것을 모르는 상태에 이르는 일이다. 불교는 가르치지 않는다. 누구나 깨달으면 부처다.

물론 라캉은 무의식/욕망의 해방을 노리고, 불교는 그런 해방도 없다는 것을 강조한다. 모두가 상(相)이기 때문이다. 상에서 벗어나라. 그때가 선(禪)이고 해탈이고 해방이다. 아니 선, 해탈, 해방이라는 것도 없다. 선이라는, 해탈이라는, 해방이라는 언어가 있을 뿐이다. 우울증이라는 언어가 있고 피해망상이라는 언어가 있고 공격이라는 언어가 있고 그대라는 언어가 있을 뿐이다. 그러므로 언어를 버려라. 그러나 언어에 의해 언어를 통해 언어 속에서 깨달음을 공부하고 불경에 의해 깨달음을 공부한다. 그런 점에서 언어를 버린다는 것은 진리를 깨달을 때까지, 아무것도 없다는 것을 깨달을 때까지 언어를 잠시 사용하는 것. 언어를 사다리나 뗏목처럼 사용하는 것.

피해망상의 시학은 결국 동일시/공격의 변증법을 버리고 언어를 사용하되 버리기 위해 사용하는 그런 단계를 지향한다. 마침내 시도 없고 신경증도 없다는 것을 알기 위해 시를 쓰고 피해망상에 시달리고 술을 마셔야 한다. 당신이 바로 나라는 것을 제대로 알기 위해 시를 써야 한다. 시를 빗자루로 쓸어내야 한다. 그러므로 마침내 시를 쓴다는 마음도 없이 시를 써야 하고 언어를 흘리는, 던지는, 버리는 심정으로 시를 흘리고 던지고 버려야 한다. 시를 버릴 때, 시라는 생각을 버릴 때가 자유이고 해탈이고 사랑이고 선(禪)이다. 선은 홀로 지내는 제사이고 홀로(單) 귀신(示)과 만나는 시간이고 귀신이 되는 시간이고 유령이 되는 시간이다. 유령은 존재하는 것도 아니고 존재하지 않는 것도 아니다. 그것은 유무(有無)의 경계를 해체하는 공(空)이고 이 공은 상(相)도 아니고 비상(非相)도 아니고 법(法)도 아니고 비법(非法)도 아니다. 그러므로 부처님은 다음처럼 말씀하신다.

> 수보리야. 모든 중생들이 마음에 相을 취하면 이는 곧 아상, 인상, 중생상, 수자상에 집착하는 것이며 만약 법에 상을 취해도 그렇고 비법에 상을 취해도 그렇다. 그러므로 마땅히 법에 집착하지 말 것이며 비법에도 집착하지 말아야 한다. 그러므로 여래는 항상 말씀하셨다. "너희 비구들아 나의 설법이 뗏목에 비유됨을 알아야 하고 훌륭한 법도 마땅히 버려야 하거늘 하물며 법 아닌 것에 있어서랴."

오늘은 하루 종일 가을비가 내리고 인생의 대부분을 우울증으로 탕진한 말세의 한 시인이 이 글을 쓴다. 이 글을 여기까지 쓰면 되는지 더 써야 하는지 모르겠다. 모르는 것을 쓰자. 갑자기 한산(寒山)과 습득(拾得)의 웃음소리가 들린다. 그들은 지금도 가을비를 맞으며 대중이 먹고 남은 밥을 얻어 대통에 넣고는 웃으며 한산으로 돌아간다. 사는 건 무엇이고 아픈 건 무엇인가?

6. 비대상에서 禪까지

이 사치를 사랑하자

내가 문단에 등단한 것이 1963년이고 올해는 2005년이다. 그러니까 시를 쓰며 살아온 세월이 40년이 넘는다. 과연 그동안 나는 왜 시를 썼고 무엇을 썼고 어떻게 썼는가? 도대체 이 세상에 시가 있다는 것이 이상하고 내가 이런 이상한 글쓰기에 매혹되고 빠지고 홀리면서 살아온 것이 이상하다. 고교 시절에는 어두운 가정 환경이 주던 고독 때문에 시를 썼고 그 후에는 불안해서 시를 썼다. 그럼 지금은? 지금도 불안하긴 마찬가지다. 도대체 왜 이렇게 불안한 것인가? 불안에는 이유가 없다.

결국 나의 시쓰기는 불안과의 싸움이고 불안에 대한 방어이고 불안에 시달리는 자아에 대한 성찰이고 반성이고 고찰이었다. 서정주를 키운 건 8할이 바람이라고 했지만 이승훈을 키운 건 8할이 불안이다. 오늘처럼 신경이 피로한 날 과연 어떻게 견뎌야 한단 말인가? 피로한 건 신경뿐만 아니다. 육체도 정신도 피로하고 이런 날은 작은 골방에 앉아 이런 글이라도 쓰는 게 사는 길이다. 그런 점에서 나는 병적이다. 겉으론 멀쩡해 보이지만 속은 엉망이고 그래서 시를 쓰고 어디에도 없는 나를 찾아 헤맨다. 정신이 멀쩡하다면 무슨 시를 쓰고 예술을 하겠는가?

이 세상엔 건강한 사람들만 있는 게 아니라 나처럼 병적인 인간도 있고 그런 인간이 쓰는 시도 있고 예술도 있다. 언제나 정신은 엉망이고 두통과 신경쇠약으로 고생이고 그래서 매일 약을 먹고 해질 무렵 맥주 두 병을 마시고 견디지만 최근엔 그것도 늘어 세 병을 마신다. 해질 무렵에 시를 쓰지만 최근엔 시보다 맥주가 더 나를 유혹하고 위로하고 잠시나마 나를 잊게 한다. 결국 나를 잊고 망각하는 게 최고다. 술도 그렇고 시도 그렇다. 우리는 나를 잊으려고 망각하려고 죽이려고 시를 쓴다. 살기 위해 예술을 하는 게 아니라 죽기 위해 예술을 한다.

바타유 식으로 말하면 예술은 저축이 아니라 낭비이고 사치이고 한 마디로 비경제적이다. 시쓰기는 언어 낭비, 쓸모 없는 언어와의 놀이, 언어의 잉여를 낭비하고 소비하는 행위이고 이런 행위가 쾌락을 동반한다. 언어의 잉여뿐만 아니라 모든 잉여, 남아도는 것은 사치스럽다. 화장도 낭비이고 사랑도 낭비이다. 그러나 이 낭비, 사치를 사랑하자. 우리의 삶은 낭비를 통해 지속되고 이런 의미로서의 사치와 낭비를 모르는 것이 우리 시의 한계이고 촌스러움이다. 요컨대 예술과 시는 잉여이고 잉여이기 때문에 사치스럽다. 그러나 이 우울한 시대가 요구하는 것은 이런 의미로서의 사치이고 죽음이다. 죽음은 삶의 잉여가 아닌가? 나를 유혹하고 위로하고 잠시나마 잊게 하는 이 사치!

있는 그대로 말하자. 어느 장관 말처럼 계급장 떼고 말하면 나는 박카스중독이고 니코틴중독이고 해질 무렵 알코올중독이다. 물론 이런 중독은 자랑이 아니지만 그렇다고 감출 필요도 없다. 있는 그대로다. 시도 일종의 중독이라는 생각이다. 그렇지 않다면 40년 동안 이

비경제적인, 사치스러운, 언어 낭비인 시쓰기를 계속했겠는가? 이런 신세니 그동안 쓴 시들 역시 병적이고 나도 모르는 소리이고 계속 떠도는 시니피앙의 세계였다. 그러나 이 병적인 것을 사랑하자. 시 쓰는 사람 병이 많고 술을 사랑하네. 만해 한용운의 시이다. 그렇다. 시는 그리고 예술은 다른 글에서도 말했지만 그렇게 점잖은 게 아니고 잡스러운 것이고 아픈 것이고 병적인 것이고 그러므로 만성 떠돌이, 백수, 건달, 알코올중독자, 두통 환자, 불안 환자, 신경 쇠약자, 우울증 환자, 자살 미수자, 정신적 거지들이 묵어야 할 작은 모텔이다.

과연 나는 누구인가? 초기부터 나를 지배한 화두는 자아탐구였고 이런 탐구가 중기에 오면 자아소멸로 전환하고 최근 그러니까 자칭 후기에 오며 내가 만난 것은 자아불이(不二)라고 이재훈과의 대담에서 밝힌 바 있다. 불이는 이불이 아니다. 불이는 유마경에 나오는 말씀. 40년 넘게 시를 써 왔지만 나는 자연도 노래한 적이 없고 사회도 현실도 노래한 적이 없다. 도대체 내가 누구인지도 모르는데 어떻게 자연, 사회, 현실을 노래할 수 있단 말인가? 그동안 쓴 시들은 자아탐구－자아소멸－자아불이로 요약되고 시쓰기를 구성하는 자아－언어－대상의 관계를 중심으로 말하면 초기에는 대상이 없는 시, 자칭 비대상의 시를 썼고 중기에는 자아가 소멸하기 때문에 언어가 시를 쓰고 후기 그러니까 최근에는 언어마저 헛것, 환상, 허상이라는 생각이고 따라서 언어도 버려야 한다는 생각이다.

산이 물 위로 간다

언어도 버리자. 언어도 버리고 시를 쓴다? 과연 언어를 버리고 시를 쓸 수 있는가? 최근의 화두이다. 언어란 무엇이고, 언어를 버린다는 것은 무엇이고, 不二란 무엇인가? 불이는 같은 것도 아니요(不一) 다른 것도 아니라는(不異) 불교 용어. 자아소멸을 주장하고, 그러니까 자아가 없다고 주장하고 다시 자아불이를 주장하는 것이 이상한 것 같지만 이상한 게 아니다. 사유의 전환이 필요할 뿐이다. 불교와 만나면서 내가 깨달은 건 사유의 전환이고 전환의 사유이다.

자아탐구는 자아 있음을 강조하고 자아소멸은 자아 없음을 강조한다. 그러나 자아불이가 강조하는 것은 이런 있음/없음의 경계를 깨고 해체하고 변증법적으로 종합하는, 아니 禪은 종합이 아니기 때문에 그런 종합도 초월하는 空의 세계를 지향한다. 그동안 나는 시를 쓴 게 아니라 자아를 찾아 헤맸고 마침내 법연(法緣)이 닿아 불이 사상과 만났다. 자아불이는 자아 있음과 자아 없음이 같은 것도 아니고 다른 것도 아니라는 것. 불이는 그런 유/무의 경계를 초월하는 空의 세계이다. 내가 시집 『인생』(2002)과 『비누』(2004)를 내면서 관심을 둔 것이 그렇고 최근의 관심이 그렇다. 시집 『인생』 서문에는 이런 말이 나온다.

> 모더니즘, 포스트모더니즘, 해체주의를 거쳐 불교와 만나게 된 건 고마운 인연이다. 산이 물 위로 간다. 가는 것은 산인가 물인가. 최근의 화두이다. 오늘도 무엇을 쓰는지 모르며 무엇을 쓰고 어디로 가는지 모르며 어디로 간다. 나의 무가치가 나의 가치이고 나의 무의미가 나의 의미이다. 나도 나를 인정하지 않고, 나도 내가 쓴 시를 모르고, 나도 나를 이해할 수 없다. 왜냐하면 이해할 게 없으므로. 결국 나는 아무것도 말하지 않고 말한 게 없고 이 글도 이렇게 쓰지 않았으면 좋았을 것이다.

도대체 무슨 소리인가? 산이 물 위로 간다. 가는 것은 신인가

물인가? 이 화두에서 산과 물은 같은 것도 아니고 다른 것도 아니다. 이른바 不二의 관계에 있고 이 화두가 노리는 것은 이런 불이, 空의 세계이다. 그러므로 가치/무가치, 의미/무의미, 말/침묵도 불이의 관계이고 나도 나 아닌 것도 불이의 관계에 있다. 나도 나를 이해할 수 없다는 것은 모든 이해가 분별, 이성, 논리, 인식, 존재를 전제로 하기 때문이고 이런 논리, 인식, 존재의 극한에 空이 있다는 말.

물론 공이 있다는 것도 말이 안 된다. 공은 이런 있음/없음을 초월하기 때문이다. 그러므로 인식의 극한에 공이 있다는 것도 어디까지나 언어이고 이런 언어를 부처님은 뗏목에 비유한다. 뗏목은 깨달은 다음, 그러니까 피안에 도달한 다음, 물론 차안이 피안이고 피안이 아니지만, 버려야 하고 그러므로 깨닫기까지는 언어라는 뗏목이 필요하다. 피안에 닿으면 버려야 하지만 닿을 때까지는 필요한 도구이다.

그런 점에서 언어에는 무슨 본질이 있고 심오한 의미가 있는 게 아니다. 밥을 먹기 위해 수저가 필요한 것과 같다. 물론 수저 없이 맨손으로 밥을 먹을 수도 있다. 말하자면 언어라는 도구에 기대지 않고 곧장 깨닫는 것. 6조 혜능은 일자무식 나무꾼이었지만 누구보다 먼저 깨달았다. 그러므로 禪이 강조하는 것은 불립문자, 이심전심, 교외별전이다. 그러나 불립문자도 언어이고 그런 점에서 언어라는 도구가 필요하다. 뗏목이 필요하고 사다리가 필요하고 이런 글이 필요하다. 사실 수저에 무슨 의미가 있는가? 수저로는 밥을 먹으면 되고 수저는 밥을 먹기 위한 도구일 뿐이다. 내가 언어도 버려야 한다고 말하는 것은 이런 문맥을 거느린다. 언어를 그저 잠시 도구로 빌려 쓰자는 것. 그런 점에서 시적 언어라는 것도 버려야 한다.

그건 그렇고 최근의 성찰에 의하면 시집 『인생』에서 내가 노래한 것은 二空 가운데 我空이라는 생각이고 그러니까 二空, 곧 我空과 法空 가운데 我空을 지향한 것 같다. 자아가 공하다는 것은 자아를 구성하는 오온(五蘊), 곧 색수상행식(色受想行識)에 自性, 곧 본질, 실체가 없기 때문이다. 나는 이런 자성 없음, 무아, 아공을 예컨대 「서울에 오는 눈」에서 이렇게 노래한다.

서울에 오는 눈이 춘천에도 오고
춘천에 오는 눈 속엔 누가 있나
춘천에 오는 눈 속엔 춘천이 있고
서울에 오는 눈 속엔 서울이
있네 서울에 오는 눈이 진주에도
오고 부산에도 오고 수원에도
오네 오늘 하루종일 내리는 눈발
속에 하루가 내리고 오늘 오는
눈은 어제 오던 눈 이 눈 속에
눈 속에 내가 있네 눈은 내리고
눈발 속에 내가 사리지네 눈발이
나를 덮네 간절함도 애절함도 눈
발에 파묻히는 불빛일 뿐

「서울에 오는 눈」 전문이다. 이 시에서 눈은 자아와 대립된다. 말하자면 萬有, 현상, 개념으로서의 눈과 자아는 대립되고 그것은 예컨대 "춘천에 오는 눈 속엔 누가 있나"라는 시행이 암시한다. 그러나 이런 질문은 곧 "춘천에 오는 눈 속엔 춘천이 있고"라는 시행에 의해 누구, 곧 사람, 자아가 춘천으로 치환되고 일종의 무아 개념이 드러난다. 춘천에 오는 눈 속에는 누군가 사람이 있어야 하지만 이 시에서 내가 강조한 것은 그런 사람은 없다는 것. 그러니까 눈(法)은 있고 사람(我)은 없다는 것. 이 사람은 '나'일 수도 있고 '나의 분신'일 수도 있다.

그러나 "이 눈 속에 내가 있네 눈은 내리고/ 눈발 속에 내가 사리지네 눈발이/ 나를 덮네"라는 시행에서는 이런 무아 개념이 좀더 발전한다. 발전한다는 것은 이 시행의 경우 자아는 단순히 부재, 없음, 무가 아니라 있으면서 동시에 없고 눈은 이런 의미로서의 없음을 덮는다. 말하자면 "눈 속에 내가 있고/ 눈 속에 내가 사라지고/ 눈이 나를 덮는다." 과연 나는 어디 있는가? 나는 눈 속에 있는가 없는가? 나는 눈 속에 있는 것도 아니고 눈 속에 없는 것도 아니다. 이 시의 경우 있음과 없음은 같은 것도 아니고 다른 것도 아니다. 이른바 不二의 관계에 있고 그런 점에서 我空의 세계이다. 그러나 법, 곧 눈은 있고 눈은 계속 내리고 따라서 법의 세계는 있다. 그런 점에서 '눈이 나를 덮는 것'은 법의 세계가 이런 아공을 삼킨다는 것인가? 시를 쓸 때는 이런 생각을 하며 쓴 것은 아니고 지금 다시 읽으며 이런 생각이 든다. 물론 이런 생각, 我空法有라는 생각도 집착이다. 그러나 이런 생각, 사유, 개념이 공부이고 이론이다.

비누는 씨앗인가 열매인가

물론 우연이겠지만 시집 『인생』의 표제가 암시하는 것이 인생, 사람, 자아라는 주제라면 시집 『비누』의 표제가 암시하는 것은 비누, 대상, 만유라는 주제이다. 그런 점에서 전자는 我空의 세계를 후자는 法空의 세계를 지향한다. 이런 생각은 프로이트에 의하면 이른바 사후 작용(differed action)에 해당한다. 그에 의하면 우리의 경험, 인상, 기억 흔적은 사후에 새로운 경험과 관련을 맺으면서 수정되어 다른 차원으로 발달하고 따라서 새로운 의미와 함께 심리적 효과가 발생한다.

늑대 인간의 경우 부모의 성교 장면, 이른바 원초적 장면은 한 살 반 때 기억의 흔적으로 남지만 그는 그때는 그것이 성교라는 것을 이해하지 못하고 네 살 때 꿈을 꾸었을 때 비로소 그것이 성교라는 것을 이해한다. 그리고 이런 꿈이 그의 경우 공포증이 시작되는 순간이다. 그러므로 늑대 인간의 경우엔 성교에 대한 이해가 사후 효과이고 나의 경우엔 시집 표제에 대한 이해가 사후 효과이다. 처음 시집 표제를 『인생』이나 『비누』로 할 때는 그것이 이런 의미, 곧 아공과 법공의 세계를 지향한다는 것을 몰랐고 그러니까 의도적으로 그런 이름을 붙인 것은 아니고 지금 이 글을 쓰면서 이 글이 매개가 되어 사후에 그런 의미였다는 것을 이해한다. 그렇다면 이 글이 나의 경우 공포증이 시작되는 순간인가? 사후 작용은 많다. 사랑도 처음엔 그것이 사랑인 줄 모르다가 세월이 지나 어떤 사건이 계기가 되어 그때의 만남이 사랑이라는 것을 이해하는 경우가 있다. 요컨대 시집 『인생』과 『비누』의 표제가 암시하는 것에 대한 이해는 지금 이 글을 쓰면서 발생한다는 것. 전자는 아공의 세계이고 후자는 법공의 세계라는 것. 그러나 이런 이해는 공포증의 시작이 아니다. 공포증은 자아의 무의식을 전제로 하고 공은 그런 무의식도 공으로 인식하기 때문이다.

법공은 만유가 마음과 개념의 산물이므로 만유에도 자성, 곧 실체나 본질은 없고 모두가 인연의 相에 지나지 않는다는 인식. 나는 이런 법공의 세계를 예컨대 「비누」에서 이렇게 노래한다.

> 비누는 가늘게 내리는 가랑비 가랑비 내리던 아침 그대와 길을 떠났지 비누를 가방에 넣고 떠났던가? 오늘도 가랑비 온다 가늘게 내리는 가랑비 밤이면 하얀 눈발 어둠 속에 비누가 반짝인다 비누는 마루에 있고 거실에 있고 화장실 거울 앞에 있지만 비누는 과연 어디 있는가? 비누는 씨앗도 아니고 열매도 아니다 아마 추운 밤 깊은 산 속에 앉아 있으리라

「비누」 전문이다. 비누에서 가랑비를 연상하는 것은 가랑비 오던 아침 그대와 떠난 여행을 동기로 하지만 아무튼 여기서 비누는 가랑비이다. 말하자면 비누의 본질은 없고 비누는 밤이면 하얀 눈발로 변한다. 이런 변화는 그렇게 이상한 것이 아니다. 왜냐하면 비누 가루에서 하얀 눈발이 연상되기 때문이다. 그렇다면 비누는 어디 있는가? 비누는 마루에 있고 거실에 있고 화장실 거울 앞에 있다. 어디든지 존재할 수 있다. 가방 속에도 있고 주머니 속에도 있고 마당에도 있고 그러므로 '추운 밤 깊은 산 속에 앉아' 있을 수도 있다. 왜 산 속에 있어선 안 된단 말인가? 있는 그대로 보자. 비누가 반드시 있어야 할 자리는 없고 비누는 그런 점에서 無住를 상징하고 무주가 無本과 통한다. 상징이 아니라 비누 자체가 무주이고 무본의 세계이다.

비누가 가랑비가 되고 눈발이 되는 것은 자성, 실체, 본질이 없기 때문이고 자성이 없으므로 아무 곳에도 머물지 않는다. 다만 인연 따라 나타날 뿐이고 이런 무주가 만유의 근본이고 이른바 법공과 통한다. 이유는 무엇인가? 비누는 씨앗도 아니고 열매도 아니기 때문이다. 이른바 不二 자체이고 나가라주나(龍樹)는 그것을 씨앗과 싹의 관계로 논증한다. 씨앗은 원인이고 싹은 결과이다. 씨앗은 원인이고 열매는 결과이다. 비누의 원인은 무엇이고 결과는 무엇인

가? 일반적으로 원인이 있으므로 결과가 생긴다. 과연 그런가?

씨앗에서 열매가 생길 때 씨앗과 열매는 완전히 같은 것이 아니고(不一) 씨앗에서 열매가 생길 때 씨앗과 열매는 전혀 다른 것도 아니다(不異). 씨앗에서 열매가 생긴다는 인과론, 원인이 있으므로 결과가 있다는 인과론이 비판되고 연기론이 긍정되는 것은 이런 사정 때문이다. 나가라주나 식으로 좀더 부연하자. 씨앗이 열매를 내포한다면(같다면) 열매가 두 번 존재하기 때문에 논리적으로 오류이고 한편 씨앗이 열매를 내포하지 않는다면(다르다면) 사실적으로 오류이다. 결국 불이가 강조하는 것은 인과론이 아니라 모두가 얽혀 존재한다는 것, 이른바 연기(緣起)이다. 결국 비누는 씨앗도 아니고 열매도 아니다. 내가 이 시에서 강조한 것은 만유의 제유인 비누가 보여주는 연기, 불이, 공이다. 그러나 이 시의 경우 나는, 자아는 가랑비 내리던 아침 그대와 길을 떠나고 그런 점에서 자아는 자성이 있고 '비누를 가방에 넣고 떠났던가?'라는 시행은 자아와 비누가 대립적인 관계 혹은 주인과 노예, 사용자와 도구, 주체와 객체의 관계임을 암시한다. 요컨대 이 시의 경우 법공이 강조되지만 나, 자아, 주체는 무, 공, 불이가 아니다. 내가 생각해도 이상한 노릇이다. 시집 『인생』이 我空法有의 세계를 지향한다면 시집 『비누』는 我有法空의 세계를 지향한다.

언어도 버리자

사실 두 권의 시집을 내고서도 나는 계속 어딘가 걸리고 어딘가 구속되고 나와 세계로부터 좀처럼 자유로울 수 없었다. 이유는 무엇인가? 지금 이 글을 쓰면서 깨닫는 것은 두 가지이다. 하나는 두 시집의 한계, 곧 아공과 법공이 따로 놀았다는 것. 다른 하나는 수행이 아니라 머리로 공부한 것. 그러니까 몸 따로 머리 따로 논 셈이다. 수행을 통해 아공법공을 깨달아야 하지만 나는 불교를 몸이 아니라 머리로 공부하고 이런 게 나의 한계이다.

이 글을 쓰기 전까지 나는 이런 생각, 말하자면 아공법유/아유법공의 대립, 모순, 갈등을 모르고 있었다. 선이 지향하는 세계는 二空이고 그것은 我空法空의 세계이고 아공이 법공이다. 자아와 현상은 별도의 공의 세계가 아니라 불이의 관계이고 아공, 법공 二空은 다시 我, 法, 俱 三空으로 완성되고 완성되어야 한다. 삼공은 아공, 법공, 구공이고 구공은 無願의 세계, 곧 자아에 대한 집착과 현상에 대한 집착을 여의고 이런 집착 없음도 여의고 空의 궁극에 도달하는 것. 머리로는 이렇게 알지만 실천은 어렵다. 요컨대 삼공은 空不空, 말하자면 아공법공도 잊어야 한다는 것. 空不空의 깨달음이다.

그러나 이런 세계는 끊임없는 정진과 고통스런 수행을 요구하고 나는 아직도 떠도는 중생, 백면서생, 사이비 글쟁이일 뿐이고 이런 게 나의 불교 공부의 한계이다. 결국 나의 경우 불교는 수행, 실천이 아니라 사유, 철학, 사상, 이론이다. 그러므로 시집 『비누』 서문에 나오는 다음과 같은 말을 제대로 실천하지 못한 것 역시 몸과 머리가 따로 놀았기 때문이다.

> 열세 번째 시집을 묶는다. 무슨 말이 필요하랴? 나도 없고 대상도 없고 언어만 남았다. 그러나 이 언어도 버려야 하리라. 언어도 버리는 심정으로 이 심정도 버리는 심정으로 시를 써야 하리라. 언어는 나를 사랑하지 않고 나는 언어에서 벗어날 수도 없다. 오늘도 바람 부는 세상 해질 무렵 시 한 줄 쓴다.

언어도 버려야 한다는 것은 언어도 버리는 심정으로 시를 쓰는 태도이고 다시 이런 심정도 버리는 태도를 뜻한다. 말하자면 언어도 헛것이지만 언어도 헛것이라는 생각도 버리는 심정으로 시를 쓰는 행위이고 최근의 화두가 그렇다. 따라서 최근의 나를 지배하는 것은 아공법공을 언어와 결합시키는 문제이고 거꾸로 언어를 아공법공과 결합시키는 문제이다. 결합이 아니라 회통이고 그런 점에서 최근에 나는 언어를 중심으로 아공법공에 대해 생각하고 있다. 이런 공의 세계는 불립문자의 세계이고 언어는 이런 세계에 닿기 위한 뗏목에 지나지 않는다. 그러므로 언어를 버리는 심정은 뗏목을 버리는 심정과 통하지만 버리는 심정은 버리는 행위가 아니다. 어디까지나 그런 심정으로 시를 쓴다는 것. 왜냐하면 어떤 방법으로든 시는 언어를 수단으로 하기 때문이다. 언어가 없다면 시가 없다.

따라서 문제는 크게 두 가지이다. 하나는 언어가 자아이고 세계라는 인식이고 다른 하나는 도구로서의 언어 사용 문제이다. 먼저 자아와 세계가 언어적 허구이고 언어적 체계라는 점에서 선적인 시쓰기는 이 허구, 언어체계에 구멍을 뚫는 일이다. 그러나 시인은 선사가 아니기 때문에 이 세계, 언어 질서에 구멍을 뚫을 수는 없고 이 세계가 거대한 구멍, 空이라는 것을 체험할 수는 없고 우연히 혹은 직관적으로 이 세계, 언어 질서에 구멍이 뚫리는 것을 보거나 느끼거나 체험할 뿐이다. 이 구멍이 공이고 해탈이고 불이이고 진리이다. 이 구멍은 라캉 식으로 말하면 상징계에 구멍이 뚫릴 때 문득 나타나는 실재계에 해당하고 비트겐슈타인에 의하면 언어를 초월하는 세계, 그러나 이 세상에 존재하는 세계, 그가 말할 수 없는 것에 대해서는 침묵해야 한다고 말할 때의 그 침묵에 해당하고 하이데거에 의하면 無가 존재한다고 할 때의 그 무, 이른바 대문자 존재에 해당한다.

한마디로 이런 공, 그러니까 아공법공의 세계는 언어 질서에 구멍이 뚫릴 때 드러나고 이 구멍은 언어를 초월하지만 시는 언어에 의존하고 따라서 문제는 이런 공의 세계, 말할 수 없지만 존재하는 세계를 시로 말하는 방법이고 여기서 언어 사용 문제가 제기된다. 나는 지금 선시에 대해 말하는 것이 아니고 선적 인식과 선적 시 쓰기에 대해 말하는 중이다. 그러므로 내가 주장하는 언어도 버리는 심정으로 시를 쓰고 이런 심정도 버리는 심정으로 시를 쓴다는, 시를 써야 한다는 명제는 이상에서 말한 공, 구멍, 언어를 초월하는 세계와 관련되고 언어가 그런 세계를 닮아야 한다는 발언이다.

요컨대 이제까지 우리가 사용해온 시적 언어, 예컨대 은유나 상징이 환기하는 비유성, 상징성, 이중성, 깊이, 다의성을 버리고 언어를 사용하는 일이다. 왜냐하면 언어도 空 자체, 무 자체가 되어야 하고 언어에는 무슨 본질, 깊이, 심오한 의미가 있는 게 아니라 언어는 오직 교통을 위해 잠시 빌려 쓰는 도구에 지나지 않기 때문이다. 이런 인식에 도달하면서 나는 한결 자유로워지고 시도 한결 자유로워진 셈이다. 시적 의미든 사회적 의미든 모든 의미는 짐이다. 이 짐을 털어 버려야 한다. 결국 언어를 버린다는 것은 언어의 의미를 버린다는 말과 같고 의미를 버리는 언어는 시니피앙(기표)과 시니피에(기의)의 거리가 소멸하는 언어이고 기표가 바로 기의가 되는 언어이고 나아가 바르트 식으로 말하면 카메라에 필름 넣는 것을 잊고 셔터를 누르는 행위에 비유된다. 이때 섬광이 터지지만 이 빛은 아무 것도 밝히거나 드러내지 않는다. 최근에 나는 예컨대 「철학」에서 이런 세계를 다음처럼 노래한 바 있다.

올 겨울엔 이런 일이 있었다 진눈깨비 치던 오전 난 택시를 타고 공항터미널로 가고 있었다 그날 제주에서 제주대 대학원 박사 논문 심사가 있었기 때문이다 나는 기사 옆에 앉고 그는 50대로 보이는 남자 공항터미널로 가면서 그가 힐끗힐끗 곁눈으로 나를 보더니 조심스레 물었다 선생님은 무얼 하십니까? 난 검은 바바리를 걸치고 낡은 밤색 가방을 무릎에 놓고 있었다 글쎄 뭐 하는 사람 같아요? 그랬더니 기사 왈 철학하는 사람 같군요! 네? 철학이요? 왜 있잖아요? 풍수도 보고 예언도 하는 철학 말입니다 진눈깨비 치던 겨울 오전이었다

「철학」 전문이다. 이 시에 무슨 심오한 의미가 있고 은유가 있고 상징이 있는가? 오직 있는 것은 '뭐 하는 사람 같아요?'라는 질문과 '철학하는 사람 같군요'라는 기사의 말 사이에 뚫리는 구멍이고 나아가 '네? 철학이요?'라는 질문과 '왜 있잖아요? 풍수도 보고 예언도 하는 철학 말입니다'라는 그의 말 사이에 뚫리는 더 큰 구멍이다. 무슨 말이 필요하랴? 그저 멍해지는, 아무 말도 할 수 없는 그러나 존재하는 세계. 달리가 그 유명한 '기억의 고집'을 완성한 저녁 그의 아내 갈라가 돌아와 이 그림을 보고 한 말은 '몰라. 더 이상 아무 생각도 나지 않아'였다. 그렇다. 그것은 헐벗은 절벽, 티 없이 푸른 하늘, 깨질 것만 같은 하늘, 사막처럼 텅 빈 공간, 아무도 살지 않는 침묵의 공간이었다. 내용은 다르지만 그때 나는 기사의 말을 듣고 아무 생각도 나지 않았다. 갑자기 이 세상에 구멍이 뚫리고 나는 그런 구멍을 본 셈이다. 현실, 세계, 언어질서에 구멍이 뚫리고 이 구멍에는 의미가 없다. 시적 언어에 대한 최근의 성찰을 요약하면 다음과 같다.

첫째로 언어를 버리는 심정으로 시를 쓴다는 것은 행위나 사건을 있는 그대로 옮긴다는 것. 그러니까 의미를 찾지도 않고 의미를 부여하지도 않고 시를 쓴다는 말이고 이때 언어는 투명해야 한다.

언어를 버리는 것은 의미를 버리는 것이고 이때 언어는 투명한 언어가 된다. 이 시가 강조하는 것은 그저 이런 일이 있었다는 것. 투명한 언어는 다의성이 아니라 일의성(一義性)을 강조하고 일의성도 버리고 나아가 기표와 기의의 거리가 소멸하고 이런 소멸이 空과 만난다.

둘째로 최근에 내가 대화를 인용하는 것은 언어가 아니라 파롤을 강조하는 것. 소쉬르 식으로 말하면 언어(langue)는 말(parole)이 아니다. 전자는 말들의 추상적 보편적 법칙을 뜻하고 후자는 개별적 구체적 발언행위를 뜻한다. 많은 시인들은 시의 법칙을 따르고 그런 점에서 언어를 강조하고 파롤은 이런 법, 언어를 해체한다. 대화가 특히 그렇지만 파롤은 일회성, 구체성, 표면성을 강조하고 이 표면성이 중요하다. 언어를 버린다는 것은 말의 표면을 사랑하는 태도이고 이런 표면에 금이 갈 때, 균열이 생길 때 이른바 空이 태어난다.

셋째로 아이러니의 문제. 물론 위의 시에는 아이러니가 드러난다. 그러나 언어적 아이러니가 아니라 극적 상황적 아이러니이다. 이런 아이러니는 많은 공안(公案)에도 나오지만 우리가 일반적으로 알고 있는 시적 아이러니와는 다르다. 시적 아이러니가 서로 배반되는 두 요소의 변증법적 종합을 지향한다면 내가 생각하는 아이러니, 이른바 선적 아이러니는 그런 종합을 모르는, 그런 종합과 싸우는 아이러니이다. 종합은 이성의 산물이고 종합 부정은 그런 이성, 논리, 인식과 싸우고 이런 아이러니가 不二 사상과 만나고 공과 만난다. 사실 위의 시에서 나와 그의 말은 무슨 종합을 추구하는 게 아니다. 세상엔 무슨 종합이 있는 게 아니고 그저 이런 현상이 있을 뿐이다.

넷째로 언어를 버리는 심정으로 쓰는 시가 노리는 것은 결국 공의 발견이고 삶과 시, 시와 비시도 불이의 관계에 있다는 것. 요컨대 이런 경계의 해체를 노린다는 것. 왜냐하면 시는 없고 시에는 자성이 없고 시라는 이름, 언어, 제도가 있기 때문이다. 그러므로 언어를 버려야 하고 언어에 구멍을 뚫어야 하고 제도와 싸워야 한다. 한편 삶과 시의 경계를 만드는 것은 시인들이 좀 특수하다는, 일반인과 좀 다르다는 선민(選民) 의식 아니면 차별 의식에 지나지 않는다. 조주 스님은 말한다. 도에 이르기는 어렵지 않다. 다만 분별을 버려라. 至道無難 但嫌揀擇! 시와 비시를 나누는 것 역시 그렇다. 결국 이런 분별, 차별 때문에 시 따로 놀고 삶 따로 노는 위선적 이중적 시인들이 존재한다.

삶에도 시에도 무슨 본질, 실체는 없고 그런 점에서 자성이 없고 그저 있는 것이고 사는 것이고 쓰는 것이다. 영원은 없다. 소멸이 진리다. 아무 생각 없이 쓰고 아무 생각 없이 산다. 삶이 시이고 시가 삶이다. 아니 삶과 시는 같은 것도 아니고 다른 것도 아니다. 이 모순을 사랑하자. 모순 자체가 삶이고 진리이다. 시는 써도 되고 쓰지 않아도 된다. 부처님의 가르침이다.

7. 누가 코끼리를 보았는가

순수도 폭력이다

열네 번째 시집을 묶는다. 원래는 책 뒤에 평론가의 해설을 싣는 게 관례이지만 이경호 주간에게 부탁을 해서 이번 시집에는 해설 대신 시론을 싣는다. 무슨 다른 이유는 없고 이번 시집을 내면서 시쓰기에 대한 나의 사유, 특히 시집 『인생』(2002), 『비누』(2004) 이후에 내가 추구하고 시도하고 실험한(?) 시에 대한 사유를 정리하고 싶기 때문이다. 시나 쓰면 되지 시에 대한 사유는 무엇이고 정리는 무엇인가?

이런 질문은 시와 시쓰기, 이론과 실천의 관계를 무시하고 부정하는 사람들의 생각이고 나는 입장이 다르다. 시를 쓰는 것은 결국 시에 대해 생각하는 것이고 시론 속에서 시론을 생각하며 시론과 함께 글을 쓰는 행위이다. 쉽게 말하면 시에 대해 아는 것이 없다면 우리는 시를 쓸 수 없다. 최소한 시와 산문, 현대시와 시조의 차이 정도는 알아야 시를 쓸 수 있고 그러므로 시쓰기는 시론을 전제로 하고 거꾸로 시론은 시쓰기를 전제로 한다. 그렇다면 시론이 앞서는가? 시쓰기가 앞서는가? 문제는 그렇게 단순하지 않고 그러므로 이런 문제에 대한 섬세한 사유가 요구된다. 많은 흑백 논자들처럼 어느 하나가 원인이고 다른 하나가 결과라면 무슨 문제가 있겠는가? 이런 사유는 너무 쉽고 너무 쉬운 사유는 사유가 아니다.

내가 『비누』 이후에 써온 시들에 대해 말하는 것은 심심해서 그러는 게 아니라 시쓰기와 시론, 실천과 이론의 관계가 그렇게 단순하지 않기 때문이고 이런 모호성이 계속 나의 사유를 자극하기 때문이다. 과연 시론과 시쓰기는 어떤 관계에 있는가? 나가라주나(龍樹)를 회상하자. 그가 강조하는 것은 중도(中道) 사상이고 2항 대립 해체이다. 예컨대 그는 주체와 행위의 관계에 대해 말하지만 그것은 시(이론)와 시쓰기(실천)의 관계에도 적용된다. 이론이 주체라면 실천은 행위에 해당한다.

흔히 우리는 주체가 원인이고 행위는 결과라고 생각한다. 과연 그런가? 주체와 행위는 그렇게 분명하게 구별되는가? 가는 작용, 행위가 없다면 가는 주체는 없다. 비유적으로 말하면 시쓰기가 없다면 시론이 없다. 그러나 가는 작용, 행위가 있다면 주체에겐 가는 작용이 두 개 있게 되어 가는 자가 간다는 모순이 발생한다. 시쓰기가 없다면 시론이 없지만 시론(주체)과 별도로 시쓰기(실천)가 존재한다면 시쓰기가 두 개 있게 되어 모순이 발생한다. 그러니까 가는 행위가 있어도 모순이고 없어도 모순이고 시쓰기가 있어도 모순이고 없어도 모순이다. 주체와 행위, 시론과 시쓰기의 관계는 인과적인 것도 아니고 대립적인 것도 아니다.

이런 사유를 발전시키면서 나는 시론과 시쓰기는 같은 것도 아니고 다른 것도 아니라는 불이(不二) 사상과 만나고 그런 점에서 시쓰기에 대한 사유는 시론에 대한 사유이고 거꾸로 시론에 대한 사유가 시쓰기에 대한 사유이다. 내가 이번에 시집을 내면서 시론을 쓰는 이유이다. 한편 나는 시론 「비대상에서 禪까지」(작가세계, 2005, 봄)에서 『비누』 이후의 시에 대한 생각들을 밝힌 바 있고 그 때 강조한 것은 시에도 삶에도 무슨 자성(自性)은 없고 시와 삶, 시와 비시도 불이의 관계에 있다는 것. 그러나 다시 생각하자.

다시 생각하는 것은 반복이 아니다. 그때 미처 생각하지 못한 부분, 생각했지만 좀더 치밀하게 분석하지 못한 부분을 이 기회에 보완하고 보충하고 2년 동안 내가 쓴 시들에 대한 나의 사유를 종합하고 분석하려는 게 이 글의 목표이다. 이런 종합과 분석은 과연 보완하고 보충하는 행위인가? 도대체 보충한다는 것은 무엇인가? 데리다도 강조했지만 보충은 모자라는 부분을 첨가한다는 의미도 있고 부족한 부분을 다른 것으로 대리, 대체한다는 의미도 있고 특히 후자가 강조되면 예컨대 정규 학교 수업을 보충하는 학원 과외가 정규 수업을 대체하고 이 대체물이 학교 수업 위에 군림하게 되어 단순한 보충의 의미를 벗어난다. 첨가냐 대리냐?

지금 내가 쓰는 글은 먼저 쓴 글의 부족한 부분을 보충한다는 점에서는 첨가 행위이지만 한편 그 글을 다른 것으로 보충한다는 점에서는 대리이고 회사에서 대리는 과장의 일을 대신한다는 의미도 있지만 그가 해야 할 몫도 있다. 그러므로 이 글은 보충일 수도 있고 대리일 수도 있고 아마 먼저 쓴 글을 밀어붙이는 위험한 대체물이 될 것이다. 결국 보충이면서 보충이 아니고 대리 보충이고 따라서 이 글이 먼저 쓴 글을 잡아먹을지도 모르고 나는 제발 잡아먹기를 바란다.

시집 『비누』 이후 2년 동안 내가 관심을 둔 것은 한 마디로 현실을 그대로 옮기는 것. 그러나 나는 리얼리즘을 처음부터 부정하는 입장이기 때문에 이런 시쓰기는 리얼리즘과는 아무 관계가 없다. 이런 시쓰기가 노리는 것은 시와 삶, 시와 현실의 경계를 해체하는 데 있고 이런 해체를 통해 근대 부르주아 예술이 강조한 이른바 미적 자율성을 파괴하고 일상과 예술의 단절을 극복하고 이런 극복이 현실 환원주의나 거친 리얼리즘으로 퇴행하지 않기 위해서는 불이(不二) 사상을 지향해야 한다는 생각이다.

시와 삶의 경계를 만드는 것은 시인들이 좀 특수하다는, 일반인과 좀 다르다는 선민(選民) 의식 아니면 차별 의식에 지나지 않고 이 썩어 가는, 아름답고 퇴폐적인 자본주의 시대에 일상적 세속적 삶과 다른 무슨 고상하고 향기로운 정신과 영혼의 세계가 있다고 믿는 시인들은 너무 소박하거나 위선자일 것이다. 소박하다는 것은 이들이 세계를 물질과 정신, 육체와 영혼, 현상과 본질처럼 2항 대립체계로 인식하고 후자를 우위에 두기 때문이고 위선자라는 것은 이들의 경우 대체로 삶과 시가 모순의 관계에 있기 때문이다. 이들은 자본주의적 삶의 양식에 충실하게 살면서 시는 순수한 초월의 세계를 노래한다. 쉽게 말하면 쓰레기통(현실) 속에 살면서 이슬(영혼, 정신)을 노래한다. 그러나 이런 영혼 따윈 허위이고 이 시대엔 무슨 고상한 형이상학도 없다. 나는 이렇게 노래한다.

사유는 결국 미친 짓이죠 무슨 영혼, 진리, 본질 따윈 버리세요 잊으세요 망각하세요 시라는 이름의 쓰레기들을 버리세요 세계와 거리를 두지 마세요 그저 사세요 영혼 따위에 속지 마세요 진리를 찾지 마세요 삶이 그대로 진리입니다 당신의 진리가 있는 게 아니라 당신이 진리죠 오전엔 눈이 오고 오후엔 해가 납니다

「우리가 할 일은 웃는 것이다」의 후반부다. 쓰레기통 속에서 이슬을 노래하는 시인들은 삶과 진리를 분리하고 삶을 초월하는 어디 머언 곳에 이슬처럼 순수한 진리가 있다고 믿는다. 그러나 이런

태도는 자신을 속이는 기만이고 위선이다. 그들의 진리는 웃음을 모르는 진리이고 너무 진지하고 엄숙하고 이 시대의 시가 쓰레기라는 걸 모른다. 그들이 노래하는 영혼은 순수하다. 그러나 그들은 이런 순수가 폭력이라는 걸 모르고 나는

> 순수도 서정도 폭력이다 순수는 불행을 모르고 고통을 모르고 타자를 모르고 서정도 서정도 허위다 서정시가 끝난 시대에 서정을 주장하는 건 불순하고 순진하고 천진하고 시가 갈 길은 무수히 많다 갈 데가 없으므로 갈 데는 많고 그러므로 갈 곳이 없고 지금 책상에 날아와 앉는 파리처럼 갈 곳이 없고

처럼 노래한다. 「서정시」의 일부이다. 시 따로 놀고 인생 따로 노는 위선자들은 순수도 서정도 폭력이라는 것을 모르고 이 시대 우리 시가 갈 곳이 없다는 것을 모른다. 하기야 이런 인간들이 어디 시인들뿐이랴? 선(禪) 공부를 한다는 교수, 시인들 가운데도 가짜들이 많고 물론 나도 가짜이지만 나는 최소한 내가 가짜라는 건 안다. 아무튼 선 공부를 합네 하는 어느 교수가 보여주던 탐진치(貪瞋痴) 삼독(三毒)에 내가 질려버린 건 2006년 1월이다.

이것은 시가 아니다

이야기가 좀 빗나갔지만 할 수 없다. 문제는 이 시대의 시적 모순이고 이런 모순을 극복하기 위해서는 시가 있는 게 아니라, 그러니까 시에 무슨 자성(自性)이 있는 게 아니라 시라는 이름, 언어, 제도가 있다는 인식이 요구되고 이런 인식을 토대로 근대 자율성 미학을 파괴할 필요가 있다. 1917년 뒤샹은 남성용 변기를 전시장

으로 옮기고 나는 일상적 현실, 그것도 아무 의미가 없는 구체적 삶의 단편들을 이 시집에 옮긴다. 옮긴다는 말을 강조하자. 옮기는 것은 원래 물체에 손을 대는 것도 아니고 변형시킨 것도 아니고 원래 물체를 소재로 새로운 세계를 창조하는 것도 아니다. 뒤샹이 한 것은 변기에 「샘」이라는 제목을 붙여 뉴욕 앙데팡당전에 출품한 것. 물론 운영위원들은 이 작품(?)을 전시장 칸막이 뒤에 버렸고 뒤샹은 대대적인 반격에 나선다.

이때 변기는 변기로서의 사용 가치가 사라진다. 그렇다고 이른바 미적 가치가 있는 것도 아니다. 전통적으로 미적 가치는 창조 개념을 전제로 한다. 그렇다면 미적 규범에서 벗어나는 이런 변기가 노린 것은 무엇인가? 한마디로 그것은 근대 예술에 대한 비판, 곧 근대 예술이 사회적 제도에 지나지 않는다는 주장이고 창조란 그에 의하면 개떡이다. 그는 사물을 선택하고 제목을 붙이고 전시장으로 옮겼을 뿐이다. 그렇다면 나는? 먼저 시 한 편을 인용하자.

깊은 밤 술에 취해 택시를 타면 담배 생각이 나고 난 기사 옆 자리에 앉아 기사에게 말한다 담배 한 대만 피웁시다 그러세요 어떤 기사는 허락하고 에이 좀 참으세요 어떤 기사는 참으란다 깊은 밤엔 많은 기사들이 담배를 허락하고 난 창문을 반쯤 열고 담배에 불을 부친다 담배가 떨어져 기사에게 담배를 빌릴 때도 있다 어느 해던가? 성냥을 켜던 나를 보고 기사가 말했지 선생님 이상하네요 아니 켜기 쉬운 라이터를 두고 왜 성냥을 넣고 다니십니까? 네 성냥이 좋아서요 라이터는 무겁고 성냥은 가볍잖아요? 그런 밤도 있었다

「담배」 전문이다. 정효구 교수도 친절하게 해석한 것처럼 나는 이 시에서 그저 살면서 겪은 작은 삽화를 그대로 옮겼을 뿐이다.

그러니까 담배에 대한 몽상도 없고 상상도 없고 진술이나 해석이나 비판도 없고 무슨 정서적 반응을 노래한 것도 아니다. 그저 이런 일이 있었다는 것. 일체의 가치 판단을 보류한 상태에서 삶의 공간, 그것도 별 의미가 없는, 흘러가는 삶의 공간을 그대로 옮겼을 뿐이다. 그러므로 이런 시를 읽는 독자나 일부 평론가나 시인들은 아마 당황할 것이다. 왜냐하면 그들의 경우 시는 이렇게 삶의 세계를 그대로 옮기는 게 아니라 이런 세계를 소재로 새로운 세계를 창조해야 하고 창조는 상상력과 정서를 동반해야 하기 때문이다.

언젠가 어떤 여류 시인은 이와 비슷한 시 「화장실 문」을 읽고 전화까지 한 적이 있다. 선생님 어떻게 이런 게 시가 될 수 있습니까? 그녀의 질문 요지였다. 당시 내가 무슨 대답을 했는지 지금 기억이 나지 않는다. 이런 시는 시가 아니다. 말하자면 당신들이 생각하는 시가 아니고 당신들이 현대 시론과 시창작론에서 공부한 그런 시가 아니다. 왜냐하면 이런 시는 창조한 것도 아니고 무슨 은유나 상징도 없고 요컨대 미적 가치가 없기 때문이다. 그런 점에서 나는 현대시가 끝났다는 입장이고 내 시의 종말(end)이 내 시의 목적(end)이고 내 시의 목적이 내 시의 종말이다. 그러니까 40년 가깝게 나는 현대시의 종말을 향해 시를 써온 셈이다. 그리고 이런 시쓰기가 노리는 것은 이 시대 시인들이 보여주는 자율성 미학의 위선, 시 따로 삶 따로 노는 부르주아 시인들의 위선에 대한 부정과 비판이다.

그러나 이런 시쓰기, 아니 의미 없는 현실을 그대로 옮기면서 나는 이 현실에 구멍이 뚫리는 이상한 경험을 하게 된다. 현실은 언어로 구성되고, 그런 점에서 언어 질서이고 라캉 식으로 말하면 상징계이고 이 상징계, 언어 질서에 구멍이 뚫릴 때가 있다. 예컨대 다음과 같은 시.

올 겨울엔 이런 일이 있었다 진눈깨비 치던 오전 난 택시를 타고 공항터미널로 가고 있었다 그날 제주에서 제주대 대학원 박사 논문 심사가 있었기 때문이다 나는 기사 옆에 앉고 그는 50대로 보이는 남자 공항터미널로 가면서 그가 힐끗힐끗 곁눈으로 나를 보더니 조심스레 물었다 선생님은 무얼 하십니까? 난 검은 바바리를 걸치고 낡은 밤색 가방을 무릎에 놓고 있었다 글쎄 뭐 하는 사람 같아요? 그랬더니 기사 왈 철학하는 사람 같군요! 네? 철학이요? 왜 있잖아요? 풍수도 보고 예언도 하는 철학 말입니다 진눈깨비 치던 겨울 오전이었다

「철학」 전문이다. 물론 이 시도 그때 생긴 삽화를 그대로 옮긴 것. 내가 꾸미거나 고치거나 변형시킨 건 하나도 없다. 있는 그대로다. 그러나 앞의 시와 다른 것은 여기 옮긴 현실 속엔 구멍이 뚫린다는 점이다. 특히 시의 후반부에 전개되는 나와 기사의 대화가 그렇다. 다른 글에서도 말했지만 철학하는 사람 같다는 기사의 말에 대한 나의 질문(네? 철학이요?)과 기사의 대답(풍수도 보고 예언도 하는 철학 말입니다)은 아이러니를 보여준다. 말하자면 나의 기대가 배반된다는 점에서 일종의 극적 상황적 아이러니이다. 그러나 이런 아이러니는 시적 아이러니와는 다르고 이 차이가 문제이다. 시적 아이러니는 두 요소의 변증법적 종합을 지향하고 공안에 나타나는 선적(禪的) 아이러니는 그런 종합을 모르는, 종합과 싸우는 아이러니이고 이 시의 경우도 비슷하다. 나는 이런 아이러니를 현실에 구멍이 뚫리는 현상으로 해석하고 그러므로 이 구멍이 문제이다.

현실에 구멍이 뚫린다는 것은 언어 질서, 법, 구조에 구멍이 뚫리는 것이고 이때 주체는 작은 해방을 체험한다. 말하자면 언어 때문에 주체가 되면서 동시에 자신으로부터 소외되고 분열되는 주체

인 나는 이때 이상한 해방감을 느낀다. 이런 아이러니의 순간에, 그러니까 어? 하는 놀람의 순간에 나는 현실적 주체, 현실에 구속된 주체, 법에 구속되는 주체, 말하자면 제주대 박사 논문 심사를 떠나는 국문과 교수가 아닌 다른 나와 만난다. 언어 질서 속에 있는 내가 아니라 그런 질서에서 벗어나는 나, 의식할 수 없는 나.

라캉에 의하면 언어는 기표들로 구성되고 기표는 다른 기표를 위해 주체를 생산한다. 그런 점에서 기표와 기표 사이에 내가 있지만 이 기표들의 연쇄가 잠시 파괴되는 순간이 있고 그때 나는 기표가 생산하는 내가 아니다. 그렇다면 누가 생산하는가? 거울도 아니고 언어도 아니고, 그러니까 상상계와 상징계를 초월하는 그것(It)이 생산하고 그것이 진리이다. 그런 점에서 이런 아이러니의 순간에 내가 보는 것은 상징계의 결여이고 결핍이고 얼룩이고 무의식이고 욕망이다. 나는 현실의 극한에서 무의식을 발견한다. 기표와 기표의 연쇄가 아니라 이런 연쇄를 가능케 하는 것. 결여, 부재, 욕망, 무의식, 그것.

삶이 꿈이다

그러나 이런 의미로서의 구멍이 아니라 심연이 아니라 결여가 아니라 부재가 아니라 부성 기능(paternal funtion)의 결여, 이른바 부명(父名)이 상징계에서 폐제될 때, 그러니까 아버지라는 이름이 상징계에 통합되지 않고 버려질 때, 구멍이 생길 때 우리가 체험하는 것은 정신병적 삶이다. 신경증 환자들이 상징계를 수용하면서 자아 정체성에 회의한다면 정신병 환자들은 상징계를 거부하고 심한 경우 환각과 망상에 시달리고 내가 현실의 극한에서 발견한 또 하나의 구멍이 그렇다.

그러니까 나는 언어 질서, 현실, 상징계의 극한에서 상징계에 뚫리는 구멍을 발견하고 그것은 두 가지 유형으로 나타난다. 하나는 기표들의 연쇄를 가능케 하는 구멍이고 다른 하나는 부명의 폐제가 생산하는 구멍이다. 전자는 그것, 무의식, 욕동(drive)과 만날 수 있는 길을 열고 후자는 정신병의 길을 연다. 그러나 무슨 차이가 있는가? 시인들의 상상력이 정신병적 구조라고 말한 건 라캉이고 어느 시대나 진짜 예술가들, 진짜 시인들은 상징계에 구멍을 뚫거나 상징계를 거부한다. 다음은 이런 의미로서의 구멍을 보여주는 시.

> 한양대 교수로 직장을 옮긴 1980년대 초 밤이면 김일성이 자신의 집을 폭파하겠다고 전화를 하고 밤새도록 지붕 위엔 낯선 비행기가 떠 있다고 편지를 보낸 제자가 있었다 춘천교육대학을 중퇴하고 결혼에 실패한 그는 대학 시절 서울 집으로 간다며 철길을 계속 걸어간 적이 있지 어느 날은 그의 시집이 영국에서 출판하게 되었으니 선생님이 평론을 쓰셔야 한다는 편지도 보냈다

「이것은 시가 아니다」의 전반부. 이것은 시가 아니다. 물론 앞에 인용한 「담배」도 시가 아니고 「철학」도 시가 아니고 '이것'도 시가 아니다. 그러나 나는 이 글을 『현대시학』(2005. 6)에 발표했고, 따라서 이 글은 시가 된다. 시가 되는가? 「담배」는 일상의 세계를 그대로 옮겼기 때문에 시가 아니고 「철학」도 그렇고 다만 후자에는 일상의 세계에 구멍이 뚫리는 것만 다르다. 여기 인용한 시(?) 역시 일상의 세계에 구멍이 뚫리지만 이때의 구멍은 부명의 폐제를 동기로 하고 따라서 정신병의 세계를 보여준다.

나는 정신병으로 고생하는 제자의 편지 내용을 그대로 옮겼기 때문에 이 글은 시가 아니라 표절이고 그러나 내 이름을 밝히고

제목을 부쳤기 때문에 이 글은 표절이 아니고 표절이 아닌 것도 아니다. 좀 우스운 이야기지만 뒤샹은 변기에 「샘」이라는 제목을 붙이고 작가 이름을 머트(Mutt)라고 적고 나는 제자 편지의 일부에 「이것은 시가 아니다」라는 제목을 붙이고 내 이름을 적고 시지에 선 이 글을 그대로 수록한다. 따라서 이 글은 시로 대접받은 셈이다. 그러나 다시 생각하자. 이 글은 시가 아니다. 제자의 편지, 그것도 정신병에 시달리는 제자의 횡설수설이 어떻게 시가 될 수 있는가? 그리고 나는 솔직하게 '이것은 시가 아니다'라고 밝혔다. 그러나 지금도 이상한 것은 그때나 지금이나 나의 이런 행위에 대해 아무도 이의가 없다는 점이고 이런 상황은 우리시의 후진성, 소박성, 무지, 지적 태만과 통한다.

이것은 시가 아니다. 그러나 시지에 발표되었기 때문에 시로 대접받는다. 휴지통에 넣으면 휴지가 되고 편지로 보내면 편지가 되고 일기로 쓰면 일기가 되고 정신과 의사의 노트에 적으면 병력이 된다. 도대체 시는 어디 있는가? 내가 이런 제목을 달아 시지에 발표한 것은 도대체 당신들이 생각하는 시는 뭐요? 시는 과연 어디 있소? 이런 질문을 하고 싶었기 때문이고 정신병의 세계를 그대로 옮긴 것은 이젠 우리시도 이런 세계를 제대로 수용하고 공부하면서 광기에 대한 새로운 사유가 요구되기 때문이다. 예술은 광기를 먹고산다. 미치지 않은 시인들을 어떻게 믿을 수 있겠는가? 정신도 육체도 멀쩡한 시인들은 가짜다. 김소월, 이상, 김수영을 생각하자. 그러니까 광기의 이성에 대해 사유하고 이성의 광기에 대해 사유하자.

물론 이것은 시가 아니다. 지금 내가 하는 소리는 시가 아니다. 푸코가 마그리트의 파이프 그림 「이것은 파이프가 아니다」를 해석한 방식으로 말하면 대명사 '이것'은 시가 아니고 '이것'은 문장 속의 '시'를 지시하지 않고 '이것'은 검은 활자이기 때문에 '시'가 아니고 '이것'은 '시가 아니다'라는 말을 지시할 수도 있고 도대체 지금 나는 무슨 소리를 하고 있는가? 나도 잘 모르겠다. 과연 안다는 것은 무엇이고 모른다는 것은 무엇인가? 그러니까 안다는 것을 안다는 것은 무엇이고 모른다는 것을 안다는 것은 무엇이고 모른다는 것을 모른다는 것은 무엇인가?

그동안 나는 이 시론의 제목 때문에 얼마나 고민을 했는지 모른다. 지금도 고민이다. 물론 내일 병원 갈 일도 고민이고 입추가 지났지만 계속되는 이 놈의 더위도 고민이고 건강 때문에 담배를 끊고 낙이 없는 것도 고민이다. 처음 이 글의 제목은 '누가 코끼리를 보았는가'였고 다시 고민을 하다가 '우리가 할 일은 웃는 것이다'로 고치고 그런 제목으로 글을 쓰다가 어제 다시 지우고 '과정으로서의 시'로 고치고 쓰다가 다시 마음이 놓이지 않아 오늘 이 글을 쓰면서 결국 '이것은 시가 아니다'로 고쳤다. 그러나 다시 불안해서 원래 제목인 '누가 코끼리를 보았는가'로 고치고 이 글을 쓴다. 코끼리가 이런 나를 보면 얼마나 가련하게 생각하겠는가?

아마 내일 또 다른 제목으로 고치고 글을 쓰고 고민하고 다시 생각하고 결국 이 글이 끝날 때까지, 아니 끝난 다음에도 고민의 연속일 것이다. 정말 나 대신 누가 제목을 부쳐주면 좋겠다. 이 글도 누가 불러주고 나는 그의 말을 그대로 옮기고 내 이름으로 발표하면 얼마나 좋겠는가? 이것은 시가 아니다. 시가 될 수도 있고 안 될 수도 있다. 나도 이 시집을 영국에서 출판하게 된다면 얼마나 좋겠는가? 환각도 진리이고 망상도 진리이다.

삶은 무엇이고 꿈은 무엇인가? 결국 삶이 꿈이다. 오늘도 나는 사는 게 아니라 꿈을 꾸는 것 같다. 나는 현실을 그대로 옮기면서 현실의 극한에 뚫리는 구멍을 보고 이 구멍에서 무의식을 발견하고 마침내 이 무의식이 삼키는 현실과 만난다. 말하자면 꿈과 만난다. 이제 현실은 꿈이고 꿈이 현실이고 내가 할 일은 이 꿈을 그대로 옮기는 것. 그런 점에서 이런 행위도 뜰 앞의 잣나무다. 나는 무엇을 만드는 게 싫다. 나는 예술의 본질을 믿지 않는다. 나는 오늘도 꿈을 꾼다. 꿈을 꾸는 건 누구이고 꿈을 구경하는 건 누구인가?

> 김춘수 선생님 전화야요 난 아내가 준 전화를 받는다 가을 오후인지 겨울 오후인지 기억이 안 난다 선생님 목소리다 그러나 내용은 기억나지 않고 난 수화기를 놓고 말했지 이상해 돌아가신 선생님이 어떻게 전화를 했을까? 아마 누군가 김춘수 선생님이라고 속였을 거야요 아내의 말이다 아니야 선생님 목소리가 맞아 도대체 알 수 없군 돌아가신 선생님이 전화를 하다니! 난 오늘도 꿈을 꾼다

「바람 부는 날」 전문이다. 난 아내가 주는 전화를 받는다. 돌아가신 김춘수 선생님 목소리다. 정말 알 수 없는 노릇이다. 돌아가신 선생님이 어떻게 전화를 하신 것일까? 이 시는 꿈 내용을 그대로 옮긴 것. 프로이트에 의하면 꿈, 환상, 증상은 의식과 무의식, 검열과 회피, 자아와 이드의 타협물이다. 그러므로 꿈은 논리를 모르고 의도를 모르고 아니오를 모르고 2항 대립을 모른다. 꿈속에는 시간이 존재하지 않고 따라서 삶과 죽음의 경계가 모호하다. 그러므로 돌아가신 선생님이 전화를 할 수도 있고 꿈속에서는 돌아가신 어머니와 만날 수도 있다. 얼마나 좋은가? 꿈길 밖에 길이 없어 오늘도 꿈을 꾸고 꿈이 구원이다. 이 꿈은 돌아가신 선생님을 만나고 싶은 나의 무의식의 변장이고 마스크이다. 변장된 것은 자아의 검열, 의식의 개입 때문이다.

그렇다면 이 꿈은 누가 꾼 것인가? 나는 자고 있었다. 따라서

내가 이 꿈을 꾼 것은 아니고 나도 모르는 그것, 라캉 식으로 말하면 아는 주체가 아니라 모르는 주체(unknowing subject)가 꾸고 꿈에 의해 난 이 모르는 주체와 만나고 이 모르는 주체가 꿈을 꾸고 나를 지배한다. 오이디푸스가 부친을 살해하고 그의 어머니와 잠자리를 같이 한 것도 그가 자신의 행위에 대해 아무것도 몰랐기 때문이다. 내가 이 꿈을 꾼 것을 나는 모르고 그러므로 모르는 주체가 있고 그러나 꿈속에 그(나)는 나오고 이 그(나)를 나는 구경한다. 말하자면 지금 난 작은 아파트에 앉아 글을 쓰지만 이 현실이 꿈이라면 방에 앉아 글을 쓰는 나를 바라보는 내가 있고 꿈은 모르는 주체, 그것, 무의식의 산물이지만 의식과의 타협물이다.

그러므로 꿈은 의식도 아니고 무의식도 아니고 의식이 아닌 것도 아니고 무의식이 아닌 것도 아니다. 삶 역시 그렇지 않은가? 부처님은 『금강경』에서 이렇게 말씀하신다. "일체 현상은 꿈과 같고 환상과 같고 물거품 같고 그림자 같고 이슬 같고 또한 번개 같으니 응당 이와 같이 보아야 한다(一切有爲法 如夢幻泡影 如露亦如電 應作如是觀)." 부처님 말씀이 강조하는 것은 相을 취하지 말라는 것. 함허당 득통에 의하면 상을 취하지 않는 것은 三相(有, 假, 中)을 취하지 않는 것이고 그러므로 진여자성(眞如自性)은 有相도 아니고 無相도 아니고 非有相도 아니고 非無相도 아니다.

개는 사람을 문다

꿈이 현실이고 현실이 꿈이다. 그러나 우리는 이 현실이 꿈이라는 것을, 지금 방에 앉아 이 글을 쓰는 내가 풀잎의 이슬이라는 것을, 주체가 아니라 인연들이 이렇게 잠시 모여 있다는 것을 모르고 아직도 무슨 본질, 진리, 자성을 찾아 헤맨다. 일체 현상에는 자성이 없다. 시에도 자성이 없다. 과연 시의 본질은 무엇인가? 시나 삶이나 무슨 자성이 없다면 시와 삶, 시와 비시도 不二의 관계에 있을 뿐이다. 그러므로 그동안 내가 삶을 그대로 옮기며 깨달은 것은 시와 삶이 같은 것도 아니고 다른 것도 아니라는 것. 삶과 꿈의 관계도 그렇다는 것. 이런 불이 사상은 이 밖에 시와 비시, 시와 시론에 대한 사유에도 적용된다.

시와 비시의 구분은 애매하다. 어디가 경계인가? 이런 구분 역시 이성의 산물이고 분별의 산물이다. 현실을 지배하는 것은 이성이지만 이성과 광기의 경계도 애매하고 결국은 경계가 있는 게 아니라 언어, 이름, 정의가 있을 뿐이다. 그러므로 시의 본질 찾기는 시의 명명 행위이고 모든 명명 행위는 자의적이고 영원한 것이 아니다. 예컨대 이런 게 시요 하고 누가 정의한다면 이런 정의는 영원한 게 아니라 그저 한 시대 공동체의 약속일 뿐이다. 시에 대한 낭만주의, 상징주의, 모더니즘, 포스트모더즘의 정의가 다른 것은 결국 시의 본질은 없고 시라는 언어가 있고 이 언어는 시대, 제도, 동의, 약속이 생산한다는 사실을 반증한다.

데리다는 문학이라는 이름의 이상한 제도라고 말한 바 있다. 문학은 근대적 제도에 속하지만 이상한 제도이다. 이상하다는 것은 문학이 모든 것을 모든 방법으로 말할 수 있는 제도이기 때문이다. 그런 점에서 문학은 사회 제도이지만 그런 제도를 뛰어 넘는 제도, 이상한 제도이다. 문학 역시 제도라는 점에서 법을 지켜야 하지만 이상한 제도이기 때문에 법, 법칙, 문학의 원리, 규범 등은 지키려고 존재하는 것이 아니라 위반하려고 존재한다. 요컨대 문학의 본질은 비본질이고 시의 본질도 비본질이다. 그러므로 아직도 시의 본질, 진리, 자성을 강조하는 시인, 평론가들이 많다는 것은 웃기는 일이고 그런 점에서 나는 본질주의자가 아니고 시의 고민이 사라지고 쓰는 시는 시의 본질에 대한 고민이 사라지고 쓰는 시이고 따라서 시와 비시의 경계가 없는, 섞이는 멀티(multi)시이고 다중 구조의 시이다. 다음과 같은 시가 그렇다.

> 이 시는 시의 고민이 사라지고 쓰는 시 아무렇게 써도 되고 안 써도 되는 시 비가 오면 아무 일도 못하고 비 때문에 비 때문에 이제 시는 끝났다 비가 올 때 끝나고 시의 문제는 철학의 문제로 넘어간다 아슬아슬하게 넘어간다 시와 산문의 전쟁도 끝나고 오늘부터 끝나고 시의 종말은 시의 죽음이 아니야 한 시대가 끝난 거야 이젠 무슨 시론도 본질도 없지 최근 젊은 애들이 쓰는 시를 욕해선 안 되지 이게 우리시의 희망이고 미래야 본질주의자들은 엿이나 먹어라! 또 비가 오잖아? 사흘만 참으면 돼 사흘 뒤에 사흘 뒤에 너를 만나겠지

「개는 사람을 문다」의 전반부. 인용한 부분을 다시 요약하자. 이 시는 (1) 시의 고민이 사라지고 쓰는 시쓰기에 대한 사유, (2) 비가 오면 아무 일도 못한다는 비에 대한 정서적 반응, (3) 시가 끝나고 철학이 시작된다는 시에 대한 사유, (4) 시와 산문의 문제, (5) 시의 종말과 우리시의 미래, (6) 본질주의 비판, (7) 만남에 대한 기대 등 무려 일곱 가지를 대상으로 하고 좀더 간추리면 이 시는 시 창작, 정서, 시론, 철학, 사랑을 대상으로 하고 전통적인 기준에 의하면 시쓰기, 시론, 철학은 시가 아니고 정서, 사랑의 세계가 시로 간주된다. 그렇다고 이 시는 시를 대상으로 하는 메타시도 아니다. 그렇다면 나는 이 시에서 시가 아니라 시쓰기, 시론, 철학에 대한 강의를 하고 틈틈이 날씨 이야기, 비 오는 날의 심리 상태, 어떤 만남에 대한 기대를 말하는 것인가? 어느 것이 핵심 주제인가? 이 시의 경우 핵심 주제는 없고 위의 항목들이 다중 구조를 형성하고

따라서 나는 이런 시를 멀티시라고 불러본다. 멀티미디어의 시대에 멀티 포에트리, 잡종, 쓰레기, 혼종의 시를 쓰는 건 하등 이상할 게 없다.

결국 본질은 없다. 개의 본질은 무엇이고 인간의 본질은 무엇이고 이 저녁의 본질은 무엇인가? 개의 본질은 없다. 개는 낯선 사람을 보면 물고 인간은 배고프면 밥을 먹고 잠이 오면 잔다. 이 저녁에 무슨 본질이 있고 진리가 있고 자성이 있는가? 내가 「나는 빠르게 늙어간다」 같은 고백적인 시를 쓴 것 역시 크게 보면 내 삶의 본질, 내 삶이 은폐하는 것, 숨기는 것이 없다는, 혹은 숨길 것이 없다는, 그러니까 무슨 진리 같은 것이 없다는 이런 사유를 동기로 한다. 결국 나도 앤디 워홀처럼 기계가 되고 싶다. 사유는 힘이 들고 괴롭다. 나는 시가 싫어서 시를 쓴다. 쓸 것이 없는 시, 시 되기를 거부하는 시.

> 나오는 대로 쓰는 거야 내 안엔 아무 것도 없지 이런 소리가 무슨 소린지 모르니까 좋아 밥맛은 없지만 매일 밥을 먹고 밥 먹다 말고 갑자기 배가 아파 화장실 가는 사람 나만이 아니리 그래도 좋아 그래도 좋아 기침하는 가을이 좋아 떨리는 글씨가 좋아 바람에 흔들리는 코스모스 어느 날 그대 낙지 천국에서 매운 낙지 먹고 난 고등어 먹으리 그래도 좋아 그래도 좋아 바람에 흔들리는 백지 읽을 수 없어도 좋아

「손이 떨려도 좋아」의 후반부. 시에 대한 사유는 계속되고 마침 내 시가 시론이고 시론이 시가 되는, 그러니까 시와 시론은 같은 것도 아니고 다른 것도 아니라는 불이 사상을 만나면서 나오는 대로 쓰는 시, 손이 떨리면 떨리는 대로, 글자가 틀리면 틀리는 대로 쓰는 시에 대한 사유가 여기 있다. 이런 시는 시론시, 메타시가 아

니라 시와 시론이 불이의 관계에 있는 시. 그러므로 나는 이런 시를 쓰면서 시를 쓰는지 시론을 주장하는지 나도 모르고 그저 나오는 대로 쓴다.

> 나오는 대로 멋대로 쓰자 싫증이 나면 그만 두고 재현도 표현도 아닌 시! 물론 서정시는 버린 지 오래다 결국 난 시를 쓰지 않으려고 시를 쓴다 시를 버리려고 언어도 버리려고 모두 버리려고 담배도 바꿨다 가느다란 에세를 피우다가 뚱뚱한 원으로 바꾸고 에세는 가느다란 여성 같고 원은 뚱뚱한 남근 같고 그럼 난 담배를 손에 쥘 때마다 호모가 되는가? 미친 소리다 모두가 미친 소리야 결국 시는 미친 소리다 벌써 가을 난 또 담배를 바꾸리라

「시론」 후반부이다. 제목이 '시론'이다. 나오는 대로 쓰자. 시든 시론이든 이젠 따지고 분별하고 사유하는 게 지겹다. 그동안 내가 쓴 시들은 재현도 표현도 아닌 시. 그러니까 대상이나 현실을 노래한 것도 아니고 내면, 격정, 파토스를 노래한 것도 아니다. 나는 무엇을 창조한 게 아니라 그저 기표를 따라 표류했을 뿐이다. 기의가 없는 기표의 세계에서 떠돈 것은 언어를 버리고 시도 버리고 나도 버리기 위한 하나의 시도였다. 결국 언어가 문제이다. 언어가 현실이고 언어가 법이고 언어가 아버지다. 따라서 언어를 버리기 위한 시는 미친 소리이고 미친 소리가 구원이고 해탈이다.

미친 소리가 구원이다

미친 소리는 언어, 상징계, 현실에 구멍이 뚫리는 소리이고 상징계를 거부하는 소리이고 이 소리는 마침내 침묵의 소리가 되어야

하지만 시에 대한 나의 사유는 현재 이 미친 소리 부근에서 헤맨다. 원래 시는 바른 말이 아니다. 바른 말은 시비를 가리지만 시는 시비를 가리지 않고 도덕도 아니고 떡도 아니고 실천도 아니고 논리도 아니다. 장자(莊子)도 어디선가 그런 말을 했지만 결국 시는 미친 소리이고 침묵의 소리가 되어야 하지만 아직은 그 경계에서 헤맨다.

어느 날 문수(文殊) 보살이 찾아와 불이법문에 대해 논할 때 유마(維摩) 거사는 말이 없었고 이렇게 언어와 문자를 여읜, 벗어난, 떠난 상태의 거사를 보고 문수는 참된 不二법문이라고 말한다. 참된 불이법문은 법문이고 그대로 깨달음이고 침묵이 그대로 언어이다. 아니 법문과 깨달음은 같은 것도 아니고 다른 것도 아니고 침묵과 언어의 관계도 그렇다. 그러므로 이런 법문은 사상이나 철학이 아니다. 그러나 나의 경우 불이법문은 법문이 아니라 사상이고 철학이고 이런 게 나의 한계이고 내 禪 공부의 한계이다. 그러나 한계는 한계이고 이런 한계는 한계령이 아니다. 한계령이라면 얼마나 좋겠는가?

아무튼 유마 거사의 침묵, 언어를 여의는 것은 언어가 여위는 것, 수척하고 파리하게 되어 마침내 언어가 소멸하는 경지이고 미친 소리는 언어에 구멍을 뚫는 소리이고 그 구멍이 내는 소리이고 아니 언어를 부정하고 거부하고 배척하는 시인들의 소리이다. 그렇다면 왜 거부해야 하고 어떻게 거부해야 하는가? 정신병 환자들은 이유와 방법을 모르고 언어에 절망한 나 같은 시인들은 이유와 방법을 알고 알아야 한다.

먼저 언어, 상징계, 현실을 부정하고 거부하고 배척해야 하는 이유는 많다. 내가 주체가 되는 것은 언어 속에 들 때이고 그러므로 내가 언어를 지배하는 게 아니라 언어가 나를 지배하고 언어가 나를 구성한다. 말하자면 언어가 없다면 내가 없다. 예컨대 나는 이승훈이라고 명명되고 이 이름이 호적부에 기재될 때 비로소 현실적 주체가 된다. 그러나 내가 이승훈이 되어야 할 내적 필연성은 없고 또한 이렇게 언어로 재현될 때 나는 금이 가고 나로부터 소외되고 분열되고 말하자면 살아 있는 게 아니라 죽어간다. 이유는 기호로서의 언어의 본질 때문이다.

기호로서의 언어의 본질은 사물을 재현함에 있고 그런 점에서 언어 질서, 상징계, 현실은 사물들이 아니라 언어로 재현된 사물들의 체계이고 그물이고 네트워크이다. 그러나 라캉이 강조하듯이 언어로 재현될 때 사물들은 죽는다. 예컨대 나는 지금 '개미'라고 말한다. 지금 여기, 그러니까 이 글을 쓰고 있는 방에는 개미가 없고 따라서 이 낱말은 지금 여기 없는 개미를 재현하고 그런 점에서 이 낱말은 현존이 아니라 부재를 재현하고 동시에 마당을 기어가는 살아 있는 개미를 추상화한다는 점에서 죽은 개미, 개미의 죽음을 재현한다. 언어, 상징계, 현실이 죽음으로 조직된다는 말은 이런 의미이다.

뿐만 아니라 언어는 지속적인 결여를 본질로 한다. 무슨 말인가? 언어, 상징계, 현실은 사물들이 아니라 기표들의 연쇄로 구성되고 현실을 산다는 것은 결국 기표들의 연쇄를 따라가는 것에 지나지 않는다. 그러나 다시 생각하자. 라캉에 의하면 기표는 다른 기표를 위해 주체를 생산하고 따라서 주체는 기표를 떠나며 다른 기표를 만나는 존재이다. 그리고 기표는 결여이고 부재이고 죽음이므로 죽음은 우리가 떠나며 기다리는 목표이다. 결국 우리가 주체로 산다는 것은 언어를 대표하는 기표들의 연쇄(죽음) 속에서 계속되는 기표(죽음)를 만나는 과정이고 그런 점에서 죽음, 결여가 지속될 뿐이다. 이게 운명이다.

내가 시를 쓰는 것은 언어가 있기 때문이고 시는 죽음을 표상하는 언어를 매개로 이 죽음과 싸우는 방식이다. 그러나 시는 이 언어, 현실, 상징계를 극복할 수 없고 그런 점에서 언어와의 싸움이 아니라 언어를 버리는 시가 요구되고 이런 시는 언어도 환상이라는 인식을 동반한다. 앞에서 말했듯이 현실이 꿈이고 환상이라면 언어도 꿈이고 환상이다. 왜냐하면 현실이 언어이고 언어가 현실이기 때문이다. 나는 이렇게 노래한다.

이 우아한 밤에
남은 건 언어
언어가 시를 쓴다고
시론을 쓴 날들도 가고
해체시도 가고
난 힘이 빠지고
머리가 빠지고
그래도 맥주를 마시며
산다
언어가 시를 쓰던
날들도 가고
마침내 마침내 마침내
오오 마침내 언어도
환상이다
그러므로 언어도 버리고
시를 써야지

「언어도 환상이다」의 일부이다. 그러므로 언어도 버리고 시를 써야지. 어떻게? 그건 나도 모른다. 그동안의 시쓰기는 언어도 버리고 시를 쓰기 위한 연습이고 훈련이고 시도이고 모험이고 모함이고 아무래도 좋다. 내 인생에 대해 난 할 말이 없다. 말하자면 내 인생은 의식의 죽음의 역사이고 남은 건 정신분석이다. 정신분석에 의해 나는 언어를 버리고 시를 쓰는 방법에 대해 생각한다. 내가 생각하는 정신분석은 당신들이 주장하는 건강한(?) 사회적 자아, 에고를 지향하는 게 아니라 거꾸로 그런 자아가 거울에 지나지 않고 가짜이고 환상이라는 것을 강조한다.

따라서 정신분석이 노리는 것은 환상 깨기, 환상 가로지르기이고 이런 시쓰기는 결국 상상계와 상징계에 대한 동시적 파괴를 노리고 따라서 언어로 표현할 수 없는, 그러나 존재하는 그것, 욕동 drive, 실재의 세계를 지향한다. 그러기 위해서는 은유, 상징, 유사성, 동일성의 시학을 파괴해야 하고 이런 파괴가 상상계 파괴와 통한다. 한편 상징계 파괴는 상징계를 구성하는 문법을 파괴하고 의미를 구성하는 기표와 기의의 관계를 해체하고 기호, 구조의 세계를 파괴해야 한다. 이런 시쓰기가 禪과 만나기를 기대하지만 아직은 기대일 뿐이다. 결국 무엇을 기대한다는 것도 착(着)이다. 그러므로 기대하지 말고 기대가 나를 찾아와야 한다. 禪도 버리자. 그때 그때 기표들 사이에 소멸하고 태어나는 내가 있을 뿐이다. 한 교수에게 보내는 편지 형식의 시 「비누에 대하여」 가운데 일부를 인용하며 이 글을 끝내자.

> 난 비누를 찾아 떠난 적이 없습니다 내가 비누이고 비누가 나이므로 우린 거품 속에 거품 속에 사라지고 사라짐이 존재입니다 시도 인생도 사랑도 사물도 이 책상도 저 책상도 지금 내가 글을 쓰는 연필도 비누입니다 언제나 사라짐이 있을 뿐입니다 우리는 사라질 때 있습니다 비

> 누는 사라지며 시로 소신 공양한다는 한 교수 말도 좋습니다 그러나 시가 비누이고 시쓰기는 비누처럼 자아를 버리는 수행이고 연습이고 도닦기입니다 목적도 기원도 없이 흘러가는 시! 과정으로서의 시! 無住의 시! 뿌리도 진리도 과거도 미래도 없는 시! 오오 마침내 시도 없는 시! 모두가 시인 시! 한 교수는 사라지면서 버리면서 시가 비누를 얻는다고 했지만 시도 언어도 삶도 비누입니다 비누는 공양을 모르고 공양을 합니다 우리는 비누가 되어야 합니다

처럼 노래했다. 누가 코끼리를 보았는가? 우리는 코끼리를 사진, 그림, 이미지로 보거나 코끼리라는 낱말, 언어에 의해 생각한다. 마리 야누스(Jaanus)도 말하듯이 코끼리는 이미지(상상계)와 낱말(상징계)로 존재하고 이런 존재는 코끼리가 아니다. 상상계도 상징계도 실재의 코끼리를 망각한다. 실재의 코끼리는 코끼리의 현실(reality)로 치환되고 이 치환된 세계를 실재(Real)로 착각할 뿐이다. 그런 점에서 내가 강조하는 시쓰기, 상상계와 상징계를 동시에 부정하고 파괴하는 시쓰기는 실재 찾기이고 이 실재는 상상과 언어 너머 있고 그러므로 자성이 없고 진리가 없고 본질이 없는 과정, 흐름, 변화, 말하자면 비누이다. 누가 비누를 보았는가?

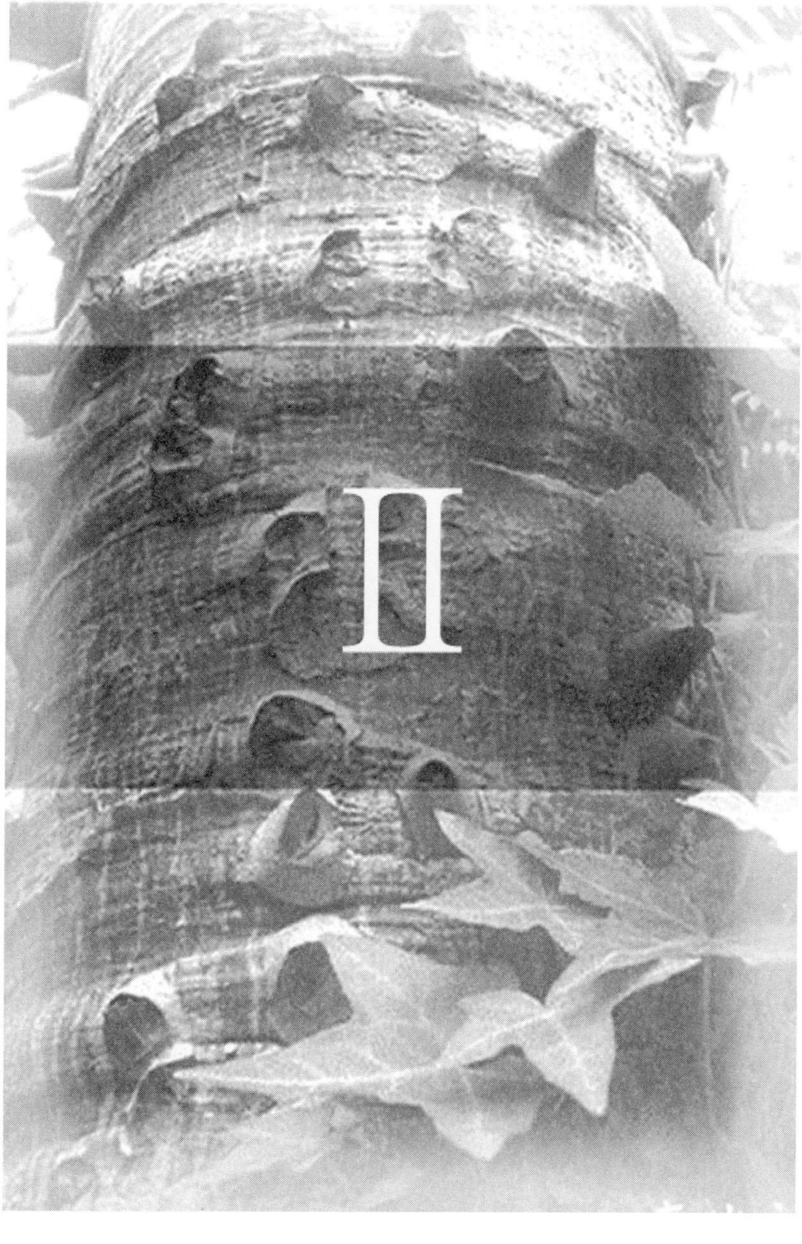
II

8. 실패여 침을 뱉어라

-실험의식의 부재와 복고적 서정성으로의 퇴행 문제-

최근의 우리 시가 재미없는 것은 복고적인 서정시들이 판을 치기 때문이다. 원로, 중년, 신인 할 것 없이 모두 발표하는 시들이 한결같이 자연 찬미, 자연 찾기, 자연 놀이다. 물론 모두 그런 것은 아니지만 대체로 그렇다. 이유는 무엇인가? 첫째로 시인들이 공부를 안 한다는 것, 둘째는 그 많은 시지들이 보여주는 문학적 태도의 유사성, 셋째는 평론가, 이론가들의 지적 수준을 들 수 있다. 이런 문제야 내가 이러니저러니 할 게 아니지만 하도 딱해서 하는 소리이다.

월간 시지야 그렇다 치고 그 많은 계간 시지들이, 소수의 몇 개를 제외하면, 한결같이 비슷한 복고적 서정시들만 싣고 있으니 도대체 전문 계간 시지들이 나와야 하는 이유가 무엇인지 모르겠고, 비슷한 문학적 태도를 지향한다면, 그러니까 차별성이 없다면 이렇게 많은 잡지들이 나올 필요가 없다는 생각이다. 최소한 우리시의 역사, 우리시의 미래, 우리시의 방향에 대해 괴로워한다면, 우리시, 우리시의 역사(우리시가 있는 게 아니라 우리시의 역사가 있기 때문에 우리시가 있으므로)에 무엇인가 기여하겠다면, 기여해야 한다면, 기여하지 않을 수 없다면 이렇게 무책임하게 편집하는 시 전문 계간지들은 나올 필요가 없다. 문학적 차이에 대한 인식이 없고 모두가 비슷한 근친상간적 문학행위라면 우리 문학의 발전이 없기 때문이다.

문학이 있는 게 아니라 문학과 문학의 차이가 있고, 시가 있는 게 아니라 시와 시의 차이, 관계가 있을 뿐이고 이 차이, 관계가 문학이고 시다. 시에 무슨 본질이 있다고 믿는 본질주의자들이 많은 우리 시단에선 이런 소리가 무슨 소리인지 모르겠지만 아무튼 이 차이가 중요하다. 나의 본질이 있는 게 아니라 나와 너의 차이가 있고, 혹은 지금 여기 존재하는 나의 무슨 절대적 본질이 있는 게 아니라 어제의 나와 오늘의 나의 차이, 혹은 연기가 있는 것처럼 문학 역시 그렇고 시 역시 그렇다. 그런 점에서 내가 차이를 생산하는 게 아니라 차이가 나를 생산하고 시가 차이를 생산하는 게 아니라 차이가 시를 생산한다.

따라서 차이를 모르는 것은 문학을 모르고 시를 모르는 무지의 영광일 것이다. 최근에 활동하는 평론가, 이론가들 역시 이론이나 주장에 별로 차이가 없고, 물론 모두가 그런 것은 아니지만, 대부분의 평론가들이 비슷하게 시대착오적인 낡은 서정시론이나 쓰고 있으니 한심한 일이다. 지금이 어느 시대인데 1920년대 수준의 서정시가 최고이고 이런 서정시야말로 시의 본질이라는 말도 안 되는 소리들을 하고 있으니 작고한 김수영이 무덤에서 벌떡 일어나 다시 한번 말할 것이다. 시여 침을 뱉어라! 그는 1960년대 말에 이런 소리를 했다. 누가 누구에게 침을 뱉으라는 것인가? 주체는 시이고 상대자는 김수영, 당시의 시인들, 그리고 지금 이 시대의 시인들, 이 글을 쓰고 있는 이승훈 씨 모두이다. 오죽하면 시더러

침을 뱉으라고 했겠는가?

이 말은 지금도 진리이고 진리가 아니다. 최소한 이 말을 통해 우리가 배워야 하는 것은 시에 대한, 시인에 대한 비판적 경험이고, 시에 대한 비판적 경험이 시인에 대한 비판적 경험과 통한다. 모든 실험 문학은 불온하다. 이것도 김수영의 말이다. 물론 그가 한 말과 내가 하는 말이 다르고 이 차이가 중요하고 이 차이가 문학적 경험에 대한, 시적 경험에 대한 비판적 사유를 낳고, 이런 비판적 사유가 실험의식이고 반전통적 반복고적 반보수적 지성이고 한마디로 모더니즘이고 후기모더니즘이다.

그런 점에서 모더니즘은 어느 시대에나 있고 있어야 하고, 문학이 썩지 않으려면 어느 시대나 실험적인 시가 있어야 한다. 그러나 불행인지 다행인지 최근의 우리시는 최소한 이런 의미로서의 문학적 경험에 대한 비판, 혹은 문학에 대한 비판적 경험이 거의 죽어가는 상태이다. 그러나 나는 이런 정체, 머뭇거림, 죽음이 좋다. 잘된 일이다. 삶은 괴롭고 치사하고 우울하고 죽음이 행복이고 황홀이기 때문이다. 사실 우리는 죽기 위해 산다. 술을 마시는 것, 누군가를 사랑하는 것, 밤에 자는 것 모두가 죽음이고 이 죽음이 황홀이고 쾌락이고 희열(jouissance)이고 착란이다.

한편 죽음이 바로 시작과 통한다. 모든 종말은 새로운 시작이기 때문에 죽음을 근심할 필요가 없고 괴로워할 필요가 없다. 실험의식이 죽은 게 아니라 실험의식에 대한 의식, 말하자면 평론가들의 의식, 시인들의 의식이 죽었을 뿐이다. 요컨대 실험의식이고 복고적 전통의식이고 갈 데까지 가야 한다. 말하자면 갈 데까지 가다가 죽어야 한다. 우리시는 이런 의미로서의 죽음을 모르고 자살을 모르고 추락을 모른다. 한마디로 실패를 모른다. 모든 시인들이 적당히 쓰고 적당히 시인 행세를 하고 상도 받고 그렇게 산다. 그러나 문학은 적당히 가는 길이 아니고 성공의 길이 아니다. 문학은 실패의 길이고 죽음의 길이고 추락의 길이다.

시를 쓴다는 것은 언어, 낱말을 불안하게 만드는 일이다. 말하자면 멀쩡한 통사 구조를 비틀고 일상 세계의 교통수단으로 자리 잡은 멀쩡한 낱말들을 흔들고 쥐어뜯고 이상한 자리에 배치하는 일이다. 그런 점에서 시쓰기는 불안이고 고통이다. 하기야 시인보다 언어가 얼마나 더 괴롭겠는가? 시인보다 언어가 더 괴롭고 그런 점에서 시인들은 업이 많고 교통은 고통이다. 낱말은 시가 되기 위해 낱말(일상적 의미로서의 낱말)을 상실하고 나는 시를 쓰면서 나를 상실하고 문학은 문학이 되기 위해 문학을 상실한다. 무엇이 나이고 무엇이 문학이고 무엇이 시인가?

나는 나를 드러내기 위해 폭로하기 위해 들여다보기 위해 나를 상실한다. 데리다가 이런 말을 한 것 같지만 지금 자세히 기억나지 않고 기억나지 않아도 할 수 없다. 매일 저녁 마시는 맥주, 어제부터 감기로 고생이지만 계속 피우는 담배, 어제는 어디로 갔는가? 나는 지금 감기로 고생을 하며 이 글을 쓰고 있다. 나를 폭로하는 것은 나를 위반하는 것이고 나를 배반하는 것이고 그러나 나를 폭로할 때 나는 어디 있는가? 나는 시를 쓰면서 나를 배반하고 문학은 문학을 배반한다. 문학은 문학을 드러내기 위해 문학을 위반하고 문학을 배반하고 이 배반이 문학이다. 그런 점에서 모든 문학은 역설적 경험이고 모든 시가 역설적 경험이다.

문학이라는 법이 있지만, 말하자면 제도로서의 문학과 시학과 고색창연한 문학 이론이 있지만 이 법은 지키기 위해 있는 것이 아니라 깨기 위해 위반하기 위해 배반하기 위해 있고 우리가 시를 쓸 때가 그렇다. 문학이라는 이름의 법뿐만 아니라 모든 법이 그렇다. 모든 법은 지키기 위해 있는 것이 아니라 위반하기 위해 있고,

그래야 법의 존재, 가치, 정당성, 정체성이 인정된다. 모두가 법을 지킨다면 법이 아니고 법은 존재할 필요가 없다. 그렇지 않은가? 법은 사람들이 위반하기 때문에 법이다. 하물며 문학이라는 이름의 이상한 법이랴?

결국 실험의식은 이런 법, 문학이라는 이름의 법 속에서 법을 파괴하면서 법과 함께 추락한다. 시는 시를 배반하고 시를 폭로하는 행위이다. 이 폭로가 위반이고 변형이고 모든 법은 위반과 변형으로 구성된다. 우리 문학이 그렇고, 우리 문학의 역사가 그렇다. 그러므로 우리는 최근의 시를 배반해야 하고 최근의 복고적 서정성을 폭로해야 하고 파괴해야 한다. 그러나 이런 위반이 노리는 것은 무엇인가? 따지고 보면 예술, 문학, 시의 목표, 노리는 것, 피안은 없다. 있는 것은 위반으로서의 시쓰기, 과정으로서의 시쓰기, 표류, 실패, 영광, 희열이다. 성공은 부르주아들의 몫이고 그들의 영광이다. 나는 김수영을 패러디해서 말한다. 실패여 침을 뱉어라! 실패여 실패를 모르는 시인들을 향해 당신들을 향해 나를 향해 지금 이 글을 쓰고 있는 한심한 나를 향해 침을 뱉어라! 실패가 새로운 시를 낳는다. 그리고 다시 새로운 시를 향해 실패여 침을 뱉어라! 실패는 성공의 어머니가 아니라 문학의 운명이고 시의 운명이고 시인들의 운명이다.

나는 당신과 함께 당신을 향해 당신을 위해 당신을 존경하며 당신을 반대하며 동시에 지지하며 이 글을 끝낸다. 끝이 아니고 시작일 것이다.

9. 이상시의 계보학?

모더니즘의 역사는 자살의 역사다

나는 이상(李箱)의 시가 보여주는 새로움, 현대성, 전위성을 아도르노의 시각에서 네 가지로 요약한 바 있다. 반재현주의, 파괴성, 추상성, 부정성이 그것. 그러나 반재현주의는 이 네 가지 특성을 포괄하고, 따라서 이 글에서는 반재현주의에 초점을 둔다.[1)]

이상은 현실의 재현을 피하면서 있는 그대로의 현실을 보여준다. 있는 그대로의 현실? 그렇다면 현실이 있고 있는 그대로의 현실이 있단 말인가? 있다면 있고 없다면 없다. 그러나 이상을 말하기 위해선 이런 말이 필요하다. 아도르노에 의하면 모더니즘 예술은(그가 말하는 모더니즘은 아방가르드와 비슷한 개념이다) 현실을 복사하지 않고 현실과 일정한 거리를 두면서 현실과의 불화를 표현한다. 이른바 부정적 인식. 따라서 카프카의 위대성은 현실이 아니라 있는 그대로의 현실, 곧 '있는 그대로의 원칙'을 따름에 있다. 내 관점에 의하면 이상의 위대성도 그렇다. 이런 사실은 예컨대

13인의아해가도로로질주하오

(길은막다른골목이적당하오)

제1의아해가무섭다고그러오
제2의아해도무섭다고그러오
제3의아해도무섭다고그러오
제4의아해도무섭다고그러오

처럼 노래된다. 이 시는 지금 무슨 소리를 하고 있는가? 시의 전문을 읽으면 아해들은 도로를 질주하지 않아도 좋고, 길은 막다른 골목이 아니어도 좋고, 몇 명이 무서운 아해이고, 몇 명이 무서워하는 아해인가는 중요치 않은, 무슨 말을 하려는 것인지 알 수 없는, 그런 점에서 극단적인 비합리성의 세계가 나타나지만, 이런 비합리성은 일제 식민지라는 공포의 시대에 공포 자체를 노래함으로써 그 시대의 진리를 표현하는 유일한 수단이 된다. 뿐만 아니라 이 시는 어떤 현실도 재현, 복사하지 않는다. 그러나 이상하게도 이 시가 보여주는 불길한 환상성, 예컨대 13인의 아해가 도로를 질주하는 모습은 상대적으로 짙은 현실, 있는 그대로의 현실을 보여주고, 그런 현실에 대한 불화감을 표현한다.

현실을 재현하지 않고 현실을 있는 그대로 노래한다는 것은 이런 문맥을 거느린다. 현대 예술을 말하면서 현실이란 말과 있는 그대로의 현실이란 말이 나타나는 것은 이른바 재현 위기와 관계되고, 이런 위기는 현대 예술, 특히 현대 미술의 운명이고, 그것은 사진의 발명과 관계된다. 리얼리즘 미술이 수공업적 독창성을 강조한다면 사진은 대량 생산을 지향하고, 리얼리즘 미술이 위기에 처하는 것은 이런 하부구조의 변화 때문이고, 말하자면 하부구조가 상부구조의 전통을 전복시키기 때문이다. 인상주의가 빛, 속도의 문제를 들고 나오고 세잔이 인식의 불확실성, 곧 관점의 다양성을 강조하고, 마침내 다양성의 기초로 기하학, 말하자면 원통, 구, 원뿔을 강조한 것, 그리고 입체파의 과학이 시작된 것은 모두 하부구조의 변화 때문이다.

입체파란 무엇인가? 피카소의 「아비뇽의 처녀들」에서 읽을 수 있는 것은 매독 공포와 일그러진 형태, 곧 반구성주의 미학이다. 푸코는 이 그림에서 남성 나르시시즘 위기를 읽는다. 그는 매독 감염의 위기와 창녀들의 이상한, 남성 같은, 무질서의 타락성을 강조한다. 그런 점에서 피카소는 현대성의 한계를 보여주고 이 시대의 인식소(episteme), 현대의 인식소를 배제한다. 그런데 푸코는 어디서 이런 말을 했는가? 나는 지금 현대 회화에 대해 메모한 종이를 참고하며 이 글을 쓴다. 그러나 푸코가 이런 말을 한 곳, 텍스트, 출처를 모르겠다. 이 그림은 그가 말하는 현대의 인식소, 이 시대가 공유하는 인식의 틀, 진리라고 규정되는 보편적 범주를 배제한다. 말하자면 인식소를 위반하고 인식소에 저항하고 인식소를 잡아먹는다. 그런 점에서 모더니즘은 포스트모더니즘이다? 난 글을 쓰다 말고 푸코의 책들을 뒤진다. 아무리 찾아도 이런 구절이 눈에 띄지 않는다. 체념이다. (혹시 독자들 가운데 아시는 분이 있으면 연락주시기 바랍니다.)

요컨대 아방가르드(나는 지금 아방가르드와 모더니즘을 비슷한 문맥에서 사용한다)는 모든 합리주의의 총체화에 저항한다. 모던(modern)의 어원은 모도(modo)이고 이 모도는 '바로 지금'을 의미한다. 바로 지금은 존재하는가? 바로 지금은 언제나 미래이고 따라서 모더니즘은 포스트모더니즘이다. 바로 지금은 언제나 죽음의 순간이고 순간의 죽음이다. 따라서 모더니즘의 역사는 죽음의 역사, 자살의 역사다. 바로 지금의 연속!

모더니즘이냐 포스트모더니즘이냐

하버마스에 의하면 모더니즘과 포스트모더니즘은 대립적인 개념이다. 모더니즘은 보편적 이성을 강조하고 포스트모더니즘은 이런 이성의 해체를 노린다. 그러나 라캉 학파에 속하는 지젝은 이런 주장을 비판한다. 왜냐하면 하버마스가 말하는 포스트모더니즘은 그가 말하는 모더니즘 기획의 내재적 역전에 지나지 않기 때문이다. 내재적 역전이라? 무슨 말인가? 초월에도 외재적 초월이 있고, 내재적 초월이 있다. 전자는 자아가 자아 밖의 다른 것으로 초월하는 것, 그러나 후자는 자아 속에서 초월하는 것. 그러므로 내재적 역전이란 같은 대상 속에서 두 요소가 대립되거나 역전되는 현상. 요컨대 하버마스의 경우 모더니즘과 포스트모더니즘은 외적으로 대립되는 게 아니라 모더니즘 내부에서 대립된다. 그가 말하는 포스트모더니즘은 처음부터 그가 강조한 모더니즘의 내적 대립, 혹은 긴장에 지나지 않는다. 그가 강조하는 미학주의, 예술 작품을 지향하는 삶의 형식, 이런 형식이 추구하는 반보편적 윤리는 모더니스트 기획의 일부였기 때문이다.

그런 점에서 지젝에 의하면 해체주의 역시 모더니즘에 속하고, 진정한 포스트모더니즘은 라캉과 함께 등장한다. 라캉은 어디 있는지 모르는, 그러나 존재하는 현실적 외상적 핵심을 강조한다. 이런 실재계는 상징계에 저항하면서 동시에 이 저항이 자신(실재계)을 소급해서 생산한다. 해체주의자들은 아직도 구조주의자들이고, 유일한 포스트모더니스트는 라캉이라는 그의 주장은 좀더 연구할 필요가 있지만 아무튼 라캉은 실재의 사물로서의 쾌락을 주장하고, 이 실재의 사물은 상징계가 구조화되는 중심적 불가능성이다. 중심적 불가능성? 중심이기는 하지만 중심이 될 수 없는 중심? 모더니즘이 대상 없는 놀이, 부재와의 놀이, 중심적 부재와의 놀이를 강조한다면 포스트모더니즘은 대상과의 놀이, 그러나 이 대상이 유령인 그런 대상과의 놀이를 강조한다. 유령은 대상의 구조적인 속성을 소유하지 않고, 따라서 차이로 존재하지만, 이상하게도 이 세계, 상징계에 나타난다.

상징계에 구멍이 뚫리고 그 구멍을 채우려는 노력, 이른바 유토피아 갈망이 모더니즘이라면 이 구멍에 대상이 나타나는 것, 그러나 음란한 대상, 유형이 나타나는 것이 포스트모더니즘이다. 음란한? 그렇다. 그것은 위험하고 음란하고 유령 같은 사물이다. 이 유령 같은 사물이 상징계에 나타난다. 상징계에 구멍을 뚫고, 아니 바로 구멍이 되어, 그러니까 구멍이면서 사물인 그런 사물이! 앞에서 모더니즘이 포스트모더니즘이라고 했지만 다시 카프카를 이런 식으로 해석하면 지젝의 말처럼 포스트모더니즘은 모더니즘에 앞선다. 선행한다. 카프카는 조이스나 베케트보다 시기적으로 앞서지만 이들보다 먼저 포스트모던한 음란한 사물을 보여주기 때문이다.[2)]

이상도 우리보다 시기적으로 앞서지만 우리보다 먼저 음란한 사물, 불길한 환상적 실재, 13인의 아해를 보여준다. 그러므로 이상의 포스트모더니즘은 모더니즘에 앞서고, 그는 모더니스트이면서 포스트모더니스트이고, 그는 기하학의 쾌락을 노래하고 쾌락의 기하학을 노래한다. 한 마디로 그의 시는 중심적 불가능성, 유령 같은 대상과의 놀이이다.

시를 다르게 구성하기

그렇다면 이상시의 계보를 어떻게 작성해야 하나? 이런 놀이가 이상의 시가 암시하는 이상의 의식이고 무의식이라면 이런 의식, 무의식이 구체화되는 방식을 살필 필요가 있다. 말하자면 문체 혹은 기법. 김용직 교수는 이상시에 나타나는 기법적 특성을 크게 표현파, 입체파, 다다, 초현실주의와 관련시켜 해명한 바 있다.3)

나 역시 이런 분류법에 동의하는 입장이다. 왜냐하면 이런 기법들은 모더니즘 혹은 아방가르드 기법에 속하고, 우리시의 아방가르드는 이상에게서 시작되고, 특히 다다이즘, 초현실주의는 뷔르거가 말하는 아방가르드와 관련되고, 포스트모더니즘 미학/반미학과 관련되기 때문이다. 그러나 이상의 경우 표현파의 요소는 그렇게 강하게 드러나지 않고, 오히려 미래주의적 요소가 강하게 드러난다. 따라서 이상시의 계보를 작성하기 위한 하나의 방법으로 나는 그의 시가 보여주는 기법적 특성을 크게 네 가지로 잡자는 입장이다. 초현실주의, 다다이즘, 미래주의, 입체주의. 그러나 이런 요소들은 좀더 세분할 필요가 있다. 좀더 세분하면 다음과 같다.4)

A 초현실주의의 기법 : 1.유머 2.신비 3.꿈 4.광란 5.초현실주의 물체 6.자동기술법 7.데페이즈망

B 다다이즘의 기법 : 1.다다 사건 2.추상시(소음 연속) 3.콜라주, 몽타주 4.우연성 5.조소 6.레디메이드

C 미래주의의 기법 : 1.통사 파괴 2.인쇄효과 3.음향효과 4.무선상상(자유 환상, 선형성 거부)

D 입체주의의 기법 : 1.조형화 2.분석, 재구성 3.동시성(원근법 폐기) 4.기하학적 추상

우리시에 이런 기법들이 처음 나타나는 것은 1920년대 임화와 정지용에 의해서이고, 따라서 우리시의 아방가르드는 1920년대부터 시작된다. 임화의 시엔 초현실주의적 요소(「화가와 시」), 미래주의적 요소(「지구와 빡테리아」)가 나타나고, 정지용의 경우엔 미래주의

적 요소(「카페-프란스」), 다다적 요소(같은 시)가 나타난다. 1930년대 이상은 이런 요소들을 종합하고 새롭게 세련시키고, 게다가 입체주의적 요소가 첨가된다. 따라서 이상시의 계보는 이런 요소들이 그 후 어떻게 계승되고 분화되고 겹치고 단절되면서 연속되는가를 살피는 일과 통한다.

하늘 아래 새로운 것은 없다. 새로운 것은 시대이고, 아방가르드 기법도 서구에선 이미 20세기 초에 끝났다. 그러나 이 기법은 그 후 시대에 따라 국가에 따라 다양하게 변형되면서 새로운 예술의 방법으로 원용된다. 그러므로 아방가르드는 지금도 계속된다. 아방가르드의 죽음이 계속된다. 그러므로 이상은 지금도 계속된다. 언제나 형식이 문제다. 형식이 예술이고 형식 파괴가 예술의 역사이고, 형식의 죽음이 새로운 형식이다. 모든 전위들은 형식과 싸운다. 이상에게서 시작된 형식 파괴와 새로운 형식 찾기는 지금도 계속된다. 이상의 경우 초현실주의적 요소는 「절벽」에서

꽃이보이지않는다. 꽃이또향기롭다. 향기가만개한다. 나는거기묘혈을판다. 묘혈도보이지않는다. 보이지않는묘혈속에나는들어앉는다. 나는눕는다.

처럼 노래된다. 여기서 우리가 읽는 것은 의식이 아니라 무의식이고, 꿈이고, 자동기술이다. 이런 이미지들은 초현실주의 제2선언에 나오는, 현실주의적 태도에 대한 부정과 통한다. 이런 상상력이 강조하는 것은 현실주의자들이 주장하는 명석성이 결국은 우둔과 병존하는 개의 생활과 같다는 인식이다. 다다이즘의 요소는 「수염」에서

(수(鬚). 자(髭). 그밖에수염일수있는것들모두를이름)

1

눈이存在하여있지아니하면아니될處所는森林인웃음이存在하여있었다

2

홍당무

3

아메리카의幽靈은水族館이지만大端히流麗하다

그것은陰鬱하기도한것이다

처럼 노래된다. 물론 이 시는 '그밖에 수염이 될 수 있는 것들' 모두를 들고 있지만 내적 유기성을 띤다기보다는 파편적 특성을 보여주고, 따라서 몽타주 기법이 강조된다. 몽타주가 노리는 것은 전통적인 시쓰기의 원리인 이른바 유기적 결합 법칙의 파괴이며, 문제는 몽타주 원리, 파편의 원리, 비유기성 원리가 단순한 유희가 아니라 식민지 현실에 대한 미적 반응이라는 점이다. 미래주의적 요소는 「▽의 유희」에서

1

2

3

3은公倍數의정벌로향하였다

전보는아직오지아니하였다

같은 형식으로 나타난다. 띄어쓰기 무시도 그렇고 1, 2, 3의 인쇄

효과도 그렇다. 공배수는 두 개 이상의 정수에 공통한 배수, 따라서 '3이 공배수의 정벌로 향했다'는 것은 3이 배수를 정벌한다, 곧 3으로 모든 수를 나눈다는 뜻. 모든 수가 3에 의해 정벌되면 남는 수는 0, 1, 2일 뿐이다. 0, 1, 2란 무엇인가. 궁금하신 분은 소생이 해설한 책 『이상문학전집1』(문학사상사)을 참고하시기 바란다. 전보는 아직 오직 않고 있다. 입체주의적 요소는 「오감도시 제5호」에서

> 전후좌우를除하는유일의흔적에있어서
>
> **翼段不逝 目大不覩**
>
> 胖矮小形의神의안전에我前落傷한故事를有함
>
> 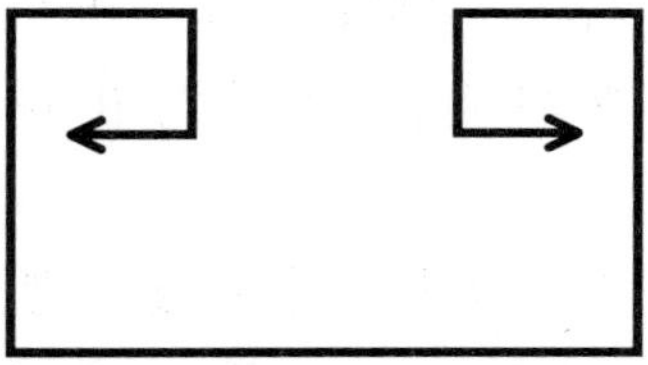
>
> 臟腑라는것은浸水된畜舍와區別될수있을른가.

같은 형식으로 드러난다. 활자 크기가 다르고 도형이 나타나고, 분석과 재구성의 기법이 나타난다. '전후좌우'는 '22년', 곧 '二十二년'의 전후좌우, 따라서 전후좌우를 제한 유일한 흔적은 十이 된다. 이런 상상력은 22년이라는 수에 대한 분석과 재구성에 의존하고, 이 시는 또한 포스트모더니즘이 강조하는 상호텍스트 개념을 암시한다. 이 시는 'BOITEUX-BOITEUSE'와 상호텍스트의 관계에 있기 때문이다.

이상시의 계보학?

이상 이상시의 의미와 기법을 살펴보았지만 한마디로 이상이 노린 것은 전통 시학에 대한 극단적인 부정이고, 이 부정은 부정을 위한 부정이 아니라는 것. 그것은 존재하는 것에 대한 부정, 말하자면 현실이 아니라 있는 그대로의 현실을 보여주려는 노력과 통하고, 이런 노력이 전통 미학 부정, 전통 자체 부정을 지향한다. 이상시의 계보는 이런 부정성을 근본으로 해야 한다. 이런 부정은 지금도 계속되는가? 주어진 지면도 그렇고 피곤하기도 하고, 감기도 문제다. 그러므로 이상시의 계보를 일일이 따지고 설명하기보다는 간략하게 하나의 도표를 만들기로 한다. 물론 이건 하나의 시도이다. 이 도표를 보고 난 이상과는 아무 관계가 없소 하는 시인들도 있을 것이다. 그건 당신들 마음이고 이 도표는 내 마음이다. 당신들도 옳고 나도 옳다. 그러니까 당신들도 틀리고 나도 틀렸다. 진리는 어디 있는가? 텍스트가 있는 게 아니라 해석이 있고 해석은 입장이고 시각이고 관점이다.

이 말을 하는 나의 말은 확실한가? 다양한 관점이 있을 뿐이고, 나는 나의 관점 속에서 헤엄친다. 헤엄쳐라. 요컨대 이 도표에서 내가 강조한 것은 이상시의 계보는 이상시의 복사나 재현이 아니라는 것. 어디까지나 이상의 정신(광기)과 방법, 방법에 대한 자의식이다. 형식은 고정되는 게 아니라 유동하고 변증법적으로 발전한다. 변증법이 아니라 잡종으로 퇴행/발전한다. 그런 점에서 다음 도표는 이상시의 재판이 아니라 시대적 변화, 잡종이 되어가는 양상에 관심을 둔다. 잡종의 승리! 바로 지금 이후가 문제다. 이 놈의 도표, 틀린 것도 아니고 맞는 것도 아닌, 힘들게 만들어 본 계보학! 피곤해 죽겠지만 우리시의 발전을 생각하면서 우리시의 발전이라고? 발전이 아니라 죽음이 더 문제고 바로 지금이 더 문제다.

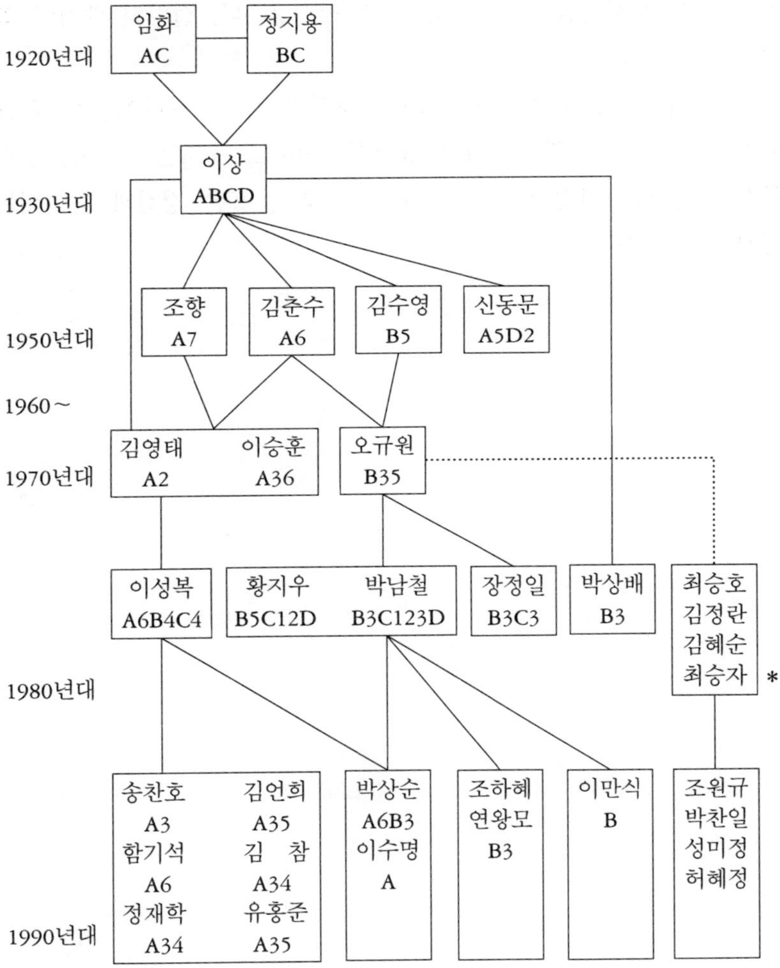

바로 지금은 언제나 미래 이후이고, 이 도표도 미래 이후이다. 미래 이후가 웃을 것이다. 그러나 얼마나 즐거운가? 이만한 계보라도 있다는 것이 즐겁고 대견하다. 물론 내가 만든 도표가 나를 보고 웃을 것이다. 저 세상의 이상도 웃을 것이다. 절망이 기교를 낳고 기교가 다시 절망을 낳고 마침내 웃음을 낳는다. 절망의 해학이 해학의 절망이다.

도표 속의 A, B, C, D는 초현실주의적 요소, 다다이즘적 요소, 미래주의적 요소, 입체주의적 요소를 뜻하고, 숫자는 각 요소들의 특성이고, *는 기법이 아니라 문학적 태도, 혹은 정신과 관련되는 계보라고 할까?

10. 한국 모더니즘시의 계보

유일한 본질은 차이다

미적 모더니즘의 두드러진 특성으로는 자율성 개념을 들 수 있다. 자율성이란 한마디로 예술과 현실이 대립적인 관계에 있고 예술은 예술만의 특수한 공간을 지닌다는 것을 의미한다. 이런 자율성은 자본주의 생산 양식이 지향하는 사회적 모더니티에 대한 미적 비판이면서 동시에 그런 모더니티가 지향하는 분화 개념을 반영한다는 아이러니를 보여준다.

우리시의 경우 이런 아이러니는 또 하나의 아이러니와 결합한다. 우리 모더니즘시는 1920년대 임화나 정지용에 의해 시도되지만 이 시기엔 모더니즘에 대한 자의식이 없었고, 모더니즘에 대한 자의식과 실천은 1930년대 이상, 김기림, 정지용 등에 의해 나타난다. 그러나 이 시기는 서구를 모델로 하면 독점 자본주의 혹은 제국 자본주의 시대이고, 우리는 일제 식민지가 된다. 식민지 시대에 모더니즘 문학이 나타난다는 것은 또 하나의 아이러니다. 요컨대 우리 모더니즘시는 이중의 아이러니를 보여준다.

이런 현상을 어떻게 해석해야 할 것인가? 물적 토대가 없다는 점에서 무조건 비판만 할 수도 없고, 그렇다고 서구 모델과 다른 새로운 주체적인 모더니즘 이론이 개발된 것도 아니다. 나는 우리 모더니즘시가 보여주는 이런 이중의 아이러니를 있는 그대로 수용하자는 입장이고, 따라서 서구와 다른, 이른바 식민지 모더니즘이라는 용어를 쓰자는 입장이다. 식민지 모더니즘은 서구 모더니즘과 다르고 러시아의 저개발 모더니즘과 다르고, 그것은 우리 자본주의가 서구 자본주의와 다르다는 사실을 전제로 한다. 이 다르다는 것, 차이가 중요하고, 이 차이가 우리 모더니즘시의 역사이다.

이상은 내가 『한국 모더니즘 시사』(문예출판사, 2000)를 쓰면서 서문에서 한 말이고 이런 생각은 지금도 크게 달라진 것은 아니다. 나는 이 책에서 미적 현대성 개념을 중심으로 1920년대부터 1990년대까지 전개되는 우리 모더니즘시의 역사를 정리했다. 그리고 최근에 나는 다른 글에서 우리시의 경우 이런 현대성, 말하자면 현대시의 역사는 끝났다고 주장한 바 있다. 물론 현대시의 종언은 한 시대를 지배한 시의 역사가 끝난 것. 말하자면 우리의 경우 최남선의 신체시로부터 시작된 이른바 근대/현대시의 역사가 끝난 것. 그러나 시가 끝난 것은 아니다. 그러므로 현대시의 종말은 시의 죽음이 아니고 현대시의 목표(end)는 현대시의 종말(end)이기 때문에 이제 우리 현대시도 목표에 도달하고 역사를 완성하고 이젠 퇴장해야 한다는 것.

사실 똑같은 시들이 백 년이고 천 년이고 노래된다면 얼마나 골치가 아프겠는가? 그런 점에서 우리 현대시가 끝난 것은 잘된 일이다. 최근의 우리 젊은 시인들, 이른바 환상파들이 생산하는 시들은 근대 미학, 혹은 현대 미학을 배반하고 따라서 모더니즘이 지향한 자율성 미학도 배반하고 이런 배반이 현대시의 종언과 통한다. 왜냐하면 이들 환상파의 시들을 평가할 객관적 기준이 없기 때문이다. 남은 것은 멋대로 쓰는 것. 멋대로 써라! 당신들의 시보다 잘 쓴 시도 없고 못 쓴 시도 없다. 왜냐하면 시에 대한 가치 기준이 없으므로. 그런 점에서 20세기 우리 현대시, 모더니즘시는 끝났다.[5)]

어디 그뿐인가? 현대시의 종말을 알리는 것들은 하나둘이 아니다. 디지털 매체 혹은 인터넷을 수단으로 하는 시들은 언어를 수단으로 하는 현대시와는 다르고 이런 시들의 범람 역시 현대시의 종말과 통하지만 시의 종말은 아니고 신문, 광고, 영화 등이 보여주는 신선한 이미지, 새로운 문체, 카피 등은 이 땅의 2류 시인들 빰칠 정도로 미적 감각이나 상상력이 탁월하고 신문 표제 문안이 보여주는 언어유희 역시 현대시의 종말을 암시한다. 물론 이런 언어유희, 이미지들은 미적 공간과 상업 공간의 경계가 해체된다는 점에서 우리 사회의 후기현대성을 암시한다. 이밖에도 현대시의 종말을 알리는 것은 서점의 시집 코너가 차츰 사라진다는 점, 이 땅의 많은 시인들이 시대착오적인 서정시로 퇴행하는 점 등을 들 수 있다.

그렇다면 현대시의 종말을 주장하면서 내가 우리 모더니즘 시의 계보에 대해 글을 쓰는 이유는 무엇인가? 첫째로 『시와 반시』에서 청탁을 했기 때문이고 나는 이 잡지 자문 위원이기 때문에 이런 글을 써야 할 의무가 있다. 둘째로 시도 그렇고 이론도 그렇고 그 동안 내가 관심을 둔 분야가 한국 모더니즘시이고 모더니즘시의 방향이기 때문에 써야 한다는 생각이다. 셋째로 우리 현대시가 끝났지만 아직 끝난 것도 모르고 시를 쓰는 순진한 시인들에겐 우리 현대시, 특히 모더니즘시의 역사, 특히 계보에 대한 이해가 필요하고 이런 이해가 현대시의 종말 이후의 시쓰기에 작은 도움이 되기 때문이다. 아니 무엇보다도 나는 이런 계보 만드는 게 좋고 재미있고 취미이기도 하다. 정치도 누가 어느 계보인가에 관심이 있고 물론 공부도 결국은 계보 읽기이다. 그렇지 않은가? 라캉을 공부한다는 것은 결국 그의 계보, 곧 프로이트와 소쉬르 읽기가 아닌가?

그런 점에서 텍스트가 있는 게 아니라 상호텍스트가 있고 그것은 다시 시간적 상호텍스트, 공간적 상호텍스트, 내적 상호텍스트로 분류된다. 예컨대 하나의 텍스트는 절대적이고 독창적인 게 아니라 다른 텍스트들의 영향을 받고 다른 텍스트들을 모방하고 표절하고 착취하고 변형시킨 것에 지나지 않는다. 그러므로 보르헤스는 말한다. 각 작가는 자신의 선구자들을 창조한다. 우리의 작품은 미래를 결정하면서 과거에 대한 우리의 생각을 변경한다. 그러므로 계보학은 텍스트들에 대한 전략적 해독 과정이고 기원 없는 팰림프세스트(palimpsest)이다. 말하자면 원래 문장을 지우고 그 위에 다시 쓰는 행위이고 따라서 계보학은 방법이 아니라 복잡한 텍스트들을 정리하고 분류하고 연속성을 찾고 분별하는 감각이다.

중요한 것은 니체도 말했듯이 본질, 진리로서의 기원이 있는 게 아니라 특히 문화의 경우엔 시간적으로 변형되고 변화하는 형식들의 계보가 있고 따라서 유일한 본질은 차이 혹은 차이적 재생산이다. 진리가 있는 게 아니라 진리는 정의되고 생산되고 전개되고 전복되고 도착되어 온 방법의 역사일 뿐이다. 따라서 우리가 계보를 만든다는 것은 자신의 선구자들을 창조한다는 의미이고 과거를 변경시킨다는 의미이다. 이른바 소급적 인과성 혹은 프로이트가 말하는 사후 작용(differed action)에 대한 사유가 요구된다.

이상, 김기림, 정지용

누가 뭐래도 우리 모더니즘시는 1930년대 이상, 김기림, 정지용 등에 의해 정립된다. 그리고 그동안 문학사가들이나 이론가들은 대체로 이상과 김기림의 시들을 동일한 용어, 곧 모더니즘이라는 용어로 정의했다. 그러나 좀더 엄격하게 말하면 이상은 아방가르드에 속하고 김기림은 미적 모더니즘에 속한다. 두 개념 모두 광의로는 미적 현대성의 범주에 속하지만 개념상의 차이가 있기 때문이다.

대표적인 아방가르드 이론가 뷔르거의 견해를 다시 요약하면 이렇다. 마르크스는 체계 내재적 비판과 자기비판을 구별한다. 체계 내재적 비판이 종교 제도 속에 안주하면서 다른 관념을 내세워 특수한 종교적 관념을 비판한다면, 자기비판은 제도 자체를 비판한다. 그러니까 전자는 제도 속의 비판이고 후자는 제도를 비판한다. 뷔르거에 의하면 역사적 아방가르드는 예술이라는 사회적 2차체계를 비판한다는 점에서 자기비판이 된다. 예컨대 유럽 아방가르드 운동 가운데 가장 과격한 운동인 다다이즘은 그에 앞서 존재했던 여러 학파를 비판한 게 아니라 제도로서의 예술을 비판하고, 부르주아 사회 속에서의 예술의 발전 과정을 비판한다.[6)]

모더니즘이 체계 내재적 비판의 형식을 띤다면 아방가르드는 자기비판의 형식을 띤다. 아방가르드가 부르주아 사회의 미학, 특히 자율성 개념을 부정하고 비판하는 것은 이 개념에 의해 예술과 삶이 분리되고 예술이 하나의 제도로 고착되기 때문이다. 그런 점에서 아방가르드는 모더니즘이 보여주는 미적 비판성을 다시 비판하고, 무엇보다 모더니즘 미학의 중심 개념인 자율성 개념을 부정하고 예술과 삶의 연결을 시도한다. 모더니즘이 예술과 삶의 단절을 강조한다면 아방가르드는 예술과 삶의 연속을 강조한다.[7)]

1930년대 이상이 실천하는 아방가르드는 부르주아 현실이 아니라 식민지 현실을 전제로 한다. 그의 시는 이런 현실에 대한 미적 부정이고 부정의 부정이라는 점에서 같은 시대 모더니스트들과 구별된다. 그는 시, 소설, 수필 등 여러 장르를 넘나들었고 이런 넘나들기는 문학의 전통적인 장르, 인습으로부터의 자유, 문학적 제도에 대한 저항, 전통적 문학적 인습에 대한 비판을 함축한다. 물론 그의 시는 식민지 시대의 병든 청춘의 내면을 노래하고 이런 내면은 자연/자연의 단절, 자연/인간의 단절, 인간/인간의 단절(「꽃나무」)을 매개로 자아 분열의 세계(「거울」)로 발전한다.

그런 점에서 그의 시는 자아 찾기라는 모더니즘의 세계를 보여주고, 숫자나 기하학을 수단으로 하는 시들은 언어에 대한 절망을 보여준다. 한편 내면을 노래하는 경우에도 그의 시에서 읽을 수 있는 것은 아방가르드 운동을 대표한 초현실주의, 다다이즘, 미래주의, 입체주의 기법들이고 이런 기법들이 이상의 경우는 절망의 유희와 관계된다는 점이 중요하다.

예컨대 그의 대표작 「오감도시 제1호」는 "13인의아해가도로로질주하오./ (길은막다른골목이적당하오)// 제1의아해가무섭다고그러오./ 제2의아해도무섭다고그러오/ 제3의아해도무섭다고그러오" 하는 식으로 반복되면서 계속된다. 13인의 아해가 질주한다고 말한 다음 제1의 아해, 제2의 아해… 식으로 시를 전개하는 것은 분석적 재구성의 기법(입체주의), 띄어쓰기를 무시한 것은 통사파괴의 기법(미래주의), '오감도'라는 낱말이 암시하는 것, 곧 시인이 까마귀가 되어 음산한 고목에 앉아 질주하는 아해들을 바라보는 풍경은 유머의 기법(초현실주의)을 보여준다. 어조에서 읽을 수 있는 것은 강박충동이고 이런 충동은 죽음을 지향하고 요컨대 이 시의 주제는 현대인의 불안과 공포이다. 한편 화자는 13인의 아해가 도로를 질주한다고 말하고는 뒤에 가서 "13인의 아해가 도로를 질주하지 않아도 좋소"라고 말한다. 이런 뒤집기, 부정은 자율성 미학, 그러니까 13인의 아해가 달리는 비현실적 자율적 공간을 부정한다는 점에서 자율성 미학에 대한 부정과 통한다.

그러나 김기림의 「바다와 나비」가 보여주는 것은 이런 불안과 공포도 아니고 강박증적 충동도 아니고 까마귀가 내려다보는 풍경도 아니다. 한 마디로 아방가르드적 요소가 없다. 그러니까 시적 인습, 혹은 인습적인 시쓰기에 대한 절망이나 부정이 드러나지 않는다. 그의 대표작 「바다와 나비」에서 읽을 수 있는 두드러진 특성은 자율적 공간과 사물에 대한 감각적 묘사이다.

먼저 이 시가 자율적 공간을 보여준다는 것은 바다와 나비의 관계를 매개로 한다. 도대체 바다에 나비가 떠 있다는 것 자체가 말이 안 된다. 나비는 무우밭이나 배추밭이나 꽃밭에 있는 게 정상이고 이런 풍경을 그리는 게 리얼리즘이다. 그러나 이 시에서는 나비가 바다, 그것도 수심이 깊은 바다에 떠 있다. 그런 점에서 비정상적이고 말하자면 시에서만 가능한 이른바 자율적 공간이 된다. 물론 이 나비는 겁이 없는, 겁을 모르는 나비이고 좀 심하게 말하면 미친 나비일 수 있다. 그렇지 않고 어떻게 바다를 청무우밭과 혼동한 단 말인가? 그러니까 정신 치료가 필요한 나비이다. 그러나 중요한 것은 나비에 대한 감각적 묘사이다. "3월달 바다가 꽃이 피지 않아서 서거픈/나비 허리에 새파란 초생달이 시리다." 도대체 나비 허리를 보는 것도 놀랍고 이 허리에 새파란 초생달(시각)이 시리다(촉각)는 묘사도 놀라울 뿐이다.

물론 김기림이 이론으로 강조한 것은 재래시 비판, 곧 감상적 낭만주의 시와 격정적 표현주의 시 비판이고 음악성이 아니라 이미지의 강조이고 특히 새로운 감성의 논리였다. 이런 논리는 원시적 직관적 감성, 건강한 감성이고 이런 감성이 모더니티와 통한다. 한편 그는 문명에의 감수성을 주장하고 도시, 군중, 창녀의 이미지를 노래한다. 말하자면 그에 의해 최초로 도시의 모더니티가 노래된다.

정지용은 1920년대에 예컨대 「카페-프란스」에서 아방가르드 미학을 실천하지만 1930년대에는 이미지즘 미학을 실천한다. 이미지즘이 강조하는 것은 주관적이든 객관적이든 사물을 직접 취급해야 하고, 재현에 기여하지 못하는 낱말은 절대로 사용하지 말고, 리듬은 박자(metronome)가 아니라 악구(musical phrase)에 따를 것 등이다.8)

그가 「바다 2」에서 강조하는 것은 바다에 대한 감각적 묘사이다. 시인은 바다의 일렁이는 물결을 '푸른 도마뱀떼'에 비유하고, 물결치는 소리와 모습을 '재재 발렸다'고 표현한다. 곧 썰물 현상을 수다스럽게 재잘거리며 사라지는 푸른 도마뱀떼에 비유한 것으로 이런 감각, 이미지가 노리는 것은 무슨 관념도 이데올로기도 교훈도 아니고 영미 신비평가들이 말하는 사물의 사물성과의 만남이고 러시아 형식주의자들의 주장에 의하면 자동화된 지각의 갱신에 기여한다. 문제는 정지용이 아방가르드에서 모더니즘, 특히 영미 이미지즘으로 전환한 이유, 그것은 시에 대한 그의 사유와 관계된다. 그에 의하면 시는 미래파들이 전개하는 실험이나 법석이 아니고 위의(威儀)의 세계, 위엄이 있고 품격이 있는 세계이다. 따라서 그가 실천한 영미 이미지즘의 세계는 그 후 가톨리시즘과 결합된다. 물론 그가 주장한 시어 개념, 곧 현대시의 특성이 언어라는 매체로의 환원에 있다는 주장은 당대로서는 설득력이 있고 우리 모더니즘시에 기여한다. 그러나 그의 시는 복고풍이 되면서 모더니즘보다는 전통주의, 보수주의를 지향한다.

김춘수, 김수영, '후반기' 동인

결국 우리 모더니즘 시의 조상은 이상, 김기림, 정지용이고 1940년대의 대표적 모더니스트 김광균은 김기림 (도시성)과 정지용 (이미지)의 계보에 든다. 물론 그의 모더니즘이 보여주는 감상성은 계보적 차이, 혹은 차이적 재생산을 뜻하고 이런 계보에서 읽을 수 있는 것은 김광균에 의해 김기림과 정지용이 손을 잡는다는 것. 그러니까 김기림과 정지용이 새롭게 해석된다는 점이다. 앞에서 말했듯이 시의 계보 만들기는 소급적 인과성에 의존하고 상호텍스트성에 의존하고 그러므로 텍스트들을 정리하고 분류하고 역사적 파열 속에서 연속성 찾기이고 결국 이런 탐구가 노리는 것은 우리 모더니즘시의 기원, 본질, 진리가 아니라 차이 혹은 차이적 재생산이다. 김광균이 보여주는 것은 김기림도 아니고 정지용도 아니고 그들과 관계되는 차이적 재생산이다.

1950년대 모더니스트 김춘수가 있기 때문에 1930년대의 이상과 정지용의 시가 새롭게 해석된다. 김춘수의 초기시는 외적 현실의 반영이 아니라 있음, 존재, 언어에 관심을 두고 이른바 사물의 존재 탐구에 몰두한다. 예컨대 「꽃」에서 그가 강조하는 것은 사물의 존재, 말하자면 하이데거가 말하는 대문자 존재(Being)에 대한 탐구이고 우리시는 김춘수에 와서 이런 형이상학적 질문과 만난다. 그러나 그는 초기의 관념시에서 묘사시로 전환하면서 사물의 사물성을 강조하고 이런 기법은 정지용과 관계되고 그런 점에서 정지용의 계보에 든다. 문제는 반복과 차이이다. 김춘수는 이미지즘 미학을 반복하지만 정지용과 다른 점은 의미의 문제를 동반한다는 점이다.

말하자면 그의 사물시, 묘사시는 그의 시론 '무의미시'와 관계되고 그는 묘사의 극한에서 무의미를 발견한다. 나는 그의 무의미 시론을 기호학적 시각에서 세 유형으로 해석한 바 있다. 첫째 유형은 언어 기호를 구성하는 기표와 기의 가운데 기의가 없는 기표(시각적 이미지—「처용 단장 1부」)를 지향하고, 둘째 유형은 이런 기표를 부정하면서 다시 기의가 없는 기표(청각적 이미지—「처용 단장 2부」)를 지

향하고 셋째 유형은 「처용 단장 3부」에 나타나듯 의미를 생산하는 언어 기호의 선조성을 해체한다.9)

김수영은 6.25가 발발하기 1년 전인 1949년 모더니즘을 표방한 사화집 『새로운 도시와 시민의 합창』에 「공자의 생활난」을 발표한다. 50년대 시인으로서 그의 시가 보여주는 특성은 전통과의 단절, 목적을 상실하고 흘러가는 도시적 삶, 역사에의 불신과 회의이고 이런 특성은 김기림과 관계된다. 김기림이 강조한 것은 도시성과 문명 비판이기 때문이다. 그러나 김수영 역시 김기림을 반복하면서 차이를 생산하고 이 차이는 시대가 결정하고 하부 구조가 결정한다. 예컨대 「공자의 생활난」에서 그가 강조하는 것은 사물을 제대로 보려는 노력이다. 사물을 제대로 본다는 것은 '사물의 우매와 사물의 명석성'을 바로 본다는 의미이고 그것은 공자를 전제로 한다. 같은 자연(꽃)을 놓고 공자는 유희에 빠지고 김수영은 무슨 궁리, 곧 '발산한 형상'을 구한다. 그는 유희가 아니라 작전, 의도, 계획에 사로잡힌다. 그러나 이런 작전은 실패하고 그는 국수 생각을 하고, 이런 생각이 반란과 통한다.10)

요컨대 이 시가 강조하는 것은 유희/작전을 매개로 그것을 넘어 존재하는 공자의 생활난, 현실, 경제적 조건이다. 사물을 제대로 본다는 것은 사물의 허위와 명석성을 동시에 본다는 것이고 이 동시에 보기가 아이러니와 통하고, 김수영의 모더니즘이 김기림의 모더니즘을 반복하지만 동시에 그와 다른 것은, 그리고 당대의 '후반기' 동인과 다른 것은 이 아이러니 때문이다. 그것은 계몽 이성의 자율성에 대한 불신과 인문주의적 허위에 대한 비판으로 요약되고 이런 아이러니 정신은 1960년대에 이른바 참여시로 발전한다.

'후반기' 동인은 박인환, 김경린, 김규동, 김차영, 이봉래, 조향 등이고 1951년부터 1954년까지 임시 수도 부산에서 전개되다. 일정한 동인지나 기관지도 없이 『주간 국제』를 중심으로 전개된 이 동인들이 표방한 것은 당시 우리 시단의 중심을 형성한 문협 정통파, 곧 유치환, 서정주, 청록파 등에 대한 비판이고 그런 점에서 이들은 조향을 제외하면 반전통성, 도시성, 서구 모더니즘의 기법을 강조한 김기림, 그리고 모더니즘과 감상성을 결합한 김광균의 계보에 든다. 박인환이 김광균의 계보라면 김규동은 김기림의 계보이고 조향은 이상의 계보(초현실주의)이다.

김규동은 「나비와 광장」을 노래하고 1930년대의 김기림은 「바다와 나비」를 노래한다. 김기림은 바다에 앉으려다 공주처럼 지쳐서 돌아오는 나비를 일제 식민지 시대 지식인의 초상에 비유하고 김규동의 나비는 1950년대의 6.25라는 현기증 나는 활주로의 최후의 절정에서 돌진의 방향을 상실한 현대인의 초상을 표상한다. 나비는 반복되지만 공간은 다르고 이런 차이가 중요하다.

1950년대 모더니즘, 그러니까 우리 모더니즘시의 제2세대로는 이 밖에도 3인 시집 『전쟁과 평화와 음악과』를 펴낸 전봉건, 김종삼, 김광림이 있고 이들은 월남파라는 공통점도 있지만 당시로서는 새로운, 전통을 부정하는 시들을 보여주고 그것은 모더니즘과 서정의 결합으로 요약된다는 점에서 김광균을 발전적으로 극복한다. 한편 이 시기에 시집 『풍선과 제3 포복』을 펴낸 신동문은 1930년대의 이상을 발전적으로 계승한다. 왜냐하면 연작시 「제3 포복」이 보여주는 강박증적 충동, 곧 죽음 충동이 「오감도시 제1호」와 비슷하고 한편 다르고 연작시 「풍선기」가 보여주는 새로운 산문시의 형태와 그가 노래하는 현대인의 불안이 이상과 비슷하고 다르기 때문이다. 그런 점에서 제2세대의 경우 이상의 계보로는 조향, 신동문 등이 있고 전봉건은 그 후 1960년대에 연작시 「속의 바다」에서 초현실주의적 요소를 보여준다.

'현대시' 동인의 내면 탐구

'현대시' 동인은 1962년 처음 발행된 시지 『현대시』 1집부터 1972년 마지막 발행된 26집까지 10년 동안 26권의 동인지를 펴내면서 60년대 우리 모더니즘 시의 새로운 방향을 모색한다. 그러니까 우리 모더니즘시의 제3세대이다. 그러나 처음 발행된 『현대시』 1집부터 5집까지는 엄격하게 말하면 동인지가 아니라 반동인지적 반시지적 성격이 강하기 때문에 동인지로 볼 수 없다. 『현대시』 1집은 당시 1950년대 시인들인 전봉건, 김종삼, 김광림, 임진수 등이 중심이 되어 펴낸 일종의 시지이다. 그러나 이 시지에는 모더니즘적 요소가 강한 시인들의 작품이 발표되고 따라서 반동인지적 성격을 보여준다.

『현대시』가 본격적인 동인지로 출발하는 것은 1964년 11월에 간행된 6집부터이다. 『현대시』 6집은 당시의 신세대인 주문돈, 김영태, 정진규, 이유경, 이수익, 이승훈, 허만하, 황운헌 등이 동인으로 참여하면서 본격적인 동인 운동을 전개한다. 그러나 6집 이후 26집까지 동인들이 들락날락하면서 동인 구성에 변화가 온다. 박의상, 이해녕(7집), 김규태(8집), 김종해(12집), 오탁번, 마종하(16집), 오세영, 이건청(25집)이 동인으로 참여한다.

그런 점에서 '현대시' 동인은 전봉건, 김종삼, 김광림 나아가 이들과 문학적 태도가 비슷한 김춘수의 계보에 들고 이들은 대체로 외적 현실보다는 현대인의 내면, 심리적 현실에 관심을 두고 기법은 대체로 이미지즘과 초현실주의(김영태, 이승훈)의 기법을 보여준다. 요컨대 우리 모더니즘시의 제3세대에 해당하는 '현대시' 동인은 크게 보면 내면 탐구를 지향하고 이런 탐구에 의해 '후반기' 동인의 한계를 극복한다는 시사적 의의를 띤다. 그러나 동인의 계보는 그렇게 쉽게 작성되지 않는다.

김준오는 이렇게 말한다. '현대시' 동인들은 김춘수를 전범으로 삼고, 때로 수수께끼, 모호성 등의 비난과 좌시를 받으면서 1970년대에 극복의 대상이 된다. 그러나 언어에 대한 성실한 천착과 개성적 실험으로 시의 방법의식을 심화 확대시키고 순수시를 1960년대의 주류가 되게 한 점에 시사적 의의가 있고 그들의 시는 감미로운 서정이나 파토스가 아니라 인식이었고 그만큼 지적이었다. 그들의 시는 내면의 시, 내면의식의 시로 기술될 만큼 내면 탐구였고 언어와 형식 실험은 그 시적 상관물이었다. 다음은 김준오의 말.

> 김춘수의 무의미시는 이승훈에게 '비대상시'로 승계된다. 이승훈은 관습화된 일상적 삶에 대해 한국시가 한번도 제대로 인식론적 회의를 제기하지 못한 것과 노래가 시라는 자동화된 시인식을 문제삼는다. 그래서 그의 비대상시는 일체의 관습적인 것에 대한 회의에서 촉발된다. 비대상시란 실상 대상이 없는 것이 아니라 내면 세계를 대상으로 한 것이다. 곧 외부 세계를 희석화한 세계 상실의 시다. 따라서 그의 비대상시는 자기증명의 시일 수밖에 없다. 그러나 이 내면 세계란 좀처럼 포착되지도 언어로 표현할 수도 없는 잠재의식이다.[11)]

내가 김준오의 글을 인용하는 것은 그에 의해 내 시의 계보가 분명해지기 때문이다. 계보가 없는 시인들도 있고 계보를 무시하는 시인들도 있고 계보가 무언지 모르는 무식한 시인들도 있지만 나는 계보를 중시하는 입장이다. 계보가 없다는 것은 부모가 없다는 말이고 자신이 하늘에서 떨어졌다는 말이다. 그러나 계보가 있다는 것은 부모를 알지만 자신이 부모와 다르다는 것을 안다는 것이다. 왜냐하면 생물학적 재생산의 경우 자식들은 언제나 부모와 다르기 때문이다.

결국 우리 현대시가 있는 게 아니라 우리 현대시의 역사가 있고 이 역사가 우리 현대시이고 한국이 있는 게 아니라 한국의 역사가 있고 이 역사가 한국이다. 그러므로 나의 시가 있는 게 아니라 우리시의 역사가 있고 이 역사에는 기원, 뿌리, 진리가 있는 게 아니라 계보가 있고 계보는 소급적 인과성에 지배된다. 말하자면 반복과 차이, 혹은 차이적 재생산이 중요하다. 특히 계보학에선 프로이트가 말하는 사후 작용(differed action)에 대한 사유와 해석이 중요하다. 그건 그렇고 내가 내 시에 대해 말하는 건 웃기는 짓이기 때문에 다시 최동호의 말을 인용한다.

> 이승훈의 「사물A」 같은 시편들은 이상의 「오감도」를 연상시키면서 이상, 김춘수, 이승훈으로 이어지는 인간의 내면 의식에 대한 탐구의 흐름의 형성과 주지적 초현실주의 시의 한국적 수용의 한 모습을 감지할 수 있게 해준다.12)

'현대시' 동인 가운데 김영태의 초기시는 초현실주의적 요소를 보여주지만 그것은 1930년대의 이상을 지배하는 타나토스의 세계(「절벽」)가 아니라 샤갈적인 환상의 세계이다. 그런 점에서 그는 이상의 집안이 아니고 김춘수의 섬세한 감각과 이미지즘의 세계를 발전적으로 계승하고 혹은 김춘수와 김종삼이 결합된 계보에 든다. 한편 박의상은 김수영의 계보, 오세영은 '후반기' 동인의 계보이고 다른 동인들의 계보를 분명하게 말하기 어려운 것은 계보가 분명히 드러나지 않기 때문이다. 계보는 계모가 아니다.

'현대시' 동인은 아니지만 제3세대 모더니즘의 대표적 시인으로 오규원을 들 수 있다. 같은 세대인 정현종도 초기에는 모던한 태도를 보였지만 그 후 전통 서정시로 회귀하고 오세영도 그렇다. 오규원은 한결같이 새로운 실험 정신으로 우리 모더니즘시의 발전에 기여한다. 그의 초기시가 강조하는 것은 사물과의 소외, 곧 사물로부터 소외된 자아이고 이런 자아 인식은 언어와 관계된다. 그는 인간 대신 사물을 주인공으로 하는 사물시를 지향하고 이런 사물시는 언어의 사물화를 특성으로 한다. 언어의 사물화는 언어를 사물로 인식하는 태도이며 이런 태도는 「환상의 땅」에서 언어는 인간과 사물들처럼 쉬기도 하고 죽기도 한다. 이 시에서 언어는 고요한 환상의 출장소에서 쉰다. 곧 언어가 쉬는 곳은 환상 속에서이다.

사물과 언어에 대한 관심을 강조할 때 그의 시는 김춘수의 계보에 든다. 그러나 그 후 그는 김수영에게도 관심을 보이고 마침내 시론 「날이미지시」에서는 다시 김춘수의 무의미시를 발전적으로 극복한다. 그에 의하면 무의미시는 무의미를 지향하고 날이미지시는 의미를 지향하고 그것은 관념화되기 이전의 의미이다. 최근의 그의 작업은 날이미지시를 중심으로 하는 다양한 시적 모험으로 결국 그는 김춘수 계보이다.

해체시와 도시성

1980년대 모더니즘 시는 온건한 모더니즘의 한계를 깨고 과격한 아방가르드의 양상을 띠고 그런 점에서 1930년대의 이상의 실험 정신과 김수영의 문학 정신을 계승한다. 1980년대 아방가르드는 흔히 '광주'로 표상되는 근대성, 합리성, 이성의 파산에 기초한다는 점에서 서구의 역사적 아방가르드가 보여준 부르주아 미학의 위선을 비판한 것과는 다른 양상을 보여준다. 나는 이들 아방가르드를 해체시라고 명명한 바 있다.

1980년대 우리 시를 지배한 건 리얼리즘과 해체이다. 민중시나 해체시나 궁극적으로 노린 것은 현실 부정이고, 현실 파괴이고, 현실을 지배하는 질서 파괴이고, 질서를 구성하는 아버지라는 이름 죽이기이다. 그러나 방법은 다르다. 리얼리즘이 형식을 지킨다면 해체시는 형식을 파괴한다. 이유는 해체시가 근대성의 파산과 관련되기 때문이다. 모더니즘이 세계에 대한 회의를 자율성에 의한 심미화 과정으로 표출한다면 해체시는 세계의 환멸을 탈심미화 과정으로 표출하고 이런 해체 자체가 사회 정치적 의미를 띤다.

이성복은 기존 문법을 파괴하고, 우연의 미학을 강조하고, 이른바 유물적 초현실주의의 세계를 노래하고 개인적 상상력이 사회적 상상력으로 발전한다. 상상력이라고 했지만 그의 상상력은 전통적인 상상력의 개념을 부정하고, 그런 점에서 초현실주의적 환상에 가깝지만 이 환상이 바로 현실이 되는 그런 세계이다. 예컨대 「그러나 어느날 우연히」에서 그가 강조하는 것은 삶의 우연성이고 이런 우연성은 '해부대 위에서 재봉틀과 우산이 서로 만난다'는 초현실주의 미학을 극복한다. 초현실주의가 지향한 것은 꿈과 현실이 하나가 되는 정신의 한 점이고 이성복이 보여주는 것은 이런 꿈, 환상이 바로 현실이라는 자각이다.

이성복의 시에서는 이미지들의 이런 우연한 결합이 사태들의 결합으로 발전하고 이런 세계가 환기하는 유머는 절망을 동기로 하고 따라서 절망의 가면이 된다. 1930년대 이상이 「오감도시 제1호」에서 보여주는 유머 역시 절망의 가면이지만 1980년대의 이성복이 보여주는 가면과는 다르고 이 다름이 문제이다. 요컨대 이상과 이성복의 초현실주의는 차이적 재생산의 관계에 있고 그런 점에서 그는 이상의 계보에 든다. 물론 현실에 대한 욕설이나 '아버지는 개새끼'라는 아버지라는 이름의 부정을 강조하면 그는 김수영의 계보에도 든다. 말하자면 그는 이상과 김수영의 계보에 속한다.

황지우는 1980년대 아방가르드 시인 가운데 양식의 해체를 극단까지 밀고 나갔다는 점에서 단연 해체시의 기수라고 할 수 있다. 1930년대의 이상 이래 우리 시사에 이런 시인이 나타난 것은 우리 모더니즘시의 역사뿐만 아니라 우리 현대시사에 하나의 충격이다. 도대체 이런 과격한 실험과 절망의 유희와 유희의 절망과 엿 먹어라!의 미학/반미학이 없었다면 우리 현대시사는 얼마나 초라할 것인가?

그에 의해 모더니즘 미학이 강조하던 자율성 개념은 부정되고, 따라서 삶과 예술의 경계가 해체되고, 이런 해체는 당대의 사회, 정치, 문화의 허구성을 비판한다는 의미에서 1980년대적 아방가르드가 된다. 그의 시는 미래파적 요소, 다다적 요소, 입체파적 요소를 보여주고 그의 시에 나타난 새로움, 혹은 시적 전략을 좀더 구체적으로 말하면 의식의 흐름, 콜라주, 인쇄 효과, 속어와 비어 사용, 산문적 진술 등이고 물론 이런 기법들은 이미 이상의 시에 대부분 드러난다. 따라서 그는 이상의 후예이고 하편 김수영의 후예이고 물론 이들은 차이적 재생산의 관계에 있다. 새로 태어난 자식들은 부모의 피를 이어가지만 언제나 부모와 다른 법이다.

박남철 역시 결론부터 말하면 이상과 김수영의 후예이다. 그러고 보면 1980년대 대표적인 아방가르드 시인들은 대체로 1930년대 이상과 1950년대 김수영의 계보이고 김수영이 이상과 만날 수 있는 것은 그의 후기시가 보여주는 실험 정신, 온몸의 시학이 이상의 실험 정신과 통하기 때문이다. 실험 정신은 죽는 정신이고 죽을 각오로 전쟁에 나가는 정신이고 이게 아방가르드 정신이다.

박남철의 시가 보여주는 해체적 기법으로는 조소, 야유, 속어, 비어, 행간과 문맥의 파열, 띄어쓰기 무시, 거꾸로 된 활자, 표제만 있고 내용이 없거나 그 반대인 경우, 인쇄 효과, 텍스트 공동 현상,

사진 콜라주, 대화체와 구어체 사용 등이다. 언어 매체로 할 수 있는 실험은 거의 망라되지만 이런 기법들 역시 크게 보면 다다, 미래파 등 역사적 아방가르드들이 이미 실험한 것이고 대체로 이상의 시에도 드러난다. 그러므로 내가 이 글에서 강조하는 것은 1980년대 아방가르드와 역사적 아방가르드, 그리고 이상의 아방가르드와의 차이이고 이 차이가 계보의 진리이고 뿌리이고 본질이다.

최승호는 이런 의미로서의 아방가르드가 아니라 모더니즘의 계열에 든다. 그러나 그가 보여주는 모더니즘은 김기림이 강조한 도시성, 문명 비판을 발전적으로 계승하고 한편 김수영의 시가 보여준 포스트모더니즘의 양상을 수용한다. 김수영은 「거대한 뿌리」에서 폐쇄적 형식이 아닌 개방적 형식을 지향하고, 억압된 삶의 본능적 흐름을 그대로 투사하고 이런 태도는 신비평과 형식주의의 모더니즘 미학을 부정한다는 점에서 한국적 포스트모더니즘의 특성을 보여준다.

최승호는 「적신(赤身)」에서 정신적 리얼리즘, 신비한 정신주의가 아니라 동물적 리얼리즘을 지향하고, 그것은 반휴머니즘의 태도를 암시한다. 요컨대 그가 강조하는 것은 반문명, 반자연성, 혹은 동물 같은 삶, 그로테스크한 삶의 현상이다. 이 시에서 도시 문명의 허위는 '화장한 문둥이 얼굴'로 형상화되고 밤의 정육점에 걸려 있는 고기들은 '늙은 창녀의 고깃덩어리'로 비유된다. 그러므로 최승호에 의해 김기림의 문명 예찬은 부정되고 식민지 도시는 자본주의의 전형, 쓰레기가 되고 1950년대의 '새로운 도시와 시민의 합창'은 사라지고 이런 특성이 김수영의 포스트모더니즘과 결합된다. 그러므로 그의 계보는 김기림과 김수영이다.

메타시와 황폐한 내면

1990년대 우리 모더니즘시의 새로운 방향은 이른바 메타시로 요약되고 일군의 신인들은 1980년대가 보여주던 거대 담론의 퇴조와 함께 자신의 내면을 새롭게 성찰한다. 거대 담론의 퇴조는 후기 자본주의의 단서가 되고 우리시의 경우 중심의 부재, 곧 적의 부재를 동기로 한다. 1980년대 해체파들만 해도 '광주'로 표상되는 근대성의 파멸을 동기로 하면서 적을 설정하고 따라서 그들의 미학/반미학은 정치적이었다. 그러나 1990년대는 이른바 만주화가 성취되면서 그런 적의 개념이 사라지고, 말하자면 중심이 사라지고 이른바 지식, 미학, 정치를 지배하던 거대 담론, 혹은 거대 서사가 지향한 보편적 진리에 대한 회의와 부정이 나타나고 우리시는 정치로부터 자유로워진다. 역사에 대한, 과학에 대한 보편적 진리 대신 미시서사, 곧 차이가 강조되고 그런 점에서 시인들은 우리가 아니라 나, 사회가 아니라 자아에 관심을 두고 따라서 이 시대 예술이 지향하는 것은 자기 회귀이고 나는 우리시의 경우 이런 자기회귀성을 두 가지 측면에서 읽는다.

하나는 매체회귀성이고 다른 하나는 자아회귀성이다. 이 시대는 언어나 영상 매체가 현실을 반영하는 게 아니라 현실을 구성하는 시대, 조작하는 시대, 따라서 현실이 소멸하는 사대, 보드리야르 식으로 말하면 시뮬라시옹이 지배하는 시대이다. 이런 시대에 시인들이 관심을 두는 것은 현실이 아니라 언어나 영상 매체이다. 1990년대 시인들은 그런 점에서 현실보다 언어, 기호, 숫자, 사진, 영화, 나아가 시 자체를 노래하고 나는 이런 시들을 메타시라고 부른 바 있다. 한편 이 시대가 보여주는 자기회귀성은 시인들의 관심이 현실이 아니라 자아, 그것도 자아의 내면을 응시하는 그런 자기회귀성을 보여준다. 그러나 1990년대의 박상순, 송찬호, 김언희, 조원규,

이수명, 박찬일, 함기석, 이만식 등이 보여주는 내면은 릴케적 내면도 아니고 1960년대 '현대시' 동인들의 내면도 아니고 그야말로 교통이 단절된, 말하자면 상징계, 언어 질서, 현실이 소멸하는 황폐한 내면이다. 그런 점에서 이들 역시 1930년대 이상을 조상으로 하고 1980년대가 형식 파괴를 통해 이상과 만난다면 1990년대는 황폐한 내면(「오감도」)을 통해 이상과 만난다.

박상순의 시를 지배하는 것은 메타 미학이 아니다. 그의 시에서 읽을 수 있는 두드러진 특성은 이미지 연결의 비일관성, 도표, 부호, 그림의 사용, 모호하고 비현실적인 이미지, 자아 분열 등이다. 특히 그가 노래하는 자아분열은 이상과 다르다. 이상의 경우 자아 분열은 상상계(「거울」)를 매개로 한다. 그러나 박상순의 경우는 한결 복잡하다. 예컨대 「빵공장으로 통하는 철도로부터—4년 뒤」에서 그는 학교에 가지 않고 개구리 한 마리를 밟아 죽이고 집으로 돌아온다. 그리고 방과의 대화에서 자신은 거미가 되고 방은 개구리가 될 거라고 말하고 집에 불을 지른다. 이런 이미지들이 보여주는 것은 단순한 자아 분열이 아니라 일종의 편집증적 망상이고 정신분석에 의하면 '학교'가 표상하는 현실, 언어 질서, 상징계, 이런 현실의 근거인 아버지의 이름에 대한 거부이다. 1930년대 이상의 경우 상상계 거부가 추상 시학으로 발전한다면 1990년대 박상순의 경우는 아버지, 현실, 법, 상징계를 거부할 뿐이고 이런 거부에 의해 그의 내면은 황폐해진다.

김언희 역시 비슷하다. 비슷하다는 것은 그가 노래하는 내면도 황폐하고 그런 내면도 아버지, 법, 상징계와 관련되기 때문이다. 다 같이 편집—분열증적 요소가 드러나지만 김언희의 경우에는 구강기 단계로의 퇴행이 공격 욕동, 그러니까 먹고 삼키고 빨고 찢는 이미지와 결합된다. 대체로 공격 욕동은 클라인의 경우 어머니의

가슴과의 단절을 동기로 하지만 김언희의 경우에는 아버지가 개입하고 나는 이런 특성을 전오이디푸스적 상상력, 곧 아버지의 부재를 모티프로 한다고 말한 바 있다. 그러니까 박상순은 상징계를 부정하고 김언희의 경우에는 상징계로부터 아버지, 아버지라는 이름이 폐제되고 따라서 상징계엔 구멍이 뚫려 있고 이런 구멍이 그의 황폐한 내면을 낳는다.

예컨대 이런 황폐한 내면은 「늙은 창녀의 노래 2」에서 '나'는 늙은 창녀이고 '당신'은 기둥서방으로 나오고 내가 당신을 베어 먹는 게 아니라 당신이 나를 입고 신고 걸타고 한 입씩 베어 먹는 풍경으로 전개된다. 나의 정신분석에 의하면 이런 행위는 김언희(창녀)의 억압된 내면이 투사된 것. 그러니까 이 시는 공격 욕동으로 퇴행하고 자아를 아버지(당신)로 투사한다. 그러나 이런 이중적 기법, 곧 퇴행과 투사에 의해 김언희는 자아를 가까스로 방어한다. 이상의 경우엔 이런 의미로서의 폐제(freclosure) 개념이 없고 그를 지배한 것은 양자 의식, 따라서 다중적 아버지, 곧 상징계 혼란이다.

송찬호 역시 상징계를 부정한다. 박상순은 상징계(아버지의 이름)를 거부하고 마침내 불을 지르고 김언희의 경우엔 상징계에 구멍이 뚫린다. 그러나 송찬호는 상징계를 부정하면서 상상계로 회귀하고 따라서 그의 내면은 그렇게 황폐한 게 아니다. 황폐한 내면은 마약중독자, 창녀, 알코올중독자, 도박꾼들의 내면이고 이런 내면이 독서하는 자들의 내면과 통한다고 말한 이론가는 내가 좋아하는 우울한 이론가 벤야민. 그에 의하면 독서하는 자, 사고하는 자, 기다리는 자, 룸펜 등은 아편 복용자, 몽상자, 도취된 자 등과 마찬가지로 트인 상태(초현실)에 도달한 사람들의 유형이다. 그러나 이들은 보다 더 세속적인 사람들이다. 여기서 우리가 고독해서 복용하게 되는 저 지긋지긋한 마약—우리들 자신—에 관해 전혀 언급할 필요는 없다. 그러므로 나도 황폐한 내면—우리들 자신—에 대해 전혀 언급할 필요가 없다. 사는 건 사막이고 사막의 기다림이다.

그러나 송찬호는 1980년대 말 기형도가 그랬듯이 황폐한 내면이 아니라 우울한 내면을 노래하고 이 우울, 멜랑콜리는 사랑과 증오가 뒤섞인 상태. 따라서 상상계와 상징계는 분리되지 않고 넘나든다. 크리스테바에 의하면 우울증 환자는, 특히 나르시시즘과 관계되는 우울증 환자는 대상을 상실한 게 아니라 쇼즈(chose)를 상실하고 이 쇼즈는 언어를 거부하는 그 무엇, 물(物) 자체, 라캉의 실재계로 진입케 하는 그 무엇이다 그렇다면 송찬호가 상실하는 것은?

예컨대 「구두」에서 그가 보여주는 것은 환유적 연상과 은유적 대치이다. 이런 기법은 상징계, 일상적 언어의 법칙을 부정하고 파괴한다. 구두는 새장이 되고 새장은 가죽으로 되어 있고 새장은 감옥이 되고 마침내 '한 척의 배'가 된다. 이런 세계는 비록 환유에 의존하지만 상상계이고, 그는 상징계를 거부하고 상상계로 회귀한다. 그리고 이런 상상계, 거울의 세계는 나르시시즘의 세계이고 내가 송찬호의 시에서 우울증을 읽는 것은 이런 사정 때문이다. 그렇다면 그가 상실한 것도 쇼즈인가?

불안과 우울증은 신경증과 정신병의 대부분을 지배한다. 송찬호의 시가 우울한 것은 그가 상상계와 만나기 때문이고 그런 점에서 그는 우리 시의 현대성을 최후로 노래한다. 왜냐하면 현대성이 우울증과 통하고 우울한 시간엔 과거와 현재 사이에 수백 년이 흐르고 우울증 환자는 벤야민적 알레고리(파편)라는 정류장과 만나기 때문이다. 이상은 거울과 싸우고 송찬호는 거울의 세계에서 우울증을 앓는다.

현대시는 끝나도 시는 계속된다

1990년대 모더니스트들인 조원규, 이수명, 박찬일, 함기석, 이만식의 계보도 그릴 수 있지만 청탁 받은 원고 매수도 넘었고 원고 매수가 넘는다고 원고료를 더 받는 것도 아니고 무엇보다 너무 피곤하다. 우울하다. 우울하게 장마가 계속된다. 내 전생(前生)이 이 장마 속에 있는가? 이런 날 나는 장마의 피조물. 사는 건 다시 미로이다. 미로는 너무 일찍 목적지에 도달한 사람을 위한 바른 길이라고 말한 건 벤야민. 벤야민도 나의 계보이다. 카프카, 베케트, 다자이 오사무. 올 여름은 그동안 벼르기만 했던 종합 검진을 받았지만 결과가 안 좋아 우울하고 한 달 동안 계속 병원 다니는 것도 우울하고 유일한 낙이던 담배를 끊어야 하는 것도 우울하고 아니 나는 지금 금연 때문에 이상한 금단 현상, 불안, 초조, 우울증에 시달리며 일종의 성교 불능증에 시달리며 이 글을 쓰고 있다. 모두가 업이다.

우리 현대시는 여기서 끝난다. 모던(modern)의 어원은 모도(modo)이고 모도는 '바로 지금'을 의미한다. 바로 지금은 존재하는가? 바로 지금은 언제나 미래 이후이고 따라서 모더니즘은 포스트모더니즘 이후이다. 바로 지금은 죽음의 순간이고 순간의 죽음이다. 요컨대 모더니즘의 역사는 자살의 역사다. 바로 지금 죽어야 한다. 당신도 나도 당신들이 하는 문학도 당신들이 쓰는 시도! 현대시의 종말은 현대시의 역사의 종말이고 현대시의 종말(end)이 현대시의 목적(end)이다. 그런 점에서 우리 현대시, 특히 모더니즘시의 역사는 끝나고 그 목적에 이르고 현대시의 종말 이후에 계속되는 시에 대해 이 글을 쓰는 나는 책임이 없다.

21세기 초 우리시의 문제아로 등장하는 환상파들만 해도 초기의 정재학, 김참, 이장욱, 이재훈 등은 모더니즘의 계보가 가능하지만 그 후 한결 과격해지는 황병승, 김민정, 이민하, 김이듬, 박장호, 신동옥 등에 오면 그 계보가 모호하고 이 모호성이 문제이다. 결론부터 말하면 이들 과격한 환상파들은 계보가 없고 그러므로 고아 아니면 외국인에게 입양한 아이들의 어조이고 혹은 혼혈, 잡종, 사생아이다. 그러나 이들 환상파도 결국 언젠가는 우리 모더니즘시의 식구가 되겠지만 우리 모더니즘시의 역사는 끝났다. 나는 이들의 시에 대한 평가를 보류한다. 왜냐하면 20세기 우리시의 역사는 끝났고 이들에 의해 21세기 우리시가 시작되고 한편 이들의 시에 대한 평가는 좀더 시간을 요구하기 때문이다. 그것은 이들의 시가 현대 시론, 그동안 내가 대학에서 가르치고 연구한 현대 시론을 거부하고 그렇다고 이들의 시를 제대로 해석하고 판단할 평가 기준이 있는 것도 아니기 때문이다. 평론이야 누구나 할 수 있다. 문제는 우리시의 경우 평론을 지탱하는 이론의 부재이고 철학의 빈곤이다.

예컨대 황병승은 「여장남자 시코쿠」에서 복장도착의 쾌락을 노래한다. 그동안 우리 시에선 아무도 복장도착의 세계를 노래한 적도 없고 물론 동성애를 제대로 노래한 적도 없다. 복장도착은 동성애가 아니지만 동성애처럼 이성애, 곧 이성 간의 사랑에 저항하고 그런 점에서 상징계, 법, 젠더를 구성하는 2항 대립체계에 저항하고 정상적 성적 관계(?)를 비판한다. 도대체 왜 우리는 이성을 사랑해야 한단 말인가? 이성애를 지배하는 것은 고요와 평화가 아니라 격정, 피로, 낭비(돈과 건강), 질투, 고뇌이다. 그러므로 복장도착의 극한에 성적 정체성 혼란이 있고 이른바 성전환, 트랜스젠더가 있다. 물론 복장도착은 트랜스젠더는 아니고 자신과 이성을 동일시하는 행위이고 이때 두 이성 사이에 존재하는 공격성은 부정된다. 그러므로 복장도착은 사디즘도 모르고 마조히즘도 모르고 성교 불능증도 모르고 우울증도 모르고 '열정과 고뇌에 쌓인 수난의

길'(벤야민)도 모르고 황폐한 내면도 모른다.

황병승은 여기서 여성 복장을 한 남자 시코쿠이다. 시코쿠는 어느 나라 남자인가? 물론 환상의 주인공이고 그는 뜨거운 정오에 글을 쓰는 도마뱀이 되고 그의 글쓰기는 동시에 성적 욕망(숲)과 결합된다. 남성이 여성의 옷을 입는다는 것은 남근(phallus)을 여성이 감싼다는 점에서 남근적 여성이 되는 것이고 이런 행위는 어머니의 남근 결핍을 부인하는 행위이고 따라서 외상적(traumatic) 지각을 부인하는 행위이다. 그러므로 시코쿠의 내면은 황폐하지 않고 행복(?)하다. 행복해야 한다. 그러나 도마뱀(시코쿠)은 계속 숲 속의 여자를 찾는다. 남근적 여성이 또 여성을 찾아야 하는가? 아무튼 이들이 우리시의 희망이고 절망이고 내일이고 21세기의 시작이다. 이들의 무계보, 계보 혼란이 이들의 계보다. 시코쿠의 조상을 찾아가자!

11. 현대시의 종말과 미학

미적 현대성의 종말

근대시에 대한 질문은 형식에 대한 질문으로 시작된다. 우리 근대시가 정형시에서 자유시로 바뀐 것은 형식이 바뀐 것. 따라서 1910년대 아니 1920년대만 해도 자유시를 쓰면서 제일 문제가 된 것은 이 자유의 문제였고 이 문제는 리듬과 관계된다. 도대체 자유로운 리듬이란 무엇인가? 자유시는 어떻게 써야 하는가? 정형률이 없는 시는 산문시가 아닐까? 당시 자유시를 공부하던 많은 문학 청년들을 괴롭힌 것은 결국 형식의 문제였다. 그렇기 때문에 우리 근대시의 최초 시론으로 평가되는 「시형의 음률과 호흡」(1919)에서 김억이 강조한 것은 자유시의 형태와 리듬의 문제였고 그것은 시는 충동의 세계, 호흡의 세계를 반영하고 따라서 리듬은 시인의 호흡이 결정한다는 것으로 요약된다.[13)]

이렇게 형식에 대한 질문으로 출발한 우리 근대시는 그 후 1930년대에 오면, 비록 일제 식민지 시대이긴 했지만, 이른바 미적 현대성을 추구하고 그런 점에서 나는 1930년대 이전을 근대시, 이후를 현대시라고 부른다. 예컨대 김소월, 한용운이 근대시의 범주에 든다면 이상, 김기림은 현대시의 범주에 든다. 전자가 새로운 형식에 대한 추구에 별로 관심이 없다면 후자는 새로운 형식과 이런 형식이 보여주는 미적 특성, 이른바 모더니즘 미학에 관심을 두고 그것은 한마디로 자율성 미학으로 요약된다.

이 자율성 미학이 노리는 것은 리얼리즘 미학의 부정과 비판과 극복이다. 이 시기에 오면서 우리시는 자연이나 현실을 모방하고 베끼고 표절하는 리얼리즘이 아니라 자연과 단절되고 현실과 거리를 두는 미적 현대성을 추구한다. 자연과 단절되는 것은 자연이 더 이상 삶의 토대가 될 수 없고 현실과 거리를 두는 것은 현실원칙의 허구를 자각했기 때문이다. 남는 것은 현대인이 체험하는 불안과 공포의 세계이고 이런 세계와 싸우는 일이다. 어떻게 싸울 것인가? 하나는 현실과 거리를 두고 이 현실을 미적으로 비판하는 방식, 아도르노 식으로 말하면 미적 변증법이고 다른 하나는 억압된 충동, 욕망, 무의식을 해방하는 방식이다.

그러나 그 후 이런 자아 해방은 실현되지 못하고 우리시의 모더니즘 미학은 종말을 고한다. 그것은 시적 자율성, 시적 공간의 특수성, 언어의 시적 특성, 자율적 주체 개념의 종말을 의미한다. 물론 1930년대의 자율성 미학은 1950년대의 김수영, 김춘수, 김종삼, '후반기' 동인 일부에 의해 발전적으로 계승되고 1960년대 '현대시' 동인에 의해 내면 탐구로 발전한다. 그러나 1960년대 후반 김수영에 의해 미적 현대성 탐구는 부정되고 그가 강조한 것은 반자율성, 시적 공간과 일상적 공간의 경계 해체, 시와 산문의 경계 해체이고 따라서 현실과 단절되는 시적 공간은 훼손되고 부정되고 비판된다. 그러므로 나는 우리 현대시, 좀더 정확하게 말해서 미적 현대성은 김수영에 의해 종말을 고하기 시작하고 그 후 나타난 한국적 포스트모더니즘의 세계를 지향한 시인들은 크게 보면 김수영의 반미학, 아방가르드 정신을 발전적으로 계승한다는 입장이다.

결국 우리 현대시는 현대시의 종말을 향해 흘러온 셈이고 현대시의 종말은 시의 죽음이 아니라 현대시의 역사의 종말이다. 한 시대가 끝난 것이다. 특히 최근의 우리시는 미적 현대성, 곧 현대 미학의 종말을 알려준다. 예컨대 최근의 우리시가 보여주는 전통 서정시로의 퇴행도 그렇다. 지금이 어떤 시대인데 복고적인 서정시인가? 이들에겐 무슨 미학도 없고 이조 시대 사대부들이나 1920년대 수준의 시들을 양산하고 최소한 미적 현대성에 대한 자각도 없고 공부도 안 하고 한마디로 현대인의 고통스런 내면이 없다. 이런 시대착오적인 시들, 낭만주의 시들이 판을 치는 것은 이 시대 평론가, 이론가들의 무지와 지적인 나태와 문예지 주간들의 문학적 안목과 관계된다. 아나크로니즘(시대착오)는 아나키즘(무정부주의)이 아니다. 현대시의 종말 이후의 우리시가 요구하는 것은 아나크로니즘이 아니라 시적 아나키즘이다.

서정시로의 퇴행만이 아니다. 우리 현대시의 종말을 암시하는 것은 많다. 최근의 우리시에서 읽을 수 있는 시적 분별성의 소멸, 곧 시에 대한 평가 기준의 소멸이 그렇고 우리시의 역사적 발전과 아무 관계없는 시들이 생산되는 것이 그렇고 이론적 토대가 없다는 것이 그렇다. 남은 것은 한 시대가 끝났다는 것. 이제 시는 철학이 되거나 만화가 되어야 한다. 단토(Danto) 식으로 말하면 이제 우리시는 역사적 위임을 받은 특정한 형식 미학도 없고 다른 시보다 더 진실하거나 더 본질적인 시도 존재하지 않는다. 모든 형식들이 동등하게 장점을 소유하며 다른 것보다 더 나은 형식이 없는 시대이다. 다시 한번 말하자. 그러나 현대시의 종말은 시의 죽음이 아니라 현대시의 종말이고 현대시의 종말(end)이 현대시의 목적(end)이다.

남은 것은 자유이고 잉여이고 쾌락이고 아나키즘이다. 그렇기 때문에 나는 최근 우리 젊은 시인들이 보여주는 환상조립적 시들, 이른바 환상파들의 시에 긍정적이든 부정적이든 관심이 많다. 최소한 이들이 추구하는 것은 촌스런 서정시는 아니고 억압된 무의식의 해방을 노린다. 그러나 아직도 이들의 시가 불안하고 마음이 놓이지 않는 것은 과연 이들의 환상이 어느 정도의 심리적 억압과 광기와 질병을 토대로 하고 정신적 트라우마를 동기로 하는지 확신이 서지 않기 때문이다.

현대시의 종말과 꿈

이들의 환상이 자아, 의식, 주체를 매개로 한다면 이런 환상은 조작적 환상이고 따라서 억압된 무의식과 의식의 투쟁 끝에 가까스로 성취되는 타협물로서의 가치를 상실할 것이다. 증상, 환상, 꿈은 의식과 무의식, 검열과 회피, 자아와 이드의 타협물이고 이런 타협물이 노리는 것은 자아가 아는 것이 아니라 자아도 모르는 것, 라캉 식으로 말하면 아는 주체(knowing subject)가 아니라 모르는 주체(unknowing subject)를 찾아가는 형식이고 이런 형식 혹은 미학은 자율적 주체를 비판하다는 점에서 미학과 반미학의 과도기, 교량, 가교 역할을 하지만 미학보다 반미학, 현대성보다 현대성의 종말을 지향한다.

자율성 미학의 토대가 자율적 주체라면 증상, 꿈, 환상은 이런 주체를 부정하고 비판하고 극복한다. 김수영의 반미학이 보여주는 한계는 그가 이런 자율적 주체, 이성적 주체를 강조한 점이고 따라서 그는 아는 주체를 강조한다. 그러므로 김수영은 현대성의 종말을 완벽하게 성취한 게 아니고 그에 의해 현대시의 종말이 시작된다. 오이디푸스가 부친을 살해하고 그의 어머니와 잠자리를 같이 한 것은 그가 자신의 행위에 대해 아무것도 몰랐기 때문이다. 라캉이 프로이트를 새롭게 해석하면서 강조한 것은 한마디로 아는 주체 같은 것은 없다는 점. 그러므로 현대시의 종말 이후에 우리는 모르는 주체를 찾아가야 하고 자율적 주체, 이른바 자아, 의식으로부터 해방되어야 한다. 나는 이 글에서 증상과 환상의 미학이 아니라 꿈의 미학/반미학에 대해 살피기로 한다.

그것은 꿈의 세계가 자아의 해방을 실현하는 것은 아니지만 최소한 자아와 싸우고 자아 소멸의 길을 암시하기 때문이다. 자아가 없다면 무엇이나 가능하고 자아가 현실원칙을 표상한다면 꿈속엔 자아가 없으므로 현실원칙을 부정하고 쾌락원칙을 지향하고 이런 원칙이 시적 아나키즘, 현대시의 종말과 통한다. 그런 점에서 현실, 자아는 억압이고 꿈이 진리이다. 꿈속에 길이 있다. 꿈은 논리를 모르고 의도를 모르고 아니오를 모르고 2항 대립을 모른다. 더구나 꿈을 꾸는 주체는 누구인가? 나는 잠이 들고 나도 모르는 그가 꿈꾸고 그가 이른바 모르는 주체, 이드, 그것, 욕망, 무의식이다. 왜냐하면 꿈꾸는 주체는 자신이 꿈을 꾼다는 사실을 모르기 때문이다. 그런 점에서 꿈의 미학은 최소한 모르는 주체와 만나는 하나의 방법이고 이런 방법의 심화가 현대성 종말 이후의 우리시의 하나의 가능성이다.

현대시가 의식적 구성을 강조한다면 꿈은 이런 구성을 부정하고 꿈은 자아가 쓰는 텍스트가 아니라 나도 모르는 그것이 쓰는 텍스트이고 따라서 꿈을 그대로 시로 옮기는 것은 나도 모르는 그것, 모르는 주체와 만나는 하나의 형식이다. 그러나 이런 시들은 현대시의 종말 이전에도 있었고 그런 점에서 현대시의 종말 이전에 이미 현대시의 종말이 있었다. 프로이트 식으로 말하면 사후 작용(differed action). 예컨대 李箱의 시에 나오는 꿈 이야기는 당시는 그것이 현대성의 종말을 암시한다는 것을 몰랐지만 사후에 그러니까 최근의 경험(현대시의 종말)과 관련되면서 다른 의미를 획득한다. 그러므로 이상의 시는 미친놈의 잠꼬대가 아니다. 사정이 이렇다면 이상의 시는 현대시의 시작과 동시에 현대시의 종말을 고한다.

어디 이상뿐인가? 김춘수, 김종삼의 경우도 꿈을 그대로 옮긴 시가 많고 나 역시 최근에는 자주 꿈 이야기를 시로 옮기고 있다. 먼저 이상의 경우.

> 죄를 품고 식은 침상에서 잤다. 확실한 내 꿈에 나는 결석하였고 의족을 담은 군용장화가 내 꿈의 백지를 더럽혀 놓았다.

> 내가 결석한 나의 꿈. 내 위조가 등장하지 않는 내 거울. 무능이라도 좋은 나의 고독의 갈망자다. 나는 드디어 거울 속의 나에게 자살을 권유하기로 결심하였다. 나는 시야도 없는 들창을 가리키었다.

「오감도시 제15호」의 일부이다. 원래는 띄어쓰기를 하지 않은 시. 그러나 읽기의 편의를 위해 내가 이렇게 옮겼다. 이 시의 모티프는 거울이다. 시의 구성은 거울 모티프와 꿈 모티프가 교체되는 형식. 인용한 시만 놓고 읽으면 이상은 죄를 품고 찬 침상에서 잠이 들고 꿈을 꾼다. 꿈속에 그는 없다(결석). 이 진술이 강조하는 것은 꿈과 자아의 관계, 곧 꿈속에는 자아가 없다는 것, 의식활동의 정지이다. 꿈이 백지로 인식되는 것은 이런 사정을 동기로 하고 그만큼 이상의 경우 꿈은 현실의 때가 묻지 않은 순수하고 순결한 세계이다. 그러나 '의족을 담은 군용장화'가 이 순결한 꿈의 세계를 더럽힌다. 그동안 '의족을 담은 군용장화'에 대해서는 여러 가지 해석이 있었고 나는 다른 글에서 이 시의 주제를 '거울 밖의 자아'와 '거울 속의 자아'의 대립으로 읽으며 군용장화를 후자의 제유로 해석한 바 있다. 그러나 꿈은 '내 위조가 등장하지 않는 거울'이기 때문에 이런 해석은 다소 모순된다고 했다.14)

그러나 다시 생각하자. 이 시가 강조하는 것은 '거울 속의 자아'를 거울에서 해방하는 것. 그러나 이것이 불가능하기 때문에 그에게 자살을 권유한다. 왜냐하면 '거울 속의 자아'는 그를 어떻게 하려는 음모를 꾸미기 때문이다. 요컨대 '거울 속의 자아'는 부정적 이미지이고 이상은 이런 이미지를 부정한다. 자아도 없고 자아의 위조고 없는 거울 속에 자아의 위조를 표상하는 '의족을 담은 군용장화'가 등장한다는 것은 모순이다. 그러나 프로이트의 시각에서 다시 읽으면 이 시가 강조하는 것은 꿈과 자아의 관계이고 꿈속엔 자아가 없고 꿈속에 나타난 것은 '의족을 담은 군용장화'이다. 이 장화는 프로이트가 말하는 상징적 이미지이다. 군용장화는 남성 생식기를 상징한다. 그러나 그의 꿈에 나타난 정화는 '의족을 담은 군용장화'라는 점에서 생식기가 가짜, 허위, 죽음과 결합되고 따라서 비정상적 성행위 혹은 임포텐스를 상징한다.

결국 이 시는 억압된 이상의 성적 욕동, 리비도를 노래하고 그가 이런 꿈을 꾸는 것은 그의 리비도가 억압되었기 때문이고 이런 꿈은 억압과 욕동, 자아와 이드, 의식과 무의식의 타협물이고 이런 타협, 화해, 협상은 타락이 아니고 억압된 욕망의 승화이다. 그러나 중요한 것은 그가 꿈의 세계를 그대로 옮긴 것. 그리고 그가 꿈, 곧 거울의 세계를 부정한 점이다. 그는 '거울 속의 자아' 때문에 괴롭고 마침내 그에게 '시야도 없는 들창'을 가리키며 자살을 권유한다. 그의 경우 꿈(거울)의 세계는 나르시시즘의 세계이고 그의 이런 행위는 나르시시즘, 상상계, 자아의 부정과 통한다. 한편 그가 다른 시에서 기호나 숫자를 강조하고 기하학의 세계를 지향하고 띄어쓰기를 무시한 것은 현실, 언어 질서, 상징계의 부정을 암시한다. 그런 점에서 이상은 라캉이 말하는 이른바 실재계를 지향하고 이런 지향이 현대시의 종말과 통한다.

욕망과 환유 미학의 재인식

이상은 꿈에 '의족을 담은 군용장화'를 만나고 이 장화 때문에 꿈의 백지가 불결해졌다고 고백한다. 그러나 김종삼은 꿈에 '각목과 나무 조각들 속에서 연장'을 찾다가 깨어난다. 프로이트에 의하면 꿈의 작업은 1차 과정과 2차 과정으로 구성되고 압축과 치환이 전자에, 상징화와 2차 가공이 후자에 든다. 꿈의 작업은 꿈의 잠재 내용이 꿈의 발현 내용으로 변형되는 것이고 역의 작업이 이른바 꿈의 해석이다. 꿈의 잠재 내용이 꿈-사고이고 발현 내용이 꿈-내용이다. 프로이트는 압축에 대해 이렇게 말한다.

> 꿈-내용의 모든 요소는 꿈-사고의 재료들에 의해 중층결정된다(overdetermined). 즉 그것은 단 하나의 꿈-사고들의 한 요소로부터 나오는 것이 아니라 꿈-사고 전체에서 나온다. 그렇지만 꿈-사고들의 요소는 반드시 서로 관계가 있는 것은 아니다. 그것들은 서로 다른 영역의 꿈-사고들에 속할 수도 있다. 엄격히 말해 하나의 꿈-요소는 꿈-내용에 분산된 잡다한 재료들을 대표한다. 그러나 꿈-내용과 꿈-사고들의 복잡한 관계의 또 다른 측면이 있다. 즉 각각의 꿈 요소가 여러 꿈-사고들로 연결되듯이 하나의 꿈-사고도 여러 꿈 요소로 재현된다. 따라서 연상의 실들은 꿈-사고들로부터 꿈-내용으로 단순히 수

> 렴되는 것이 아니라 연상의 과정에서 여러 번 교차하면서 상호 그물을 형성한다. 압축은 관념들을 상황으로 변형시키는 극화(dramatization)와 함께 꿈 작업의 가장 중요하고 특수한 양상이다. 그러나 이제까지 재료들의 이런 압축이 필요로 하는 동기는 해명된 바 없다.15)

꿈에 나타나는 모든 요소들이 중층 결정된다는 것은 꿈, 환상, 증상 등 여러 무의식의 형성물이 여러 가지 결정 요인에 의해 복합적으로 만들어진다는 말. 따라서 이상의 시에 나오는 '의족을 담은 군용장화' 역시 꿈—사고 전체와 관계되고 이런 사고들은 서로 다른 영역에 속할 수 있다. 따라서 꿈의 요소는 잡다한 재료를 대표한다. 거꾸로 하나의 꿈—사고도 여러 꿈 요소로 나타날 수 있다. 그러므로 꿈의 해석은 꿈의 요소들을 분절하고 요소들에 대한 복잡한 연상의 망을 만드는 것. 내가 지금 관심을 두는 것은 이상의 시에 나오는 꿈 요소에 대한 해석이 아니라 압축이 보여주는 무의식의 형성과 시의 관계를 새롭게 해명하는 일이다. 프로이트에 의하면 꿈 작업에는 압축 외에 관념을 상황으로 변형시키는 극화가 있다. 김종삼의 시는 대체로 극화의 형식을 보여준다.

> 자전거포가 있는 길가에서
> 자전거를 멈추었다.
> 바람나간 튜브를 봐 달라고 일렀다.
> 등성이 낡은 목조건물들의
> 골목을 따라 올라 간다.
> 새벽같은 초저녁이다.
> 아무도 없다.
> 맨 위 한 집은 조금만 다쳐도

무너지게 생겼다.
빗방울이 번지어졌다.
가져 갔던 각목과 나무조각들 속에 연장을 찾다가
잠을 깨었다.

김종삼의 「몇 해 전에」 전문이다. 이 시는 꿈을 옮긴 것이고 그 꿈은 하나의 이야기로 되어 있고 그런 점에서 완벽한 극화는 아니지만 극화의 범주에 든다. 문제는 이야기에 논리적 연결이 없다는 것. 자전거포에 자전거를 맡겼지만 다음 장면에선 자전거 이야기는 생략되고 그는 골목을 올라간다. 맨 위에 있는 집이 보이고 빗방울이 떨어지고 그는 연장을 찾는다. 도대체 각목과 나무 조각들은 무엇이고 그 속에 있는 연장은 무엇인가?

각 장면들은 의미 없이 이동하고 그런 점에서 이런 극화 형식은 라캉 식으로 말하면 기표들의 연쇄, 곧 기의가 기표 아래로 미끄러지면서, 그러니까 의미가 탈락되면서 기표들이 연결되는 방식, 이른바 욕망의 환유를 보여준다. 이런 연결 혹은 이동은 자아의 검열을 피하기 위한 무의식의 책략이다. 라캉에 의하면 프로이트가 말하는 압축(응축)은 은유이고 치환은 환유이다. 응축에선 기표들이 중첩되고 치환에선 기표들이 결합된다. 다음은 환유 구조에 대한 라캉의 말.

기의에 대한 기표의 영향은 $f(S)\frac{1}{s}$처럼 변형된다. 이 공식이 알려주는 것은 기의에 대한 기표의 영향이 수평적 의미작용의 요소들뿐만 아니라 기의가 기표에의 의존한다는 점이고 이런 기본적 구조는 이른바 환유와 은유로 양분된다. 먼저 환유는 다음과 같은 공식으로 나타낼 수 있다. $f(S \cdots\cdots S')S \cong S(-)s$. 이 환유적 구조에서 기표와 기표는 연결되지

> 만 기표는 대상을 구현하지 못하기 때문에 대상은 결핍되고 의미작용은 자신을 지탱하는 결핍을 메우기 위해 대상 대신 욕망을 등장시킨다. 괄호 속의 기호 −는 최초의 연산식(algorithm)에 나오던 저항선이 그대로 유지된다는 것을 의미하고 따라서 기표는 기의로 환원될 수 없고 의미작용의 저항이 나타난다.16)

이상에서 대문자 S는 기표, 소문자 s는 기의를 뜻한다. 김종삼의 시는 크게 네 개의 장면으로 구성되고 기표로 표시하면 자전거포 장면(S1), 골목길(S2), 맨 위의 집(S3), 연장 찾기(S4)로 요약된다. 그러나 각 기표는 지시적 의미(대상)를 상실한다. 말하자면 기표가 기의로 환원되지 않고 따라서 각 기표 사이에는 공백, 결핍이 존재하고 이 결핍을 메우기 위해 욕망이 등장한다. 그러므로 이 시는 욕망의 환유가 된다. 대상 혹은 기의가 기표 아래로 미끄러지면서 하나의 기표가 다른 기표로 이동한다. 요컨대 이 시가 보여주는 극화의 양식은 다시 읽으면 치환과 동일시되고 이런 치환의 형식이 강조하는 것은 의미, 의식, 자아에 저항하는 욕망이다. 그런 점에서 꿈의 미학, 특히 극화나 치환의 형식은 욕망의 간접적 충족이 아니라 욕망 자체를 드러내고 현대시 종말 이후 우리시의 방향은 이런 환유에 대한 미적 성찰을 요구한다.

물론 이 시의 경우 각 장면의 중심 이미지는 성적 욕망을 상징하고 그 욕망은 충족되지 않는다. 따라서 결핍이 존재하고 이 결핍이 다시 욕망을 낳고 그러므로 장면은 치환된다. 예컨대 다소 거칠게 해석하면 바람 나간 튜브는 거세 공포, 낡은 목조건물은 과거의 성적 체험의 회상, 맨 위의 집은 성적 목표로서의 여성, 각목과 나무조각들 속에서 찾는 연장은 남성 성기이다.

욕망과 은유 미학의 재인식

프로이트에 의하면 꿈의 1차 작업은 치환과 응축으로 구성되고 라캉에 의하면 치환은 환유, 응축(압축)은 은유에 해당한다. 다음은 은유 구조에 대한 라캉의 말.

> 둘째로 은유적 구조의 공식은 다음과 같다. $f(\frac{s'}{s})S = S(+)s$. 이 공식에서 먼저 기표는 다른 기표로 대치되는바 이는 의미작용, 특히 시적 창조적 의미작용의 결과이고 의미를 생산하는 기표 S'는 환유 속에 잠재하고 은유 속에 개방된다. 말하자면 은유 역시 의미작용의 모험 속에 있다는 것이 강조되고 이 모험은 표현할 수 없는 것을 표현하려는 모험이고 따라서 은유의 조건도 환유라는 것. 은유는 표현할 수 없는 것을 가까스로 표현하고 따라서 이런 표현은 작은 기의(s)일 수밖에 없다. 괄호 속의 +는 저항선 −를 뚫고 의미작용이 나타나는 과정을 재현한다.[17)]

중요한 것은 은유가 의미를 생산하지만 그 의미는 절대적인 가치를 소유하지 못한다는 것이고 은유의 조건 역시 환유라는 것. 그러므로 시적 은유의 한계에 대한 인식이 요구되고 이런 한계가 현대시의 종말 이후 우리시의 방향에 대해 암시하는 바가 많다는 게 내 생각이다. 응축(압축)에 대한 프로이트의 견해는 앞에서 인용했듯이 꿈 내용이 중층 결정된다는 것. 다음은 응축의 보기.

> 넓적넓적한 꽃잎을 여러 개나 달고 대구 만촌동 옛 내 집 연못에 수련꽃이 피었다. 너무너무 흐뭇하다. 하늘은 쾌청, 연못가 수련꽃 그늘에 고개 빳빳이 세운 삽사리 한 마리 가고 있다. 66년 전 소꿉질 친구 옥수나 같은 머리를 땋고 댕기를 길게 드리우고,

김춘수의 「낮잠」 전문이다. 이 꿈의 내용은 옛집 연못에 수련꽃이 피고 수련꽃 그늘로 삽사리 한 마리가 가고 이 삽사리가 소꿉질 친구 옥수와 중첩되며 끝난다. 아니 잠시 쉰다(쉼표에 유의하시기 바람). 이 꿈의 기제는 압축이다. 압축은 두 개 이상의 사물이 혼합되거나 두 인물이 서로 중첩되는 것. 그러나 프로이트도 고백하듯이 압축의 동기는 알 수 없다. 다만 여러 꿈-사고가 하나의 꿈-내용으로 압축되거나 거꾸로 하나의 꿈-사고가 여러 꿈-내용으로 변형되고 꿈-사고와 꿈-내용 사이에는 복잡한 연상의 그물이 형성될 뿐이다.

따라서 이 시의 정신분석 역시 복잡한 연상의 그물을 요구하지만 지금 내가 관심을 두는 것은 이 시의 정신분석이 아니라 이런 기법, 그러니까 응축 혹은 은유와 새로운 시의 방향이다. 프로이트는 압축의 동기를 해명할 수 없다는 딜레마를 보충하기 위해 꿈의 재현 수단을 첨가한다. 그가 말하는 재현 수단에는 여러 유형이 있지만 이 자리에서는 동일시(identification)와 혼합 형성(composition)에 초점을 둔다. 다음은 프로이트의 말.

> 유사성, 일치, 공통점 등은 모두 통합에 의해, 곧 재료들을 통합하면서 꿈에 재현된다. 이것들은 꿈-사고들의 재료 속에 이미 존재한 것들을 재현하거나 새롭게 구성된다. 첫째 방법이 동일시이고 둘째 방법이 혼합 형성이다. 동일시는 인물들과 관계되고 혼합 구성은 사물들과 관계되지만 인물들에 적용될 수도 있다. 장소는 종종 인물처럼 취급된다. 동일시의 경우 공통점이 있는 여러 사람들 가운데 오직 한 사람이 꿈-내용에 재현되고 나머지 부차적 인물들은 억압된다. 그러나 이 단일 인물은 자신이나 다른 인물들과 맺고 있는 모든 관계와 상황들에 개입한다. 한편 혼합형성이 인물들로 확장되는 경우 꿈-이미지는 관련되는 사람

들의 공통점이 아니라 특수한 양상들을 함축하고 이런 양상들의 결합이 새로운 통일성, 곧 혼합적 인물을 낳는다. 물론 혼합 형성의 실제 과정에는 여러 방식이 있다.18)

김춘수의 시는 동일시가 아니라 혼합형성의 기법을 암시하지만 사물들의 혼합이 아니고 그렇다고 인물들의 혼합도 아니다. 그것은 삽사리(동물)와 댕기 딴 옥수(사람)가 겹치는 이미지이고 문제는 삽사리이다. 왜 꿈에 삽사리가 나타난 것일까? 삽사리는 털이 복슬복슬한 개. 대체로 꿈의 경우 개는 남성 리비도를 상징하고 따라서 이 개는 김춘수의 억압된 무의식, 본능, 그것도 유년의 콤플렉스를 상징하다. 왜냐하면 이 개는 소꿉질 친구 옥수 같은 머리를 땋고 댕기를 길게 늘이고 있기 때문이다. 이런 이미지는 환상적이다. 프로이트는 말한다.

창조적 혼합 구조는 무엇보다 꿈에 환상적 외양을 부과할 수 있다. 왜냐하면 혼합 구조는 현실적 지각의 대상이 아닌 것들을 꿈의 내용에 도입하기 때문이다. 꿈의 경우 혼합적 이미지를 구성하는 심리적 과정은 깨어 있을 때의 상상, 예컨대 머리는 사람이고 몸은 말인 괴물이나 용을 상상하거나 그리는 과정과 같다. 다만 다른 점은 상상적 이미지를 결정하는 것이 인상임에 반해 혼합적 구조는 현실적 형상, 곧 꿈-사고들에 나타나는 공통 요소들과 관계없는 인자가 결정한다는 점이다. 꿈에서 혼합 구조는 아주 다양한 방식으로 나타난다. 가장 소박한 과정은 한 사물의 속성들을 그것이 속한 다른 사물들과의 관계를 고려하면서 재현하는 것이고 좀더 세련된 기법은 두 대상의 외양을 결합해 하나의 새로운 이미지를 만들고 이때는 두 대상이 현실적으로 소유하는 유사성들이 교묘하게 사용된다.19)

김춘수의 꿈이 보여주는 혼합 구조는 환상적이지만 꿈에 도입된 것은 현실적으로 지각할 수 있는 대상들이고 그 구체적 인상을 강조한다. 그러나 인용한 글에서 프로이트가 말하듯이 이 꿈의 혼합 구조는 세련된 방식으로 구성된다. 왜냐하면 두 대상, 곧 삽사리와 옥수는 그 외양에 의해 결합되고 이런 결합이 하나의 새로운 이미지를 만들고 이때 그들의 결합은 현실적 유사성을 토대로 하기 때문이다. 고개를 빳빳이 세우고 가는 털이 복슬복슬한 개와 머리를 땋고 댕기를 길게 드리운 옥수가 시각적인 유사성을 소유하기 때문이다.

요컨대 이 시의 경우 꿈은 압축의 기법으로 구성되고 그것은 혼합 형성의 미학을 보여준다. 그러나 라캉의 공식에 의하면 삽사리(S1)는 옥수(S2)로 대치되는 은유적 구조를 보여준다. 물론 대치(substitute)는 치환(displacement)이 아니다. 라캉에 의하면 은유는 기표의 대치이고 환유는 기표의 치환이다. 김춘수의 꿈에서 읽을 수 있는 것은 기표의 수준에서는 삽사리(S1)가 옥수(S2)로 대치되는 현상이고 이런 현상은 시적 창조로서의 은유, 예컨대 '장미는 타오르는 램프'와 같은 형식이다. 한편 기표의 수준이 아니라 기의, 의미의 수준에서는 삽사리와 옥수는 응축되어 하나의 새로운 이미지를 형성하고 장미와 램프도 같다.

그러므로 다시 묻자. 대치냐? 응축이냐? 환유의 경우 기표들의 치환은 김종삼의 시에서 읽었듯이 언제나 기의, 곧 의미가 결핍된 상태에서 수행되고 따라서 욕망의 연쇄만 존재한다. 그러나 김춘수의 경우 기표들의 치환은 최소한의 기의를 생산하고 그런 점에서 이런 대치는 의미작용의 산물이다. 응축이 암시하는 것은 이 최소한의 기의, 의미이고 라캉이 기의를 소문자 s로 표기하는 이유는 이런 사정을 전제로 한다.

또한 김춘수의 시는 마침표로 끝나지 않고 쉼표로 끝난다. 왜 쉼표인가? 이런 표기는 응축, 대치, 은유가 완전한 기의, 의미를 생산할 수 없다는 것, 그러므로 은유 역시 환유에 종속된다는 사실을 암시한다. 이런 사실은 이 꿈의 또 하나의 기표(옛집 만촌동에 핀 수련꽃)가 기의(너무너무 흐뭇하다)로 일단 종결되는 것과는 다르다. 일단 종결된다는 것은 이 기표가 기의를 생산하지만 이런 기의는, 이렇게 완성되는 문장은 다시 계속된다는 점에서 라캉이 말하는 '닻의 지점(anchoring point)'에 지나지 않기 때문이다. 라캉은 이렇게 말한다.

> 우리가 아무튼 받아들여야 할 것은 기의가 기표 아래로 끊임없이 미끄러진다는 사실이다. 소쉬르는 이것을 높고 낮은 물들이 파도치는 이미지로 예시한다. 그러나 우리의 모든 경험은 그가 강조하는 말의 선조성(linearity)을 부정한다. 중요한 것은 정신병 세미나에서 내가 말하지 않을 수 없었던 '닻의 지점'과 유사한 것이 선조성을 대신하고 이런 사유는 대화가 일으키는 극적 변형 속에서 문자가 주체를 지배한다는 사실을 알려준다.[20]

선박은 항구에 닻을 내리지만 영원히 거기 머무는 게 아니고 다음 날 다른 항구를 찾아 떠나고 떠나야 하고 이렇게 잠시 항구에 머무는 것이 선박의 운명이고 기표의 운명이다. 하나의 문장에 마침표를 찍는 것은 선박이 항구에 잠시 머무는 것과 같고 기의는 기표 아래로 계속 미끄러진다. 김춘수의 꿈에서 읽을 수 있는 것이 그렇다. 만촌동 옛집에 핀 수련꽃(기표)은 흐뭇함(기의)을 생산하지만 이 기의는 기표 아래로 미끄러지면서 다른 기표로 치환되고 삽사리(기표)는 옥수(기표)로 대치되고 하나로 응축되면서 시적 의미(기의)를 생산하지만 쉼표로 끝난다? 쉼표는 끝난 것이 아니고 잠시 머물 뿐이다. 닻을 잠시 항구에 내렸을 뿐이다. 물론 라캉의 경우 문장의 마침표가 닻의 지점에 해당하지만 좀더 확장하면 모든 말, 담론, 기표, 단어, 구와 절이 닻의 지점일 뿐이다. 그러므로 떠도는 기표들이 있을 뿐이다.

나는 지금까지 우리 현대시는 끝났다는 것, 현대시의 종말은 이른바 모더니즘 미학, 곧 자율성 미학과 추상 미학이 소멸했다는 것을 뜻하고 그것은 근대 미학의 종말과 통한다. 그렇다면 현대시의 종말 이후 우리시의 방향은 무엇인가? 내가 현대시와 꿈의 관계를 새롭게 해석한 것은 크게 두 가지 사정을 거느린다. 하나는 자신의 꿈을 시로 옮기는 행위는 시쓰기, 시적 창조에 대한 미적 부정을 뜻한다. 꿈 이야기를 그대로 옮기는 것은 창조가 아니고 그런 점에서 미적 창조라는 근대 미학을 위반한다. 다른 하나는 꿈의 작업에 대한 새로운 해석이다. 라캉이 강조하는 것은 응축과 치환에 대한 새로운 해석이고 이런 해석은 그동안 현대 시학의 중심으로 간주되어 은유 미학과 환유 미학에 대한 새로운 사유를 낳는다. 요약하면 은유의 조건은 환유이고 환유는 욕망을 구체화한다는 것.

남은 것은 기표의 표류, 곧 기표 아래로 기의, 의미가 계속 미끄러지는 기표의 표류이고 이런 표류가 욕망의 표류이다. 물론 꿈은 욕망의 표류가 아니라 욕망의 승화이다. 그러나 우리시가 나갈 방향은 승화가 아니라 욕망의 실현이고 자아 방어가 아니라 자아 해방이다. 자아가 없고 사유하는 주체가 없다면 얼마나 자유로울 것인가? 그러므로 문자가 주체를 지배한다는 라캉의 말이 좋고 주체가 아니라 그것, 이드, 무의식이 사유하고 무의식은 언어처럼 구조화되어 있기 때문에 언어가 사유한다는 사유에 대한 사유가 요구된다. 나는 최근에 우리 현대시가 끝났다는 사실을 이렇게 시로 쓴 적이 있다.

> 이 시는 시의 고민이 사라지고 쓰는 시 아무렇게 써도 되고 안 써도 되는 시 비가 오면 아무 것도 못하고 비 때문에 비 때문에 이제 시는 끝났다 비가 올 때 끝나고 시의 문제는 철학의 문제로 넘어간다 아슬아슬하게 넘어간다 시와 산문의 전쟁도 끝나고 오늘부터 끝나고 시의 종말은 시의 죽음이 아니야 한 시대가 끝난 거야 이젠 무슨 시론도 본질도 없지 최근 젊은 애들이 쓰는 시를 욕해선 안되지 이게 우리시의 희망이고 미래야 본질주의자들은 엿이나 먹어라! 또 비가 오잖아? 사흘만 참으면 돼 사흘 뒤에 사흘 뒤에 너를 만나겠지

필자의 시 「개는 사람을 문다」 전반부이다. 개는 사람을 물고 사람들은 배가 고프면 밥을 먹을 뿐이다. 개의 본질은 무엇이고 사람의 본질은 무엇이고 시의 본질은 무엇인가? 시의 본질이 있는 게 아니라 시대가 있고 역사가 있고 제도가 있을 뿐이다. 그리고 한 시대가 끝났다. 그러나 최근의 우리시는 현대시의 종말 이전, 현대시의 종말, 현대시의 종말 이후의 시들이 싸우고 간통하고 붙어먹고 이혼하고 놀아나는 혼미한 모습이다.

전통 서정시는 현대시의 종말을 모르고 그런 점에서 종말 이전이고 김수영에 의해 현대시의 종말이 시작되고 아니 이상에 의해 시작되고 그 후의 한국적 해체시들이 계승하고 최근의 환상파들 예컨대 황병승, 김민정, 이민하, 김이듬, 신동옥, 박장호 기타 등등이 현대시의 종말 이후에 속한다. 이들에겐 현대시의 미학이 없다는 점에서 과격하고 미적 기준이 없다는 점에서 제멋대로이다. 멋대로 써라! 그 앞 세대에 속하는 이른바 해체파들은 최소한 미적

모더니즘에 기대면서 그것을 해체한다면 최근의 환상파들은 기댈 곳도 없다. 이런 미적 허무주의가 사랑스럽지만 이들은 아직 禪이 무언지 모르고 그런 점에서 자아 해방이 아니라 자아 방어의 혐의가 짙다. 그러나 아무튼 좋다. 현대시의 종말은 시의 죽음이 아니다. 모든 형식들이 장점을 소유하고 다른 것보다 더 나은 형식이 없는 시대이다. 현실이 꿈이고 꿈이 현실이다.

12. 김춘수와 무의미시의 세 유형

무의미시의 탄생

김춘수는 시론 「의미에서 무의미까지」(1973), 「대상, 무의미, 자유」(1973)에서 처음 무의미시라는 개념을 제시한다. 그러나 그는 자신이 추구한 무의미시가 크게 세 단계로 발전한다고 말한 바 있고 그것은 서술적 이미지의 단계, 탈이미지의 단계, 통사 해체의 단계로 요약된다. 서술적 이미지의 단계는 장시 「처용 단장」 1부, 탈이미지의 단계는 2부, 통사 해체의 단계는 3부에 해당한다. 그가 처음 「처용 단장」 1부를 발표한 것은 1960년대 후반이고 2부는 몇 년의 세월이 흐른 다음이고 다시 3, 4부는 그로부터 십수 년이 흐른 다음이다. 요컨대 100편으로 구성된 장시 「처용 단장」은 그의 고백에 따르면 20수 년 만에 완성된다.[21]

김춘수의 무의미시 혹은 무의미 시론은 그동안 말도 많고 오해도 많고 곡해도 많았던 시이고 시론이고 이런 오해는 앞으로도 계속될 것이고 계속되어야 한다는 게 내 주장이다. 왜냐하면 그의 무의미시와 시론에 의해 우리 현대시가 한 단계 발전하고 시에 대한 이런 미적 성찰에 의해 우리시의 새로운 길이 열리기 때문이다. 그런 점에서 그의 시와 시론에 대한 오해는 발전적으로 극복되어야 하지만 그의 시와 시론에 대한 무지, 감상적 비난, 서구 지향성 비판 등은 극복이 아니라 이성적으로 비판되어야 한다. 무엇보다 그의 시와 시론에 대한 무지가 문제이다. 무지는 용기일 수 있지만 만용이고 지적 폭력이고 시, 문학, 예술은 폭력이 아니다.

내가 김춘수의 무의미시와 시론에 대해 다시 글을 쓰는 것은 이런 무지와 오해가 우리 시단에 남발하기 때문이다. 개인적인 말을 해서 미안하지만 내가 주장한 비대상시와 김춘수의 무의미시를 같은 것으로 보는 시인들도 많고 이론가들도 많다. 이런 무지는 무지가 아니라 폭력이지만 아무튼 무엇 하나 찬찬히 살피고 사유하지 않는 이런 문화 풍토가 문제이다. 나는 최근에 김춘수와 나의 시론의 차이에 대해 간단히 요약한 바 있고 이런 차이에 대해서는 언제 기회가 되면 좀더 길게 써 볼 작정이다. 이것도 우리 시단의 무지와 무식과 이론적 한계를 나대로 극복하기 위한 하나의 시도가 될 것이다.[22)]

물론 시와 시론은 같은 것도 아니고 다른 것도 아니다. 그러나 이런 말은 시론도 없이 시를 쓴다는 말과는 다르다. 시와 시론이 같다면 그러니까 시가 이미 시론이면 혹은 시론을 시로 쓴다면 별도로 시론을 쓸 필요가 없고 시론에 대해 사유할 필요가 없다. 요컨대 시와 시론이 같다면 시론은 의미론적으로 중복되기 때문에 이론적으로 모순된다. 한편 시와 시론이 다르다면 그러니까 시가 따로 있고 시론이 따로 있다면 이런 상태에서 쓰는 시는 시가 아니다. 왜냐하면 시론이 없이는 시를 쓸 수 없고 거꾸로 시가 없이는 시론도 없기 때문이다. 현대시가 강조하는 것은 특히 후자이다. 과연 시를 쓴다는 것은 무엇인가? 시를 쓸 때 우리는 시라고 생각하는 것을 쓰고 이런 생각은 나의 생각이 아니라 이 시대의 문화적 제도와 관계되고 이 제도가 시의 형식, 언어, 상상력을 지배한다. 그러니까 시쓰기는 이미 시에 대한 사유, 시에 대한 인식을 동반하고, 왜 무엇을 어떻게 쓸 것인가? 라는 질문은 이미 시론이 된다. 그러니까 시와 시론은 다른 것이 아니다. 이런 의미에서 현대시는 시쓰기에 대한 자의식이고 지적 성찰이고 철학이고 반성이다. 이런 반성 없이 시를 쓸 수는 있지만 그런 시쓰기는 미적 현대성과 거리가 멀고 우리 시단은 그런 점에서 아직도 전근대에 있다. 어째서 모두들 나무, 꽃, 달, 강, 이슬 같은 자연 찬미인가? 지금이 농경 시대란 말인가?

내가 김춘수의 시론을 높이 평가하는 이유는 최소한 그의 시론에 의해 우리 시가 미적 현대성을 새롭게 성취하고 시쓰기에 대한 새로운 성찰을 전개하기 때문이다. 아니 그의 경우엔 시쓰기에 대한 성찰이 바로 미적 현대성과 통하고 김수영의 시론 「시여 침을 뱉어라」도 같은 경우이다. 김춘수의 경우 이런 성찰은 3단계로 발전하고 이 단계는 그가 주장한 무의미시의 3단계에 상응한다.

첫째로 이른바 서술적 이미지의 세계. 김춘수의 초기 시는 이른바 존재 탐구로 요약된다. 그의 대표시로 평가되는 「꽃」은 그의 초기시를 대표하고 이 시에서 그가 노래한 것은 사물과 이름의 관계, 곧 사물과 언어의 관계이고 이 시에 의하면 '꽃'이라는 사물은 명명될 때, 그러니까 언어에 의해 존재하고 그런 점에서 하이데거적 시각이 드러난다. 그러나 좀더 엄격하게 말하면 언어가 존재를 건설한다는 하이데거적 명제가 그대로 적용되는 것은 아니다. "내가 그의 이름을 불러주었을 때/ 그는 나에게로 와서/ 꽃이 되었다"는 진술은 하이데거가 강조한 존재 그러니까 눈에 보이지 않는 대문자 존재(Being)가 아니라 눈에 보이는 존재(being)이고 그런 점에서 존재의 근거로서의 존재에 해당하는 대문자 존재와 언어의 문제에 대한 본격적인 탐구는 아니고 어디까지나 사물들을 의미하는 존재와 언어의 관계를 노래한다, 그러나 이런 탐구는 우리 현대시의 역사에서 최초로 존재를 탐구한다는 시사적 의미를 띠고 이런 작업에 의해 그는 1950년대 전후 시단의 한 개성이 된다.

서술적 이미지와 무의미

그러나 그의 고백에 의하면 이런 탐구는 관념 공포증을 낳고 따라서 그는 이미지, 묘사에 관심을 기울이고 이 시기에 그는 비유적(figurative) 이미지와 서술적(descriptive) 이미지를 구별하고 후자에 관심을 둔다. 전자는 관념의 수단이 되는 이미지, 후자는 이런 수단으로서의 기능을 초월하는, 그의 말에 의하면 이미지를 위한 이미지이다. 나는 서술적 이미지라는 용어보다 묘사적 이미지라는 용어가 더 합당하다는 입장이지만 요컨대 이런 이미지가 노리는 것은 랜섬이 말하는 이른바 사물시(physical poetry)의 세계이고 랜섬에 의하면 이런 시는 이미지스트 시인들의 시, 순수시 등을 포함한다. 이미지스트 시인들이 강조하는 것은 사물의 사물성(thingness)이고 순수시는 사물시의 변주로 이미지의 구성을 통한 수수한 재현, 관조의 세계를 창조하고 물론 이런 순수시는 발레리나 말라르메가 강조한 순수시와는 다른 개념이다. 요컨대 서술적 이미지가 노리는 것은 관념을 죽임으로써 관념의 허위에서 벗어나려는 태도를 암시하고 김춘수가 예컨대 「인동잎」 같은 시에서 강조한 것 역시 비슷하다.

그러나 엄격하게 말해서 그가 추구한 서술적 이미지의 세계는 아직 무의미의 시가 아니다. 그것은 어디까지가 관념의 늪에서 벗어나기 위한 훈련이고 사색이고 대상의 단계이다. 이 점이 중요하다. 그가 이른바 무의미시를 주장하는 것은 이런 이미지, 묘사의 극한에서 그가 자유연상의 개념과 만나면서부터이다. 이 자유연상은 물론 초현실주의와 관계된다. 그러나 그는 프로이트의 에고 개념을 강조하고 따라서 무의식을 강조하는 초현실주의와는 거리를 둔다. 그가 시론 「대상, 무의미, 자유」(1973)에서 강조하는 것은 대상과 거리가 상실될 때 이미지가 대상이 되고 이때 무의미시가 나타난다는 것. 그러나 그가 말하는 무의미는 기호론이나 의미론의 용어와 다르고 그것은 자유와 불안의 논리를 띤다는 것. 나는 다른 글에서 이 시론을 분석한 바 있기 때문에 자세한 언급은 피한다.[23]

문제는 그의 무의미시가 묘사의 극한에서 대상을 상실하고 그런 점에서 의미를 소유하지 않지만 이런 무의미가 자유를 주고 동시에 불안과 결합된다는 점이다. 그러니까 그의 무의미시는 묘사(서술적 이미지)－묘사의 극한(자유연상)－자유와 불안(허무의 아들/허무에의 제동) 이라는 세 범주를 포괄하는 개념이다. 말하자면 그의 무의미시는 그렇게 단순하지 않다. 「처용 단장」 1부에서 읽는 것이 그렇다.

바다가 왼종일
새앙쥐같은 눈을 뜨고 있었다.
이따금
바람은 한려수도에서 불어오고
느릅나무 어린 잎들이
가늘게 몸을 흔들곤 하였다.

날이 저물자
내 늑골과 늑골 사이
홈을 파고

거머리가 우는 소리를 나는 들었다.
베고니아의 붉은 꽃잎이 지고 있었다.

「처용 단장」 1부의 1의 전반부이다. 그에 의하면 「처용 단장」 1부는 초기의 관념 공포증에서 벗어나기 위한 묘사 훈련, 곧 서술적 이미지를 훈련하면서 묘사의 극한, 곧 리얼리즘의 극한에서 그가 체험한 것, 사생은 사생에만 머물 수 없다는 자각이 동기를 이룬다. 이 자각은 리얼리즘의 극복과 관계되고, 그의 무의미시가 태어나는 것은 이런 자각과 관계된다. 따라서 서술적 이미지의 시를 무의미시라고 보는 일부의 견해는 오류이다. 서술적 이미지의 시는 이미지스트의 시, 사물시의 범주에 들고 그는 이런 이미지를 토대로 무의미시를 전개한다. 그가 「처용 단장」 1부에서 시도한 것은 "인상파풍의 사생과 세잔풍의 추상과 액션 페인팅을 동시에 보여주려는 것이었다."24)

그러나 그도 시인하듯 이런 시도는 뜻대로 되지 않고 그가 1부에서 실제로 보여주는 것은 서술적 이미지와 자유연상과 허무의 세계이다. 인용한 시에서 읽을 수 있는 것이 그렇다. 바다는 하루 종일 눈을 뜨고 있지만 생쥐 같은 눈을 뜨고 이런 눈은 외적 현실을 반영하는 게 아니라 시인의 내면, 무의식을 반영한다. 그런 점에서 서술적 이미지는 이미지 자체가 아니라 그의 내면, 무의식과 관계되고 그는 바다에서 새앙쥐를 연상하지만 이런 연상에는 필연성이 없다. 바다와 새앙쥐는 형태 면에서나 기능 면에서 연상의 혼란만 일으킨다. 연상의 혼란은 혼란의 연상이고 이런 연상은 억압과 규제를 부정하고 따라서 자유롭다. 일종의 자유가 획득된다. 자유연상을 통해 그는 자유를 획득하고 억압된 무의식에서 해방된다. 그러나 자유연상 기법은 프로이트가 최면술 기법을 포기하면서 채

택한 것이고 따라서 자유연상의 내용은 분석의 대상이고 무의미가 아니라 의미를 지향한다. 이 의미가 문제이다. 나는 이 의미를 다른 글에서 살핀 바 있다.[25)]

서술적 이미지는 탈관념, 탈의미를 지향한다는 점에서 광의로는 무의미의 세계이지만 김춘수가 노린 무의미시는 위의 시가 암시하듯이 서술적 이미지와 자유연상이 결합된 것이고 따라서 그의 말처럼 그가 시도한 무의미시의 첫째 유형은 완벽한 것이 되지 못한다. 그가 무의미시의 둘째 유형을 시도하는 것은 이런 사정과 관계된다.

탈이미지와 무의미

「처용 단장」 1부에서 그가 시도한 것은 인상파풍의 사생, 세잔풍의 추상, 액션 페인팅의 시적 실현이다. 그러나 실제로 우리가 읽게 되는 것은 인상파풍의 사생과 세잔풍의 추상이고 이런 세계는 서술적 이미지가 발전되면서 전개된다. 세잔풍의 추상이 강조하는 것은 사생의 극한, 리얼리즘의 극한에서 그가 자유연상과 만나는 과정을 암시한다. 결국 남는 것은 액션 페인팅의 세계이다. 1960년대 후반 「처용 단장」 1부 연재를 끝내고 2부의 연재를 시작하기까지는 몇 년의 세월이 흐른다. 그의 말을 옮기면 다음과 같다.

> 그러다가 섣달 어느 추운 날 저녁 해질녘에 대구의 번화가인 동성로를 걷다가 길바닥에 펴놓은 완구상의 노리개 하나가 소리를 내는 것을 듣게 되었다. 곰이 북을 치는 소리다. 그 소리가 내 속의 어떤 신경 하나를 몹시 건드렸다. 나는 그 소리를 한참 동안 잊지 못해 했다. 마침내 내 입에서 '들리는 소리'라는 외마디 소리가 새어 나왔다. 나는 곧

붓을 들었다. 「처용 단장」 제2부는 그런 모양으로 씌어졌다.[26]

그가 「처용 단장」 2부에서 강조하는 것은 이미지가 아니라 소리의 세계이다. 그가 듣는 소리는 어떤 소리인가? 그가 듣는 소리는 곰이 북을 치는 소리이고 이런 소리는 인간이 북을 치는 소리가 아니다. 따라서 무슨 의미가 있는 소리가 아니라 무의미의 소리이다. 일종의 주문이고 의미 없이 얽히고설켜 돌아가는 소리이다. 릴케는 겨울 저녁 두이노 성에서 하늘에서 들려오는 천사들의 소리를 듣고 「두이노의 비가」를 쓰고 김춘수는 겨울 저녁 대구 동성로에서 곰이 북을 치는 소리를 듣고 「들리는 소리」를 쓴다. 릴케는 의미를 강조하고 김춘수는 무의미를 강조한다. 「처용 단장」 2부의 5는 다음과 같다.

불러다오.
멕시코는 어디 있는가,
사바다는 사바다, 멕시코는 어디 있는가,
사바다의 누이는 어디 있는가,
말더듬이 一字無識 사바다는 사바다,
멕시코는 어디 있는가,
사바다의 누이는 어디 있는가,
불러다오.
멕시코 옥수수는 어디 있는가,

이 시에서 읽게 되는 것은 의미가 사라진 언어가 환기하는 허무의 율동이다. 「처용 단장」 1부가 탈관념(서술적 이미지)을 중심으로 하는 무의미시를 지향한다면 2부는 탈이미지(허무의 율동)를 중심으로 하는 무의미시를 지향한다. 기호학적 시각으로 해석하면 그의 무의미시는 언어 기호를 구성하는 기의와 기표 가운데 기의를 지우는 작업에 해당한다. 첫째 유형의 무의미시에서는 기의, 곧 의미가 소멸하고 기표만 남지만 이때 기표는 시각적 이미지로 존재하고 둘째 유형의 무의미시에서도 기의는 소멸하고 기표만 남는다. 그러나 이때 기표는 청각적 이미지로 드러난다.

요컨대 의도했든 의도하지 않았든 김춘수의 무의미시는 기표에서 기의를 제거하는 작업이고 이때 기표는 시각적 이미지와 청각적 이미지로 드러나고 첫째 유형은 전자를, 둘째 유형은 후자를 지향한다. 재미있는 것은 두 유형의 무의미시가 단계적으로, 그러니까 후자가 전자를 부정하면서 전개된다는 점이다. 결국 그의 무의미시는 기의를 지우고 죽이고 소멸시킴으로써 자유를 획득하려는 노력이다. 과연 그는 자유를 획득하는가? 서술적 이미지든 탈이미지든 이런 세계는 기의가 존재하지 않는 기표에 해당하고, 그런 점에서 떠도는 기표이고 욕망의 기표이다. 라캉 식으로 말하면 이런 기표가 기의와 만나는 것은 순간적이고 은유적 섬광에 의존하고 이때 기표는 증상이 된다. 서술적 이미지가 자유연상과 만나는 경우가 그렇다. 그러나 순간은 순간일 뿐이다. 기표는 계속 치환되고 이런 기표가 욕망을 표상한다.27)

남은 것은 욕망과의 싸움, 욕망으로부터의 해방이다. 자아가 있기 때문에 욕망이 존재하고 그런 점에서 이제 무의미시가 노리는 것은 자아 죽이기이다. 이미지의 소멸, 탈이미지에 대해 그는 다음과 같이 말한다.

> 한 행이나 두 행이 어울려 이미지로 응고되려는 순간 소리(리듬)로 그것을 처단하는 수도 있다. 소리가 또 이미지로 응고하려는 순간 하나

의 장면으로 처단하기도 한다. 연작에 있어서는 한 편의 시가 다른 한 편의 시에 대하여 그런 관계에 있다. 이것이 내가 본 허무의 빛깔이요 내가 만드는 무의미의 시다. 잭슨 폴록의 그림에서처럼 가로세로 얼킨 궤적들이 보여주는 생생한 단면— 현재 즉 영원이 나의 시에도 있어 주기를 나는 바란다.[28]

김춘수가 여기서 강조하는 것은 이미지와 소리의 변증법, 말하자면 이미지와 소리의 사이, 차이, 틈이고 이런 차이를 보면서 그는 허무의 빛깔이라고 말한다. 이 허무는 현재가 바로 영원이 되는 그런 허무이고 이런 허무를 나는 '실존의 현기'라고 부른 바 있다. 잭슨 폴록의 그림에서 읽을 수 있는 것은 실존의 현기이고 이런 현기가 허무와 통하고 이런 허무가 현재—영원이라는 역설과 만나는 것은 결국 자아가 소멸할 때 가능하고 그런 점에서 이런 허무는 자아의 소멸과 통하고 禪과 통한다. 나는 다른 글에서 잭슨 폴록과 선의 관계에 대해 말한 바 있다.[29]

요컨대 위의 시에서 읽게 되는 것은 언어의 의미가 아니라 의미가 배제된 상태에서 얽히고설켜 돌아가는 소리 혹은 리듬이다. 이런 세계가 보여주는 것은 실존의 현기이고 그것은 현재—영원이라는 역설의 세계를 지향한다. 현재—영원이라는 시간은 탈시간성을 암시하고 이렇게 계기적 질서로서의 시간이 소멸하는 곳에서 그는 허무를 발견하지만 이 허무가 문제이다. 과연 어떤 허무인가? 실존의 현기는 실존을 구성하면서 동시에 실존을 초월하고 그런 점에서 현재—영원이 된다. 그러나 김춘수가 강조하는 것은 이미지와 소리의 변증법이고 그 차이이고 완성되지 않는 수사이고 기교이다. 그는 '말의 긴장된 장난'이라고 말한다. 물론 이런 기교의 뿌리엔 자아가 있다.

그가 서도(書道)나 禪의 경지로 갈 수 없었던 것은 그의 경우 창조적 자아, 미적 자아가 남아 있었기 때문이고 이것이 그의 무의미시의 한계라면 한계이고 개성이라면 개성이다. 관점이 문제이다. 예술이냐 선이냐? 이건 최근의 내 화두이다. 선의 입장에선 예술이 없고 예술의 입장에선 선이 있다. 선은 과연 있는가? 김춘수의 무의미시가 남긴 숙제이고 그의 무의미시가 대상을 전제로 한 의미의 소멸을 강조한다면 내가 주장하는 비대상시는 처음부터 그런 대상이 없고 대상이 없는 상태에서의 자아 찾기였고 마침내 자아도 없다는 인식, 무아(無我) 사상으로 발전한다. 물론 비대상 시론은 李箱과 김춘수의 작업에 많은 영향을 받았다. 지금 내가 이런 말을 하는 것은 김춘수의 무의미시와 내가 말하는 비대상시를 혼동하는 분들이 많기 때문이다.

통사 해체와 무의미

「처용 단장」 1, 2부가 완성되고 십 몇 년이 지나 그는 3, 4부를 완성한다. 좀더 정확하게 말하면 1부는 1960년대 후반, 2부는 1970년대의 소산이고 3, 4부는 1990년을 전후 해 완성된다. 4부는 일종의 사족이다. 그러니까 1980년대의 공백을 모색기로 생각한다면 이 연작시는 거의 30년에 걸쳐 완성된 셈이다. 그렇다면 3, 4부에선 무엇이 달라진 것인가? 그의 말에 의하면 이때 "언어는 해체되고 의미는 단순한 소리로 분해된다. 음절 단위의 언어로, 동물의 언어로 퇴화한다. 아니 원상복귀한다."[30)]

언어의 해체는 통사의 해체로 나타나고 3부 역시 의미가 단순한 소리로 분해된다는 점에서 그가 추구한 무의미시의 범주에 든다. 결국 그는 3단계에 걸쳐 무의미시를 실험하고 3부는 무의미시의 셋째 유형이 된다. 나는 처용의 의미를 중심으로 「처용 단장」 3, 4부만을 별도로 살핀 적이 있고 이 자리에서는 그때 쓴 글을 토대로 다시 의미의 문제에 초점을 두기로 한다.31)

그의 연작시 3, 4부가 대상으로 하는 것은 처용의 삶, 그것도 처용이 현실 속에서 겪는 수난이다. 그러나 3부는 반리얼리즘의 기법, 4부는 리얼리즘의 기법으로 나타나고 문제는 반리얼리즘의 기법이다. 3부에서는 처용이 겪는 수난이 물질과 심리와 실존이 뒤엉킨 세계로 노래되고 그는 이런 세계를 마이너스 현실이라고 부른다. 마이너스 현실이란 물리적 현실의 배후, 혹은 심층에 있다고 여겨지는 반현실이다. 이런 현실은 반리얼리즘의 기법을 요구한다. 리얼리즘은 물리적 현실이나 세계를 긍정하면서 그것을 언어로 옮기려는 문학적 태도를 보여주고 그것은 세계를 재구성하거나 반영하려는 노력과 통한다. 그렇다면 반리얼리즘은?

리얼리즘이 현실을 재구성하거나 반영하려는 의식에서 출발한다면 그것은 어디까지나 세계를 지배하는 언어, 곧 문법을 준수해야 하고 따라서 그것은 일정한 통사의 지배를 받는다. 여기서 내가 말하는 언어는 소쉬르가 말하는 언어(langue), 곧 말(parole)과 대립되는 혹은 말의 심층에 있는 법칙을 의미한다. 이 법칙을 어기면 말은 말로서의 기능이 박탈된다. 앞에서 언어의 해체란 말을 했거니와 이런 해체가 노리는 것은 궁극적으로 이 세계를 지배하는 법칙에 대한 해체이다. 그 책략은 의미를 단순한 소리로 분해하고 단순한 음절로 환원시키는 것, 음절 단위의 언어, 동물의 언어로 돌아가는 것. 이런 책략이 이른바 반리얼리즘의 기법의 특성이다. 2부가 의미를 상실한 소리, 리듬의 숨찬 반복이라면 3부에서는 극단적인 통사 해체가 나타나고 그것은 세계를 지배하는 법칙에 대한 부정과 통한다.

역사는
바람이 자는가 자는가 하더니
눈이 내린다 바보야
우찌살꼬 ㅂㅏㅂ ㅗ ㅑ
,

ㅎㅏㄴㅡㄹㅅㅜㅂㅏㄱㅡㄴ
,
올리브 열매는 내년 ㄱㅏ ㅡㄹㅣㄷㅏㅂㅏㅂㅗㅑ
,
ㅜㅉㅣㅅㅏㄹㄲㅗㅂㅏㅂㅗㅑ
ㅣ 바보야
역사가 ㅕ ㄱㅅㅏ ㄱㅏ 하면서
ㅣㅂㅏㅂㅗㅑ
,

3부 39의 일부이다. 첫째로 통사 해체는 예컨대 “역사는/ 바람이 자는가 자는가 하더니/ 눈이 내린다” 같은 시행으로 나타난다. 주어 ‘역사’를 서술하는 서술어가 없다. 서술어가 없다는 것은 역사에 대한 판단 보류, 회의, 부정을 암시하고 이런 통사 해체는 광의로는 이 세계, 역사를 지탱하는 보편적 법칙에 대한 미적 부정과 통한다. 소쉬르는 언어의 특성으로 선조성(linearity)를 든 바 있고, 그것은 언어 기호의 경우 낱말들은 시간적 순서에 의해 결합된다는 것, 선조성을 따를 때 언어가 성립한다는 것. 그러므로 통사 해체는 이런 언어 법칙을 부정하고 언어의 토대를 해체한다.

둘째로 통사 해체는 미시적인 차원에서 수행되는바 ‘바보’라는 낱말이 단순한 소리 단위로 해체된다. 소리 단위로 해체된 'ㅂ ㅏ ㅂ ㅗ'는 낱말이 아니고 낱말이 아니기 때문에 의미를 소유하지 못한다. 의미는 음절로 구성된 낱말의 소리 가운데 변별적 요소를 지니는 음소(phoneme)의 대립에 의해 생산된다. 말하자면 '바보'는 '바지'라는 낱말과 대립될 때 의미를 생산하며 이때 의미론적 변별성을 소유하는 음소는 둘째 음절에 나오는 'ㅗ/ㅣ'이다. 따라서 단순한 소리 단위로 해체된 바보는 무의미한 소리가 된다. 이런 해체가 노리는 것은 낱말 부정이고 나아가 낱말들로 구성되는 통사 부정이다. 그런가 하면 4부 14에는 "千日草는 天仙果 나무가 아니다./ 差다" 같은 시행들이 나오고 이때는 낱말이 음절 단위로 해체된다. '差'는 '差延'이라는 낱말을 구성하는 음절이기 때문이다.

셋째로 통사 해체는 쉼표로만 시행이 구성되는 경우에도 나타난다. 인용한 시의 경우 5행, 다음 연의 2행, 4행, 9행이 쉼표로 되어 있다. 먼저 5행의 쉼표는 인용한 시행이 이 시의 2연에 속한다는 점에서 2연의 끝에 해당하는 것으로 원래는 4행 끝에 마침표를 하거나 쉼표를 해야 한다. 그러나 5행 첫 머리에 쉼표를 한 것은 맞춤법에 어긋나고 이런 위반 역시 크게 보면 통사 해체와 통한다. 쉼표가 한 행이 된다. 도대체 시행의 첫 머리에 오는 쉼표가 노리는 것은 무엇인가? 이때 쉼표는 쉼표가 아니라 시행의 시작을 암시한다. 쉼표로 시작한다? 3연의 경우도 비슷하다.

이상에서 살핀 서술어 부재, 음절 단위의 소리, 단순한 소리, 쉼표의 기능 해체는 모두 통사 해체를 지향하고 그것은 의미 생산의 법칙을 부정하고 파괴하고 해체한다. 내가 「처용 단장」 3부를 무의미시의 셋째 유형으로 읽는 이유이다. 요컨대 김춘수의 무의미시는 서술적 이미지의 시만을 의미하는 게 아니고 서술적 이미지의 극한에서 그가 실험한 세 단계의 무의미시를 말한다. 기호학적 시각에서 다시 요약하면 첫째 유형은 언어 기호를 구성하는 기의와 기표 가운데 기의가 없는 기표(시각적 이미지)를 지향하고 둘째 유형은 이런 기표를 부정하면서 다시 기의가 없는 기표(청각적 이미지)를 지향하고 셋째 유형은 언어 기호가 의미를 생산하는 선조성의 법칙을 해체한다.

그렇다면 이렇게 기의, 의미를 부정하고 해체하는 이런 무의미의 의미는 무엇인가? 쥬커브는 이렇게 말한다. 우리는 우리가 구축해 놓은 합리적 구조물에 맞지 않는 것을 무의미 혹은 헛소리라고 한다. 그러나 이런 구조물에 내재적으로 가치 있는 것은 하나도 없다. 그런 점에서 무의미의 중요성은 아무리 강조해도 지나치지 않다. 무의미는 우리들이 현실에 덮어 씌어 왔으며 미리 간추려 둔 무늬(pattern)에 맞아 들어가지 않는 것을 말한다. 그러나 무의미는 창조적 정신의 표징, 창조적 과정 자체인 것이다.[32)]

13. 무의미 시론의 문학사적 의의

모더니즘의 의미와 극복

김춘수가 무의미 시론을 주장한 것은 1973년에 발표한 두 편의 시론 「의미에서 무의미까지」, 「대상, 무의미, 자유」를 통해서이다. 이 시론은 20년에 걸친 자신의 시쓰기에 대한 미적 성찰과 반성과 반영의 성격이 강한 글이다. 그는 1948년 첫 시집 『구름과 장미』를 간행하고 1959년 시집 『부다페스트에서의 소녀의 죽음』을 간행하면서 전후 세대 혹은 1950년대 대표 시인으로 우리 문학사에 자리를 잡는다. 그렇다면 우리 문학사에서 50년대란 무엇인가? 권영민에 의하면 50년대는 잃어버린 문학의 시대이다. 그는 다음처럼 말한다.

> 한국의 현대문학에 있어서 한국전쟁은 잃어버린 문학의 시대를 낳았다. 전쟁이 휩쓸고 지나간 폐허에는 해방 직후에 만끽했던 민족적 감격도, 정치적 이념과 열정도, 새로운 삶의 의욕도 사라져버린 것이다. 전쟁과 피난과 수복으로 이어지는 참극 속에서 새로운 민족 문학을 꿈꿨던 희망도 사라졌고 문학 자체에 대한 열정마저 상실된다.[33)]

문학이 사라진 시대, 상실된 시대, 소멸한 시대에 시를 쓴다는 것은 이어령의 표현에 의하면 화전민 지역에서 화전민이 할 일, 곧 황야에 불을 지르고 밭을 가는 야생의 작업이다. 한마디로 다시 시작하는 것. 다시 시작한다는 게 중요하다. 50년대 시인들의 몫은 이렇게 다시 시작한다는 데 있고 특히 피난지 부산에서 집단적인 모더니즘 운동을 전개한 '후반기' 동인을 위시하여 김수영, 김춘수, 전봉건, 김종삼, 신동문 등이 보여준 세계가 그렇다. 이들은 최소한 식민지 의식에서 벗어나고 전쟁의 상처를 알고 무엇보다 낡은 시적 인습을 부정하고 그런 인습과 싸우고 새로운 시학의 건설에 몰두한다. 어느 시대에나 새로운 시학은 있고 있어야 하고 문학에 대한 새로운 태도, 새로워지려는 의지, 한마디로 전통을 부정하고 파괴하고 새로운 시적 모험을 추구하는 고독한 작업은 있어야 한다. 광의의 모더니즘은 이런 태도를 말하고 따라서 모더니즘은 어느 시대에나 존재하고 그것은 언제나 새로워지려는 태도이다. 새로움이 없다면 문학의 역사가 없고 문학의 역사가 없다면 문학도 없다.

이런 모더니즘의 태도는 1930년대 식민지 시대에도 존재했다. 대표적인 시인들은 이상, 김기림, 정지용, 김광균이고 특히 당대의 새로운 시를 이론적으로 옹호하고 실천한 시인은 김기림이다. 그런 점에서 김춘수 시론이 차지하는 문학사적 의의, 시사적 의의를 제대로 밝히기 위해서는 먼저 두 시인의 시론을 비교해야 하고 다시 같은 세대인 김수영 시론과 비교해야 하고 다시 후배 시인들의 시론과 비교해야 한다. 말하자면 통시적·공시적 비교를 통해 한 시인의 시론의 문학사적 의의가 밝혀질 것이다. 그러나 나는 이 글에서 김춘수 시학, 말하자면 그의 시론 전체를 대상으로 하지 않고 이른바 무의미 시론만을 대상으로 하고 따라서 이 글은 김춘수 시학의 문학사적 의의에 대한 간단한 스케치 형식에 지나지 않고 이 글을 계기로 본격적인 연구가 이루어지길 바란다. 또한 김수영과 김춘수의 시론에 대해서는 다른 글에서 살핀 바 있으므로 이 자리에서는 생략한다.[34)]

김기림은 대표 시론 「시의 모더니티」(1933), 「기교주의 비판」(1935), 「모더니즘의 역사적 위치」(1939) 등을 통하여 30년대 우리 시의 새로운 특성을 비교적 객관적으로 해명하고 우리시의 세계성, 혹은 현대성을 주장한다. 나는 다른 글에서 그의 대표적인 시론들이 보여주는 문제점을 살핀 바 있고 따라서 이 자리에서는 주로 그가 위의 시론에서 주장한 모더니즘의 의미와 위기, 특히 이 위기를 우리 시가 어떻게 수용하고 극복하고 비판하는가를 김춘수의 시론과 관련해서 살피기로 한다.[35)]

그에 의하면 모더니즘은 낭만주의와 상징주의를 비판하면서 나타나는바 그것은 문명 감수와 언어 예술이라는 두 명제로 요약된다. 먼저 문명 감수는 "오늘의 문명 속에 나서 신선한 감각으로 문명이 던지는 인상을 포착하는 것", 그리고 이런 문명과의 만남이 도시주의와 연결된다. 다음 언어 예술은 특히 시의 경우 말의 가치를 발견하는 일과 관계되고 그것은 음으로서의 가치, 시각적 가치, 의미적 가치로 요약되는바 이런 가치의 발견에 의해 모더니스트는 운문 위주의 앞 시대 시작법을 극복하고 내재적 리듬, 시각적 이미지, 연상적 내포적 의미를 지향한다. 그가 신경향파를 비판한 이유이다.

지금 읽으면 그가 말하는 미적 현대성은 상식에 가까운 주장이지만 이런 상식이 통하지 않던 게 1930년대 우리시의 지적 수준이고 모두 그런 것은 아니지만 지금 그러니까 21세기에 접어든 우리시의 수준이기도 하다. 그런 점에서 그는 우리시에 미적 현대성을 최초로 강조한 현대성 전도사이고 현대성 확보에 남다른 노력을 기울인 시인이고 이런 시론이 있었기 때문에 그나마 우리시가 이 정도라도 촌티를 벗어난 셈이다.

김춘수의 경우 이런 현대성, 특히 시가 언어 예술이라는 명제는 수용되고 변주되고 발전되고 극복된다. 수용과 변주라는 것은 그의 무의미 시론이 내재적 리듬, 시각적 이미지, 내포적 의미라는 말의 가치를 수용하면서 이런 가치를 극한까지 몰고 갔기 때문이고 발전과 극복이라는 것은 이런 집중이 마침내 무의미시로 나타나기 때문이다. 나는 최근 다른 글에서 그가 주장한 무의미시를 크게 세 유형, 곧 서술적(묘사적) 이미지의 시, 탈이미지의 시, 통사 해체의 시로 나누고 새롭게 해명한 바 있다. 그가 강조한 무의미시는 서술적 이미지가 아니라 서술적 이미지의 극한이고 이 극한에서 그는 자유연상과 만나고 탈이미지의 시는 소리의 가치를 극한까지 몰고 간 것이고 통사 해체는 내포적 의미 아니 일체의 의미 해체와 통한다.36)

문제는 문명 감수, 곧 도시주의. 김춘수는 문명 속에서 시를 쓰지만 신선한 감각으로 문명의 인상을 포착하지 않는다. 그의 경우 문명, 현대, 과학 기술은 억압의 대상이고 따라서 문제가 되는 것은 외적 현실이 아니라 이런 현실의 조건, 이런 현실 너머에 있는 진리, 이른바 존재 탐구이다. 그는 비재(非在)라고 말한다. 같은 50년대 모더니스트인 김수영이나 '후반기' 동인들과 그가 다른 점이 여기 있다. 예컨대 김수영이 "오 죽어 있는 방대한 서책들"이라고 계몽 이성에 대한 불신을 노래하고 박인환이 '도시의 그림자'를 노래할 때 김춘수는 '얼굴을 가린 나의 신부'를 노래하고 이 신부가 이른바 비재와 통하고 이 비재는 언어 저쪽에 있는, 언어로는 도달하기 어려운, 언어를 초월하는 존재의 근거, 말하자면 존재의 존재인 대문자 존재(Being)를 뜻한다. 그의 말을 옮기면 다음과 같다.

> 나의 발상은 서구 관념 철학을 닮으려고 하고 있었다. 나도 모르는 사이 나는 플라토니즘에 접근해 간 모양이다. 이데아라고 하는 비재(非在)가 앞을 가로막기도 하고 시야를 지평선 저쪽으로까지 넓혀 주기도 하였다. …(중략)… 이 비재(신부)는 끝내 시가 될 수 없는 심연으로까지 나를 몰고 갔다. 그 심연을 앞에 하고는 어떤 말도 의미의 옷이 벗겨질 수밖엔 없었다.37)

김수영과 '후반기' 동인이 김기림의 문명 감수를 수용하면서 발전시킨다면 김춘수는 이런 문명이 아니라 존재라는 형이상학적 주제에 집착한다. 이 무렵 김수영이 강조하는 것은 문명의 긍정적 양상이 아니라 부정적 양상이고 그런 점에서 그는 김기림이 주장하는 문명과는 다른 시적 특성을 보여주고 크게 보면 '후반기' 동인들의 시적 특성 역시 비슷하다. 한 마디로 이들은 6.25 전쟁을 계기로 하는 문명의 참담함, 끔찍함, 아이러니를 강조하고 따라서 문명의 부정적 양상을 노래한다. 그러나 김춘수가 노래하는 것은 이런 외적 현실이 아니다. 그는 이른바 비재를 노래한다.

모더니즘의 위기와 모험

그리고 그는 비재 탐구의 끝에서 심연을 보고 언어의 한계를 자각한다. 말하자면 이런 비재, 곧 존재의 근거는 언어 너머에 있다는 자각이다. 이런 자각은 과연 우리시의 역사, 특히 모더니즘 시의 역사에 무슨 의미를 띠는 것일까?

김기림은 위의 시론에서 모더니즘의 위기를 주장한 바 있다. 30년대 중반이 되면서 우리시의 모더니즘이 위기에 처하게 된 것은 그에 의하면 두 가지 이유 때문이다. 하나는 내적 원인으로 말의 중시가 언어의 말초화로 타락한 점, 다른 하나는 외적 원인으로 모더니스트들이 명랑한 전망 아래 감수하던 문명이 어두워간다는 점이다. 문제는 이런 위기를 극복하기 위한 방법으로 그가 경향파와 모더니즘의 종합을 제시한 점이다. 언어의 말초화 현상을 경향파적 사회성, 역사성으로 보완하고 문명 비판 역시 경향파적 이데올로기에 의해 추진한다는 것.

그가 30년대 모더니즘의 위기를 문명의 어두움, 문명의 부정적 양상과 관련시킨 것은 다소 늦은 감이 있지만 타당한 견해로 수용된다. 왜냐하면 모더니즘의 출발은 미래파를 제외하면 대체로 문명의 긍정적 요소를 찬미하는 게 아니라 부정적 요소를 동기로 하기 때문이다. 이때 부정적 요소란 소박한 의미의 문명 비판뿐만 아니라 좀더 적극적인 의미로서의 문병 비판을 노린다. 적극적인 의미로서의 문명 비판은 문명을 대상으로 하는 게 아니라 이런 과학 문명, 역사적 현실, 사회를 부정하고 새로운 미적 현실을 창조한다는 의미이다.

아도르노 식으로 말하면 이런 부정성은 예술이 사회를 반영하는 것이 아니라 사회와 대립하는 것이고 이런 대립이 예술의 사회성과 통한다. 그에 의하면 예술은 생산력과 생산관계의 변증법을 구현하기 때문에 사회성을 띠는 것도 아니고, 그 소재를 사회로부터 끌어온다는 점에서 사회성을 띠는 것도 아니다. 한마디로 현대 예술은 자율성을 강조하고 이 자율성, 곧 반사회성이 바로 사회성과 통한다는 역설과 만난다. 기존 사회 규범에 종속되는 것, 곧 사회적 유용성을 증명하기보다는 예술의 자율성을 강조함으로써 사회를 비판한다. 말하자면 예술은 대자(對自)를 지향하는 사회 속에서 즉자(卽自)를 지향함으로써 사회를 비판한다.[38]

그러므로 모더니즘의 위기를 어두운 문명의 감수와 비판으로 극복하자는 김기림의 주장은 좀더 적극적인 의미로서의 문명 비판, 예컨대 자율성 미학, 그것도 자본주의 사회와 관련되는 자율성 미학에 대한 자각과 실천으로 극복될 필요가 있고, 김춘수의 존재 탐구가 보여주는 하나의 양상, 곧 언어를 매개로 하는 존재 탐구는 우리 모더니즘 시의 위기를 새로운 방향에서 극복하려던 시도로 평가된다. 왜냐하면 예컨대 「꽃」 같은 시에서 그는 언어와 사물의 관계를 형이상학적으로 추구하지만 한편 이런 인식은 언어의 자율성, 절대성, 나아가 언어가 존재라는 언어학으로 발전할 수 있기 때문이고 이런 언어학이 문학 이론과 관련될 때 자율성 시학의 이론적 체계가 확립될 수 있기 때문이다. 물론 김춘수는 그 후 존재 탐구를 포기하고 이른바 무의미시로 나간다. 다음은 그가 이런 시도를 포기하게 된 동기.

> 나는 이 시기에 어떤 관념은 시의 형상을 통해서만 표시될 수 있다는 것을 눈치 챘고, 또 어떤 관념은 말의 피안에 있다는 것도 눈치 채게 되었다. 나는 관념 공포증에 걸려들게 되었다. 말의 피안에 있는 것을 나는 알고 싶었다. 그 앞에서는 말이 하나의 물체로 얼어붙는다. 이 쓸모 없게 된 말을 부수어 보면 의미는 분말이 되어 흩어지고, 말은 아무 것도 없어진 거기서 제 무능을 운다. 그것은 있는 것(존재)의 덧없음의 소리요, 그것이 또한 내가 발견한 말의 새로운 모습이다.[39]

요컨대 존재의 탐구는 그에게 관념 공포증을 앓게 했다는 것. 그리고 그것은 언어에 대한 새로운 자각을 낳는다. 관념과 이미지의 관계이다. 어떤 관념은 이미지에서만 표현되고 어떤 관념은 언어 저쪽에 있다는 자각이 그렇다. 결국 그가 선택한 길은 관념을 죽이는 연습이고 이런 연습 끝에 그는 이른바 서술적 이미지의 시를 지향한다. 그가 지향하는 이런 이미지의 세계는 앞에서도 말했지만 김기림이 지적한 모더니즘의 특성 가운데 하나인 언어 예술, 특히 시각적 이미지를 그가 극단적으로 몰고 간다는 의미를 띤다. 그런 점에서 그는 현대시가 소리보다 회화성을 강조한다는 일반적 인식이 아니라 이런 회화성의 극단을 추구하고 거기서 그가 깨닫는 것은 형식적 절망과 이 절망이 주는 의미이다. 한마디로 그는 새로운 스타일을 추구하고 절망하고 다시 추구하고 다시 절망한다.

그런 점에서 그는 우리시의 모더니즘의 실질적 토대를 형성한다. 왜냐하면 모더니즘의 역사는 새로운 스타일의 추구와 절망의 연속이기 때문이다. 李箱 식으로 말하면 절망이 기교를 낳고 기교가 절망을 낳는다. 모더니즘에 대한 정의가 쉬운 것은 아니지만 앞에서 말한 자율성 개념을 전제로 하면 현대 시인들이 할 일은 무슨 현실 반영이나 비판이 아니라 그런 현실에서 떠나는 것, 눈을 내면으로 돌리는 것. 그리고 언어에 대한 관심이다. 말하자면 내향성과 스타일에 대한 관심이다. 그러나 내향성과 스타일은 따로 노는 게 아니라 변증법적 관계에 있다.

브래드버리(Bradbury)와 맥팔레인(Mcfarlane)은 모더니즘의 공통적 토대로 세련된 기교, 상투형, 내향성, 기술적 배열, 내적 자기회의를 든 바 있지만 좀더 요약하면 내향성과 기교이고 이 내향성은 자기회의와 연결된다. 이런 자기회의는 자아 소멸로 발전하고 과격한 형식 실험은 마침내 혼돈에 빠지고 따라서 형식적 절망을 낳는다. 그러나 이런 형식적 절망, 형식적 위기가 바로 문화의 위기와 통한다는 게 그들의 주장이다. 따라서 모더니스트는 특수한 역사적 굴레에서 자유로운 자가 아니라 그런 굴레 속에 있는 자이고 그런 굴레에서 벗어나려는 자이고 요컨대 이 시대의 혼돈에 반응하는 자이다. 결국 모더니즘은 20세기를 지배하는

불확정성 원리의 자식이다.[40)]

무엇 하나 확정된 것은 없다. 따라서 시인이 할 일은 자신의 내부를 보면서 새로운 스타일을 추구하는 것. 김춘수의 경우 새로운 스타일은 이른바 무의미시로 나타나고 이런 실험은 시쓰기에 대한 자의식을 동반하고 이런 자의식에 의해 무의미 시론이 태어난다.

모더니즘과 무의미 시론

김춘수가 강조하는 서술적 이미지는 관념의 배제를 노리는, 그런 점에서 순수시를 지향한다. 나는 서술적 이미지라는 용어보다 묘사적 이미지라고 부르는 게 좋다는 입장이므로 이 글에서는 서술적 이미지를 묘사적 이미지라고 부르기로 한다. 물론 그도 말하듯이 이런 이미지의 세계에도 관념이 개입한다. 그러나 그는 이런 묘사의 극한, 사생의 극한을 추구하고, 거기서 그가 발견하는 것이 자유연상의 개념이다. 이른바 무의미시가 태어나는 부분. 그는 다음처럼 말한다.

> 세잔이 사생을 거쳐 추상에 이르게 된 과정을 나도 그대로 체험하게 되고, 사생은 사생에 머무를 수만은 없다는 확신에 이르게 되었다. 리얼리즘을 확대하면서 초극해 가는 데 시가 있다는 하나의 사실을 알게 되고 믿게 되었다. 사생이라고 하지만 있는(실재) 풍경을 그대로 그리지는 않는다. …(중략)… 말하자면 실지의 풍경과는 전연 다른 풍경을 만들게 된다. 풍경의, 또는 대상의 재구성이다. 이 과정에 논리가 끼이게 되고, 자유연상이 끼이게 된다. 논리와 자유연상이 더욱 날카롭게 개입하게 되면 대상의 형태는 부수어지고 마침내 대상마저 소멸한다. 무의미의 시가 이리하여 탄생한다.[41)]

사생의 극한에서 논리와 자유연상을 발견한 과정은 최소한 우리 현대시, 아니 우리 현대시론의 경우 시쓰기에 대한, 그것도 리얼리즘에 대한 비판을 동반한다는 점에서 모더니즘의 새로운 단계를 형성한다. 새롭다고 하지만 사실 이런 반재현주의는 아도르노가 강조하는 자율성 개념과 통하고 모더니즘의 일반적 특성에 해당한다. 그렇다면 나는 왜 굳이 새롭다고 하는가? 그것은 이런 발견이 우리 현대시사 나아가 모더니즘 시사를 전제로 할 때 새롭기 때문이다.

김기림은 시론 「기교주의 비판」(1935)에서 당대의 모더니즘이 보여주던 기교주의, 곧 시의 순수화 운동을 비판한다. 그가 기교주의를 비판한 데에는 이유가 있다. 그것은 시인이 기술의 일부만을 추상하여 고조시키는 것은 순수화가 아니고 일면적 편향화이기 때문이다. 물론 기술의 일부를 부조(浮彫)하는 것은 시의 명증성을 확보한다. 그러나 이런 명증성은 전체로서의 시가 아니라 부분으로서의 시에 기여한다는 게 그의 주장이다. 이런 주장은 시의 기술 혹은 기법이라는 개념을 내용과의 대립 개념으로 파악했음을 반증한다. 리얼리즘이 내용과 기법, 혹은 내용과 형식이라는 2분법을 강조한다면 모더니즘의 경우엔 내용이 형식이고 형식이 내용이다.42)

러시아 형식주의자들이 지속적으로 관심을 둔 것은 문학 작품의 외적 조건이 아니라 내적 조직, 구성이다. 그들은 형식과 내용이라는 전통적 2분법을 거부하는바 그것은 이런 2분법이 문학 작품 속에 쓸데없이 두 개의 분리된 층이 존재하는 것처럼 가정하기 때문이다. 내용은 오직 형식을 통해 나타나고, 따라서 내용은 그 예술적 구현, 혹은 실현 양식에 지나지 않기 때문에 그들은 내용과 형식 대신 재료와 기법이라는 용어를 제안한다. 재료와 기법은 창조 과정의 두 국면에 상응하는바, 전자는 前미적 과정, 심미화 이전의 국면에 해당하고 후자는 미적 과정에 해당한다. 따라서 재료는 작가가 사용할 수 있는 소재, 일상생활의 사실들, 문학적 인습, 관념들을 뜻하고, 기법은 이 재료들을 예술 작품으로 변형시키는 미적 원리를 의미한다.

형식이 내용이고 내용이 형식이다. 그러므로 기법은 내용과는 관계가 없고 기법이 바로 예술이다. 따라서 기교파들이 기술의 일부만을 추상하여 고조시키는 것은 순수화가 아니라는 김기림의 주장은 기술과 내용, 형식과 내용의 2분법을 전제로 하는 주장이고, 그런 점에서 그의 기법 개념은 전근대적이고 이런 것이 그의 모더니즘 시론의 한계이다. 그렇기 때문에 그가 주장하는 전체로서의 시, 곧 기술의 각 부분을 종합 통일하는 것이 시라는 개념이나 모더니즘의 기술성과 카프파의 내용성을 종합시켜야 한다는 주장은 현대시의 기법에 대한 오해를 반영한다. 오해가 아니라면 그를 지배한 이데올로기와 관계된다는 게 나의 주장이다.

과연 기술의 각 부분을 종합한다는 말은 무슨 뜻인가? 부분들의 종합은 이 종합을 가능케 하는 전체가 있어야 하고 이 전체는 내용, 관념, 사상에 지나지 않는다. 또한 모더니즘의 기술성과 카프파의 내용성을 종합한다는 말 역시 표면적으로는 그럴 듯하나 따지고 보면 애매한 절충주의이거나 관념적 절충주의에 지나지 않고 현대시는, 특히 미적 현대성을 자각한 시는 이런 절충주의가 아니다. 앞에서도 말했듯이 모더니즘은 형식의 극한, 기법의 극한을 추구하고 언제나 새로운 스타일을 추구하고 이 스타일이 바로 시가 되기 때문이다.

김춘수의 무의미 시론은 그런 점에서 김기림의 시론을 거부하고 부정하고 김기림의 시론과 대립되는 시적 모험을 추구한다. 김기림은 기술과 내용의 종합을 강조하고 김춘수는 기술의 극단을 추구한다. 묘사, 사생의 극한에서 그가 발견한 것은 논리와 자유연상이고 그는 자유연상을 지향하면서 마침내 대상의 소멸을 깨닫고 무의미시를 주장한다. 이런 자각, 이런 발견이 중요하고 이런 자각이 우리 모더니즘 시론의 새로운 방향을 뚫는다. 새로운 방향을 뚫는다는 것은 그의 무의미 시론에 의해 우리 현대시가 최초로 의미가 아니라 무의미라는 화두와 만나게 되기 때문이다. 김춘수 이후에 무의미가 나타난다. 물론 이 무의미의 의미에 대해서는 오해가 많고 비판도 많다. 그러나 그건 어디까지나 내용주의자들, 재현주의자들, 인간주의자들의 인습적인 타령이고 현대시는 그런 전통적 인습을 부정하고 새로운 스타일을 모색하는 미적 실천이다. 아무튼 김춘수에 의해 최초로 그리고 본격적으로 무의미, 기교, 형식, 놀이, 장난, 스타일에 대한 새로운 해석이 전개된 것은 우리시의 행복이다.

무의미, 비대상, 날이미지

김춘수의 경우 묘사의 극한이 세잔과 관련된다면 자유연상은 액션 페인팅 미학으로 발전한다. 그의 말에 의하면 무의미시는 인상파풍의 사생과 세잔풍의 추상과 액션 페인팅을 동시에 형상화하려던 시도이다. 「처용 단장」 제1부가 그렇다. 나는 이런 시도로서의 무의미시를 제1단계 무의미시라고 부른 바 있고 그것은 광의로는 탈관념의 세계이고 이른바 묘사적 이미지의 세계이지만 광의라는 용어에 유의하시기 바란다. 광의로 그렇다는 것이지 그의 무의미시가 곧장 묘사적 이미지의 시는 아니라는 말씀.43)

중요한 것은 그가 제1단계의 무의미시를 부정하고 제2단계의 무의미시를 시도한다는 점이다. 이른바 탈이미지의 세계로 「처용 단장」 제2부가 여기 해당한다. 그것은 허무의 빛깔을 보려는 노력과 통한다. 결국 묘사적 이미지를 중심으로 하는 무의미시를 쓰면서 그가 발견한 것은 허무이고 이 허무의 빛깔을 보려는 노력이 제2단계 무의미시로 발전한다. 그가 만난 허무는 무엇이고 왜 그는 허무와 만나게 된 것일까? 다음은 그의 말.

> 자각을 못 가지고 시를 쓰다 보니 남은 것은 토운뿐이었다. 이럴 때 나에게 불어 닥친 것은 걷잡을 수 없는 관념에의 기갈이라고 하는 강풍이었다. 그 기세에 한동안 휩쓸리다 보니 나는 어느새 허무를 앓고 있는 내 자신을 보게 되었다. 나는 이 허무로부터 고개를 돌릴 수가 없었다. 이 허무의 빛깔을 어떻게든 똑똑히 보아야 한다. 보고 그것을 말할 수 있어야 한다. 의미라고 하는 안경을 끼고는 그것이 보여지지 않았다. 나는 말을 부수고 의미의 분말을 어디론가 날려 버려야 했다. 말에 의미가 없고 보니 거기 구멍이 하나 뚫리게 되었다. 그 구멍으로 나는 요즘 허무의 빛깔이 어떤 것인가를 보려고 하는데 그것은 보일 듯 보일 듯하고 있다. 그래서 나는 「처용 단장」 제2부에 손을 대게 되었다.[44]

너무 어렵게 생각하지 말자. 그가 묘사적 이미지를 중심으로 하는 무의미시를 쓰면서 깨달은 것은 허무이다. 그가 관념에의 기갈에 휩쓸린 것은 당연하다. 왜냐하면 이런 시는 탈관념의 시이고 그런 시를 지향하는 시이고 한마디로 관념 공포증에서 벗어나려는 노력의 산물이었다. 관념에서 벗어났기 때문에 관념을 버렸기 때문에 관념이 그를 복수한다. 그가 관념을 죽이려고 하니까 관념이 그를 복수하고 그러나 그는 이런 복수를 수용하지 않는다. 그의 관념 기갈은 그에게 허무를 알려줄 뿐이다. 탈관념의 세계에서 그는 관념의 세계로 회귀하는 게 아니라 오히려 탈관념의 극한으로 가고 거기서 다시 허무를 발견한다.

탈관념의 극한에 허무가 있고 이 허무의 빛깔을 보여주려는 노력은 허무의 극한을 보여주려는 노력과 통하고 이런 점이 김춘수의 개성이다. 왜냐하면 그는 허무를 피하지 않고 허무의 극한까지 가기 때문이다. 이 극한에서 이른바 탈이미지의 세계, 제2단계 무의미시가 전개되고 이런 시가 노리는 것은 결국 이미지도 죽이는 것. 남는 건 소리뿐이다. 이 소리는 의미가 없는 소리이고 허무의 극한에서 그가 듣는 소리이고 나는 이런 세계를 실존의 현기라고 부른 바 있다. 이런 현기는 액션 페인팅의 세계와 통한다. 그는 묘사의 극한에서 논리와 자유연상을 만났지만 이제 그는 묘사도 죽이고 논리와 자유연상을 액션 페인팅과 관련시킨다.

액션 페인팅은 2차 대전 후 뉴욕을 중심으로 전개된 전위적 회화 운동으로 전쟁 전의 기하학적 추상과 대비되는 추상적 표현주의를 지향한다. 액션 페인팅이라는 말이 강조하듯 이 회화는 내용보다는, 그리고 형식보다는 그리는 행위 자체를 중시한다. 잭슨 폴록을 중심으로 하는 이런 회화 운동이 우리 시론에 영향을 준 것은 예사로 보아 넘길 문제가 아니다. 김춘수가 말하는 제2단계 무의미시는 의미가 사라진 언어가 환기하는 허무의 율동을 뜻하고 그는 이런 세계를 "잭슨 폴록의 그림에서처럼 가로 세로 얽힌 궤적들이 보여주는 생생한 단면—현재 즉 영원"이라고 말한다. 내가 이런 세계를 실존의 현기라고 부른 것은 폴록의 체험이 그렇기 때문이고 이 현기는 실존을 구성하며 동시에 실존을 초월하기 때문이다.

추상표현주의, 액션 페인팅은 나의 시론 「비대상」(1981)의 출발점이다. 이 글에서 내가 주장한 비대상은 시쓰기를 구성하는 세 요소, 곧 자아—언어—대상의 관계에서 대상이 존재하지 않는 시쓰기를 말하고 그것은 내가 노래하는 대상이 분명치 않다는 뜻도 되고 혹은 자연이나 일상 세계를 노래하지 않는다는 뜻도 된다. 이런 시쓰기는 결국 대상이나 사물들이 이 세계에 어떻게 존재할 수 있는가 라는 인식론적 회의를 동기로 하고 자아 탐구를 지향한다. 이런 세계는 우리시의 경우 이상의 「절벽」, 김춘수의 「꽃을 위한 서시」에서 읽을 수 있다. 두 시인 모두 강조하는 것은 비대상, 무, 부재이고 말하자면 외적 현실이 아니고 내면이다. 그러나 이상의 경우엔 비대상, 무, 부재가 시작의 모티프임에 반해 김춘수의 경우엔 대상, 유, 실재가 시작의 모티프가 된다.

그러나 김춘수의 경우 비대상이 나타나는 것은 존재 탐구의 시기가 아니라 앞에서 말한 것처럼 그가 사생의 극한에서 논리와 자유연상을 발견할 때이고 이때 그는 대상이 소멸하고 무의미시가 태어난다고 말한다. 그리고 이런 세계가 잭슨 폴록의 세계와 통한다. 그가 대상의 소멸을 깨닫는 것은 대상의 재구성과 관계되고 그것은 그가 묘사적 이미지의 극한까지 가면서 체험한 것. 그러나 나는 처음부터 이런 대상에는 관심이 없었다. 첫 시집 『사물 A』(1969)를 낼 때까지 나는 비대상이 아니라 내면성이라는 말을 쓰고 있었다. 그러나 1970년대 초 그러니까 연작시 「모발의 전개」, 「지옥의 올훼」 등(제2시집 『환상의 다리』에 수록)을 쓰면서 나는 비대상이라는 용어를 사용하기 시작한다. 내가 말하는 비대상은 실존의 투사, 외부 세계의 無化, 언어 자체의 도취, 폴록의 경우처럼 이지러짐의 세계, 무형의 형태를 지향한다.

김춘수의 무의미와 내가 말하는 비대상은 크게 보면 같지만 방법론적으로는 다르다. 같다는 것은 무의미시나 비대상시나 실존의 현기, 외부 세계의 분해, 언어 자체의 도취를 추구한다는 점. 그러나 다르다는 것은 무의미시가 대상을 전제로 대상의 재구성 과정에서 논리와 자유연상을 매개로 대상의 소멸, 곧 비대상을 노래한다면 비대상시는 처음부터 그런 대상은 없고, 따라서 어지러운 내면, 무, 불안, 비대상에서 출발한다는 점이다. 그러니까 김춘수는 대상, 유, 실재에서 출발해 마침내 비대상, 무, 부재에 도달하고 나는 그가 도달한 지점에서 출발한다. 그런 점에서 방법론으로 보면 나는 김춘수보다는 이상 쪽이다. 이상의 「오감도시 제1호」, 「절벽」, 「아침」 등은 대상을 전제로 하지 않고 어떤 대상도 노래하지 않는다. 그는 대상이 아니라 비대상, 무에서 시작하고 이 무가 불안과 통하고 유머와 통한다.

물론 방법론의 측면에서 내가 이상과 비슷하다는 것이고 인식론의 측면에서는 이상보다는 김춘수 쪽이다. 김춘수가 '존재란 무엇인가'라는 인식론적 질문에서 시작한다면 나는 '나는 누구인가'라는 인식론적 질문, 곧 자아 탐구에서 시작한다. 그가 대상의 소멸을 추구한다면 나는 대상을 부정하고 그가 사물의 존재 근거에 대해 질문하며 출발한다면 나는 자아의 존재 근거에 대해 질문하면서 출발한다. 김춘수는 허무와 계속 싸우고 나는 자아 탐구의 끝에서 '나는 있는가'라는 존재론적 회의로 나가고 마침내 불교적 사유에 의해 내가 없다는, 나는 相에 지나지 않는다는 無我 사상과 만난다. 나는 그동안의 시쓰기를 자아 탐구에서 자아소멸을 거쳐 자아 不二로 발전했고 자아 있음(자아탐구)/자아없음(자아소멸)의 대립이 변증법적으로 종합되고 아니 禪은 종합이 아니므로 있음/없음의 경계를 초월하는 空, 不二의 세계로 나가게 되었다고 고백한 적이 있다.45)

그런 점에서 오규원이 주장하는 '날이미지의 시'는 방법론적으로 김춘수와 비슷하다. 그가 말하는 날이미지는 그동안 그가 추구한 관념의 재해석, 관념의 해체 다음 단계에 해당하고 그것은 사변화되거나 개념화되기 이전의 의미, 곧 관념화되기 이전의 의미를 존재의 현상에서 찾아내어 이미지화하는 것을 뜻한다. 이런 시쓰기가 방법론적으로 김춘수의 무의미시와 비슷한 것은 김춘수나 오규원이나 시에서 관념을 배제한다는 점이고 이런 관념 배제는 대상 혹은 존재를 전제로 하기 때문이다. 말하자면 대상을 전제로 대상의 의미 혹은 관념을 제거한다. 나는 대상을 전제로 하지 않고 따라서 대상의 의미를 제거하는 게 아니라 대상이 없는 상태, 곧 비대상에서 출발하기 때문에 방법론적으로 이들과는 다르고 인식론적으로는 무의미, 탈관념, 비대상을 추구한다는 점에서 이들과 비슷하다.

그러나 김춘수의 무의미와 오규원의 날이미지는 방법론적인 차이를 보여준다. 김춘수가 탈관념, 곧 묘사적 이미지에서 마침내 탈이미지의 세계로 나간다면 오규원은 관념화되기 이전의 의미를 이미지로 재구성한다. 그런 점에서 그도 말하듯이 김춘수가 무의미를 지향한다면 그는 의미를 지향하고 그러나 이 의미는 개념화, 관념화를 거부한다는 점에서 결과적으로 무의미에 속한다. 요컨대 김춘수가 관념 이후라면 오규원은 관념 이전이고 김춘수가 탈이미지를 추구한다면 오규원은 이미지를 추구한다. 따라서 오규원의 날이미지는 김춘수의 묘사적 이미지를 새롭게 해석하고 이런 해석은 불교적 사유를 동기로 한다. 그는 최근 그가 추구하는 날이미지를 사실적 날이미지, 발견적 날이미지, 직관적 날이미지로 유형화한 바 있다.46)

이제까지 나는 김춘수의 무의미 시론의 문학사적 의의, 가치, 중요성에 대해 살펴보았다. 주로 1930년대의 대표적 모더니스트요 시론가인 김기림의 시론과의 관계 그리고 세칭 1960년대 시인으로 불리는 필자와 오규원의 시론에 미친 영향, 특히 공통점과 차이점을 강조했다. 아직도 미적 후진성을 벗어나지 못하고 시쓰기에 대한 자의식도 없이 시를 쓰는 소박한 시인들이 판을 치는 우리 시단에 김춘수가 주장한 무의미, 무의미의 의미는 계속 우리시의 화두이다. 다시 묻자. 무의미란 무엇인가? 데리다는 이렇게 말한다.

> 시로서의 진정한 문학 언어가 가진 계시력, 그것은 다름 아닌 자유로운 파롤에의 도달 가능성이다. 요컨대 '있다(etre)'라는 단어가 그 가리키는(告知) 기능들로부터 해방되는 그 자유로운 파롤에의 도달 가능성이다. 바로 글이 고지 기호로서 죽을 때 글은 언어로서 태어난다. 그것은 결국 자기 자신만을 참조하는 바로 그 점에 의해서 의미 작용 없는 기호, 또는 유희나 순수한 기능 작용인 것을 말한다. 왜냐하면 글은 자연적 생물학적 기술적 정보로서 사용되기를, 또는 한 존재자에서 다른 존재자로의 이행이나 하나의 시니피앙에서 하나의 시니피에로의 이행처럼 사용되기를 그치기 때문이다. 그런데 역설적으로 기록만이 시의 위력을 가진다.[47]

III

14. 선(禪)과 모더니즘

―우리시의 내일을 위하여―

리얼리즘은 실패한다

문학이 있는 게 아니라 문학의 역사가 있고 제도가 있고, 이 역사와 제도 속에서 우리는 시라는 혹은 소설이라는 이상한 글을 쓰고 이상한 글을 읽고 산다. 아니 사는 게 아니라 죽어간다. 바타유 식으로 말하면 문학의 쾌락은 '죽음까지 파고드는 삶'에 해당하고, 이런 삶은 말 그대로 죽음을 내포하는 삶이고 삶을 내포하는 죽음이고 이런 삶/죽음이 에로티즘과 통한다. 인간만이 성행위를 에로티즘으로 승화시킨다. 에로티즘은 생식과 다른 심리 세계이고 인간만이 이런 별개의 심리 세계를 추구한다. 생식이 목적을 전제로 한다면 에로티즘은 성적 유희이고, 그렇다면 이런 유희는 무엇을 의미하는가?48)

이 문제는 뒤에 가서 살피기로 하고, 중요한 것은 문학의 역사와 제도 문제다. 문학이 있는 게 아니라 문학의 역사가 있다는 말은 문학이 하나의 제도라는 말과 통하고 이 말은 다시 우리가 지금 이 자리에서 말하는 문학은 결국 근대 문학이고, 근대에 문학이라는 제도가 나타남을 의미한다. 근대에 문학이 나타나기 때문에, 말하자면 근대에 문학이라는 이상한 글쓰기가 나타나기 때문에 근대 이전에는 지금 우리가 말하는 그런 의미로서의 문학이 없었기 때문에 근대 문학가들은 불안하고 초조하고, 따라서 이 이상한 글쓰기의 뿌리를 찾아야 하고, 기원을 찾아야 하고, 요컨대 역사를 만들어야 했다.

그런 점에서 모든 문학사는 허구이고 이 허구 속에서 우리는 글을 쓴다. 그러나 이 전통, 허구의 전통, 만든 전통이 없다면 우리가 수행하는 근대적 글쓰기는 맥을 못 추고 그런 점에서 "전통은 아무리 더러운 전통이라도 좋다 나는 광화문/ 네거리에서 시구문의 진창을 연상하고 인환네/ 처갓집 옆의 지금은 매립한 개울에서 아낙네들이/ 양잿물 솥에 불을 지피며 빨래하던 시절을 생각하고/ 이 우울한 시대를 패러다이스처럼 생각한다."(김수영, 「거대한 뿌리」) 전통은 아무리 더러운 전통이라도 좋고 서러운 전통이라도 좋고 남들이 알아주지 않는 전통이라도 좋고 우리 문학의 전통도 좋고 반전통도 좋다. 나도 이 우울한 시대를 파라다이스라고 생각한다. 왜냐하면 문학이 있는 게 아니라 문학의 역사가 있고 이 역사는 모든 역사가 허구이듯이 하나의 허구이기 때문이다.

그리고 근대 문학은 근대 역사의 산물이다. 학교가 근대의 산물이고 인간이 근대의 산물이듯이 문학도 근대의 산물, 근대의 제도이다. 푸코에 의하면 근대적 자기지시적 인식소에 의해 문학이 탄생한다. 그는 이렇게 말한다.

> 최종적으로 가장 중요한 동시에 가장 기대하지 못한, 언어의 강등에 대한 마지막 보상은 문학의 출현이다. 물론 단테와 호머 이래로 서구 세계에는 오늘날 우리가 문학이라고 부르는 언어의 한 형태가 실재해 왔다. 그러나 문학이라는 단어는 최근에 생성된 것이며, 이것은 고유의 존재 양식이 문학적인 특이한 언어의 고립화를 의미한다. …(중략)… 문

> 학은 쓰기의 주체로서 자기 자신과 대화하거나 문학을 탄생시킨 운동 내에서 문학의 본질을 재파악하려고 노력한다. 따라서 문학의 모든 연결선은 가장 예리한 첨단—특이하고 순간적이며 절대적으로 보편적인—, 즉 쓰기라는 단순한 행위로 수렴된다.[49]

푸코에 의하면 근대는 19세기에 해당하고 이 시기에 오면 그가 말하는 인식소, 곧 한 시대를 지배하는 언어와 사유의 무의식적 법칙, 이른바 에피스테메는 자기지시적 특성을 보여준다. 언어의 경우 낱말과 사물의 관계에서 사물이 괄호 쳐지고, 따라서 남는 것은 낱말, 언어, 기호 자체이다. 소쉬르를 생각하자. 그에 의하면 언어가 의미를 소유하는 것은 언어가 언어 밖의 사물을 지시하기 때문이 아니라 언어 자체의 구조, 곧 낱말과 낱말의 관계 혹은 한 체계 속에서 보여주는 낱말들의 차이가 생산한다.

'나'라는 낱말이 의미를 띠는 것은 이 낱말이 구체적인 인간, 지금 여기서 이 글을 쓰고 있는 이승훈이라는 사람을 지시하기 때문이 아니라 우리 국어체계, 곧 인칭체계인 나/너/그라는 관계가, 구조가, 차이가 있기 때문이다. 그렇지 않은가? 이 '나'라는 낱말은, 언어는, 기호는 지금 이 글을 쓰는 사람을 지시하지만 동시에 이 글을 읽는 독자들을 지시하고, 이 글을 읽지 않는 사람들도 지시한다. 이렇게 많은 사람들이 모두 나라면 이 '나'는 과연 누구인가? 그런가 하면 국어에서는 '나'이고 영어에서는 'I'이고 중국어로는 '我'이다.

요컨대 이런 자기지시성, 말하자면 언어가 언어 외적 사물이 아니라 언어 자체를 지시하다는 특성을 매개로 자율적 주체로서의 인간이 태어나고 문학의 경우 자율성 문학이 태어난다. 이른바 모더니즘 문학이다. 먼저 자아의 경우, 근대에 오면 외부 세계와 단절된 초월적 자아가 강조되고 이런 자아가 세계의 중심이라는 인간중심주의가 세계를 지배한다. 인간, 혹은 자율적 주체라는 개념은 근대의 산물이고, 이렇게 인간이 우주의, 세계의, 자연의 중심이 된 것은, 이렇게 인간이 오만해진 것은 역사적으로 이 근대말고는 거의 없었다. 이제 인간은 연꽃이 아니다. 그러나 연꽃이던 시대도 있었다. 자연의 목소리에 귀를 기울이던 사람들이 있었고, 자연과 하나이던 사람들이 있었고, 혹은 신의 목소리에 귀를 기울이던 사람들, 신에게 종속된, 그런 점에서 겸손한, 부끄러움을 아는, 죄의식을 아는 사람들이 있었다.

문학의 경우엔 외부 세계와 단절된 자율성 문학이 나타나고, 이런 문학은 푸코에 의하면 언어의 강등과 관계된다. 언어가 강등한 것은 언어가 그 일반적 수준에서 아래로 하강하고 추락함을 의미하고 그것은 언어와 사물이 1대 1로 대응되던 상태에서 사물이 소멸하고 언어만 홀로 남게 된 상태를 의미한다. 이제 언어는 고독하다. 이런 시대의 문학 역시 고독, 분리, 소외로 물든다. 그러나 이런 고독한 자율성 문학은 푸코에 의하면 언어의 강등이 아니라 이런 강등에 대한 보상이다. 이 말이 중요하다. 근대 문학은 언어의 강등의 산물이지만 동시에 이런 강등에 대한 보상이라는 것. 언어의 고립에 대한 보상. 언어의 고립 속에서 고립을 통해 고립을 이기려는 노력이다. 언어 탐구, 자아 탐구가 그렇다. 따라서 모더니즘 문학은 현실, 세계와의 대화가 아니라 글쓰는 주체와의 대화이고, 문학 운동을 통한 문학의 본질 찾기이고 중요한 것은 모든 문학의 연결선이 예리한 첨단, 곧 쓰기라는 단순한 행위라는 것. 이런 행위는 바르트 식으로는 자동사적 글쓰기에 해당한다.

이런 판에 언어와 사물이 1대 1로 대응한다는 언어론에 기대는 리얼리즘은 실패하고 리얼리즘은 시대에 뒤떨어지고 명분이 없다.

한국적 근대가 있다면 한국적 모더니즘이 있고, 한국적 모더니즘 앞에 한국적 리얼리즘이 있다. 말하자면 한국적 리얼리즘은 한국적 모더니즘 이전에 있고, 지금 이 시대에도 우리시의 경우 리얼리즘적 태도가 존재하지만 시대적으로 뒤떨어지고 문학적으로 명분이 없다.

모더니즘도 실패한다

이상에서 내가 강조한 것은 문학이 있는 게 아니라 역사와 제도가 존재하고 이 역사가 허구라는 것, 우리는 허구 속에서 글을 쓴다는 것, 그러나 이 허구를 신뢰할 수밖에 없다는 아이러니로 요약된다. 문학은 근대의 산물이고 이런 시대의 문학은 모더니즘을 특성으로 하고, 그것은 고독한 글쓰기다. 따라서 리얼리즘 문학이 비판되고, 한편 근대가 사라진다면 혹은 다른 근대를 지향한다면 모더니즘 문학 역시 사라지고 다른 문학을 지향하고 지향해야 한다. 모더니즘의 운명이다.

근대 문학은 근대적 제도 가운데 하나이지만 문학은 같은 제도라도 법이나 학교 같은 제도와는 다른 특성을 보여준다. 모든 제도는 무슨 보편적이고 영원한 진리가 아니라 한 시대의 국가 생산성을 혹은 권력을 효율적으로 지배하기 위한 수단이고, 그런 점에서 이데올로기에 속하고 따라서 허구이다. 그러나 문학이라는 제도는 같은 허구라도 예컨대 법 같은 제도와는 다른 특성으로 보여준다. 쉽게 말해서 법은 지키기 위해 존재하지만 문학은 문학적 법을 지키지 않는다. 지키기는커녕 문학은 문학적 법, 전통을 위반한다. 데리다는 이렇게 말한다.

> 문학의 공간은 제도적 허구일 뿐만 아니라 그 속에서 무엇이나 말하는 것이 원칙적으로 허용되는 허구적 제도이다. 문학에서 무엇이나 말한다는 것은 모든 비유들을 상호 연관시키고 형식적인 총체성을 이루는 것이지만 또한 모든 금지의 위반을 의미한다. 물론 법을 법으로 존재케 하는 모든 영역에는 자기 위반이 존재한다. 특히 문학의 법은 원칙적으로 법을 무효화하거나 법을 제거하려는 경향이 있다. 따라서 무엇이나 말할 수 있다는 이런 문학적 경험 속에 법의 본질이 있다고 생각한다. 곧 모든 제도는 제도를 초과하고 제도를 넘어서려는 경향이 있다.[50]

문학은 제도이고 제도는 허구이고 따라서 문학은 제도적 허구이다. 그러나 법이라는 제도와 달리 문학이라는 제도 속에선 무엇이나 말해도 된다. 무엇이나 말해도 된다는 것은 모든 것을 말하고 모든 것을 말할 수 있고 무엇이나 말할 수 있다는 것. 그런 점에서 문학은 법과 다른, 법을 뛰어 넘는 특성, 법이 현실을 지배한다는 점에서 문학은 허구이고, 허구적 제도이다. 그러나 다시 생각하면 법 역시 법으로 존재하기 위해서는 법의 위반이, 넘침이, 범람이 존재하고, 그러므로 모든 법은, 제도는 법을 뛰어넘고, 제도를 뛰어넘는 경향이 있다. 데리다 식의 이런 해체적 읽기가 암시하는 것은 결국 문학만이 제도적 허구이고 허구적 제도가 아니라 모든 법도 그렇다는 것. 그런 점에서 문학은, 그리고 문학적 경험은 법의 본질이라는 것. 법의 본질은 법의 비본질이고, 문학의 본질은 문학의 비본질이다.

문학에는 언제나 문학을 위반하고 문학을 뛰어넘으려는 경향이 존재한다. 한마디로 문학의 본질은 자기 위반이고 이런 위반, 반역, 배반은 계속된다. 근대 문학, 혹은 모더니즘 문학도 자기 위반이 운명이다. 자기 위반, 실패가 모더니즘의 운명이다. 인간이 죽기 위해 있는 것처럼, 시대가 사라지기 위해 있는 것처럼 모더니즘도 사라지기 위해 있다. 모더니즘은 어떻게 사라지는가?

언어의 측면에서 모더니즘은 기호의 자율성을 강조한다. 기호는 구체적인 세계를, 사물을, 대상을 지시하지 않고 어디까지나 자율적 체계를 강조하고 의미는 이 체계, 구조가 생산한다. 현실과 등을 돌리고 현실과 담을 쌓는다는 점에서 현실로부터 자유롭고 현실을 초월하지만 이런 초월, 자율성은, 혹은 자율성의 극한에는 기호 자체의 투명성이 존재한다. 기호 자체의 무력감이라고 할까? 기호는 기표와 기의, 소리와 개념, 시니피앙과 시니피에로 구성되고, 기호가 의미를 생산하는 것은 언어체계 속에서 한 기호가 다른 기호를 지시하기 때문이고, 말하자면 기호와 기호의 차이 때문이다.

예컨대 '나'라는 기호는 '너'라는 기호를 지시할 때, 다시 말하면 두 기호의 차이가 의미를 생산하고, 이런 의미는 현실을 지시하지 않기 때문에 현실을 초월하고, 따라서 초월적 주체가 그런 것처럼 초월성을 띠고, 이런 초월성이 기호 개념을 넘어선다. 무슨 말인가? 기호는 본질적으로 기호 자체를 강조한다. 그러나 기호의 의미는 기호 자체를 부정하고 기호 자체를 초월하고 기호 너머의 세계를 지향한다는 점에서 모순이다. 데리다가 소쉬르를 비판하는 것 가운데 하나가 그렇다. 기호의 의미가 기호 자체를 초월하고, 혹은 기의가 기표 자체를 초월한다는 것은 그에 의하면 이성중심주의, 서구 형이상학의 전통, 이른바 본질주의적 사유를 보여준다. 기호에는 본질이 있는 게 아니라 차이가 있을 뿐이고, 이 차이가 의미를 생산하기 때문이다.

그런 점에서 기호는 다른 기호를 지시할 뿐이고 이런 지시 행위는 무한히 계속된다. 의미가 이런 지시성에 종속되고 이런 지시성이 무한히 계속된다면 결국 최종적 의미는 없고, 기호 관계만 존재하고, 최종적 기의는 없고 기표들의 관계만 존재한다. 라캉 식으로는 기표들의 사슬이 강조되고 데리다 식으로는 차연이 강조된다. 전자에 의하면 기의는 기표 아래로 계속 미끄러지고 그의 공식은 S/s이다. 혹시 기의가 정착되는 경우가 있지만(문장 끝에 찍는 마침표처럼) 이때도 정착이 아니라 '닻의 지점', '고정점', 혹은 '누비점'이라는 용어가 암시하듯이 이 지점에서 기표와 기의가 잠시 하나로 묶이고 잠시 고정될 뿐이다. 기표라는 이름의 배는 다시 흘러가야 하기 때문이다. 왜냐하면 기표는 배이기 때문이다.

후자의 경우 한 기호의 의미는 다른 기호와의 공간적 차이이고 시간적 지연일 뿐이다. 이른바 차연이다. 그리고 이 차연은 실체가 있는 것도 아니고 없는 것도 아니다. 예컨대 한 문장의 의미는 앞 문장과의 차이가 생산하고 앞 문장의 의미가 지연된 것에 지나지 않고 이런 차연은 무한히 계속되고, 그런 점에서 이 세계가 바로 차연이고 텍스트이다. 이런 차연 개념은 서구 형이상학의 전통을 부정하고 우리들의 전통적 사유 형식, 이른바 이항 대립적 사유체계를 부정한다.

모더니즘이 실패하는 것은 언어 기호의 자율성이 보여주는 모순과 이런 모순을 극복하려는 미학과 관련된다. 들뢰즈 식으로 말하면 이런 자율성의 공간은 이른바 탈영토화를 의미하고, 기표들의 무한한 사슬 앞에서 우리가 체험하는 것은 무력감이다. 기표는 아무것도 생산할 수 없고, 단지 우리를 억압하기 때문이다. 그런 점에서 이런 기호 세계, 자율적 세계는 편집증적 독재 체제가 된다. 우리는 이런 체제로부터 해방을 꿈꾸고 이런 체재와 싸워야 하고 그의 용어로는 재영토화가 요구된다.

선(禪)과 모더니즘

모더니즘 문학이 탈영토화의 세계라면 모더니즘 이후의 문학은 다시 재영토화를 추구하고, 그러나 이 추구는 과거, 곧 영토가 있던 시대로의 퇴행을 꿈꾸는 것이 아니다. 말하자면 리얼리즘으로의 복귀가 아니다. 들뢰즈에 의하면 기호 체제는 다섯 가지로 구분된다. 1) 기표작용적 체제, 2) 전기표작용적 체제, 3) 후기표작용적 체제, 4) 반기표작용적 체제, 5) 탈기표작용적 체제. 그가 말하는 기표작용적 체제는 기호가 보여주는 자율적 체계를 의미하고, 모더니즘 문학은 여기 속하고 이는 다시 여덟 가지 양상 혹은 원리로 정의된다.[51)]

前기표작용적 체제는 기표작용이 작동하기 이전의 기호계, 後기표작용적 체제는 기표작용 이후에 생겨난 주체화가 중심이 되는 기호계, 反기표작용적 체제는 기표작용에 반대하고 저항하는 기호계, 脫기표작용적 체제는 기표작용과 무관하게 작동하는 기호계를 말한다. 이런 기호계 가운데 내가 관심을 두는 것은 특히 반기표작용적 체제이고, 이런 체제는 그에 의하면 이른바 유목민들의 기호계에 속한다. 요컨대 그가 강조하는 것은 이런 유목민적 특성이 기표작용적 체제가 보여주는 편집증적 독재 체제, 혹은 전제 체제에 반대하고 저항한다. 그런 점에서 모더니즘 이후의 문학, 혹은 모더니즘에 저항하는 문학은 유목민적 기호 개념을 중심으로 해명할 수 있다.

그러나 나는 이 문제는 잠시 보류하고 그가 말하는 기표작용적 체제에 반대하고 저항하는 동양적 대안으로 불교, 특히 선불교적 사유를 생각하고 이런 사유가 혹은 탐구가 모더니즘 이후의 우리 시가 나가야 할 하나의 방향이고 방향이 되어야 한다고 생각한다. 사실 선불교적 사유라고 하지만 禪에는 무슨 사유가 있는 것이 아니고 무슨 사유도 모두 버려야 하고, 그런 점에서 사유의 전통을 부정할 뿐만 아니라 사유 자체를 부정한다. 그러나 시쓰기는 이런 부정의 종교적 윤리적 실천, 언어도 버려야 하는 실천이 아니라 어디까지나 언어에 의해 언어와 싸우면서 이런 부정에 도달하려는 노력이기 때문에 진정한 의미로서의 선이 아니다.

선적 사유라는 말을 할 수 있다면 선적 사유, 선에 가까이 가려는 사유에 의해 모더니즘 문학을 극복할 수 있다. 그런 점에서 내가 이 글에서 강조하는 것은 禪詩나 禪이 아니라 선적 태도, 취향, 감각에 의해 우리 모더니즘 문학을 극복하고 극복해야 한다는 점이다. 물론 이런 말, 무엇을 극복해야 한다는 말도 집착이고 언어도 집착이고 그러므로 문학도 집착이다. 부처님은 수보리에게 말한다. "그러므로 응당 법에 집착하지 말 것이며, 비법에도 집착하지 마라. 그러므로 여래가 늘 말하기를 너희 비구들아 나의 설법은 뗏목에 비유되니 법까지도 마땅히 버려야 하거늘 하물며 비법이랴." (『금강경』, 「正信希有分」) 문학은 법인가? 문학도 버려야 한다. 그러므로 이 글은 문학도 버리고 모더니즘 문학도 버리기 위해 쓰는 글이고, 버리는 방법에 대해 쓰는 글이고 버리는 방법도 버리기 위해 쓰는 글이다. 결국은 버릴 것도 없고 지닐 것도 없지만 나는 시 쓰는 사람이고 시에 대해 무슨 소리를 하는 사람이기 때문에 이 글에서는 덕산(德山) 스님의 탁발 공안(公案)으로부터 이야기를 시작하자.

> 덕산 스님 밑에서 두 사람의 큰 스님이 나왔으니 암두 스님과 설봉 스님이다. 덕산 스님이 어느 날 공양이 늦어지자 손수 바리때를 들고 법당에 이르렀다. 공양주이던 설봉 스님이 이것을 보고 '이 늙은이가 종도 치지 않고 북도 두드리지 않았는데 바리때를 들고 어디로 가는가?'

하니 덕산 스님은 머리를 숙이고 곧장 방장으로 돌아갔다. 설봉 스님이 이 일을 암두 스님에게 전하니 암두 스님이 '보잘것없는 덕산이 말후구(末後句)도 모르는구나' 하였다. 덕산 스님이 그 말을 듣고 암두 스님을 불러 묻되 '네가 나를 긍정치 않느냐?' 하니 암두 스님이 은밀히 그 뜻을 말했다. 그 다음 날 덕산 스님이 법상에 올라 법문을 하는데 그전과 달랐다. 암두 스님이 손벽을 치고 크게 웃으며 '기쁘다. 늙은이가 말후구를 아는구나. 이 후로는 천하 사람들이 어떻게 할 수 없으리라. 그러나 다만 삼 년뿐이로다.' 했는데 과연 삼 년 후에 돌아가셨다.[52)]

처음 이 이야기를 읽고 나는 베케트의 드라마를 보는 것 같다는 생각이 들었고, 그 후 이 덕산 스님의 탁발 이야기는 내 머리에서 좀처럼 떠나지 않는 무슨 화두 같고 지금도 그렇다. 도대체 이 세 스님들은 무엇을 하고 무슨 말을 하고 과연 무슨 말이 무슨 말인가? 교외별전 불립문자의 세계라지만 이들이 전하는 것은 무엇이고 이들은 서로 무슨 말을 하고 있는가? 성철 스님은 이 공안에서 네 가지 어려운 점을 지적한다.

첫째는 덕산 스님이 설봉 스님의 말 한 마디에 머리를 숙이고 돌아간 이유. 그는 대답할 능력이 없었는가, 아니면 또 다른 뜻이 있었는가? 둘째는 덕산 스님이 과연 말후구를 몰랐는가? 모르고서 어떻게 대조사가 되었는가? 셋째는 은밀히 그 뜻을 말했다고 하는데 무슨 말을 하였을까? 넷째는 덕산 스님이 암두 스님의 가르침에 의해 말후구를 알았으며 또 수기(授記)를 받았는가? 그렇다면 암두 스님이 덕산 스님보다 몇 배나 더 훌륭했다는 말인가? 내가 이 글에서 강조하는 것은 이런 문제를 살피려는 것이 아니라 이 이야기가 들뢰즈가 말하는 이른바 기표작용적 체제, 곧 모더니즘 원리에 대한 비판과 대안이 될 수 있다는 점이다.

첫째로 기표작용적 체제에서는 기호가 기호를 지시하면서 무한한 의미 생성이 가능하다. 그러나 덕산 스님의 탁발 이야기에서는 기호와 기호가 1대 1로 대응하지 않고, 따라서 내적 체계가 없고, 기호의 발전이 없고, 의미 생산이 단절된다. 예컨대 덕산이 설봉의 말 한 마디에 아무 대꾸도 않고 방장으로 돌아간 것. '어디로 가는가?'라는 기호는 대답과의 관계, 대립, 차이 속에서 의미를 띠지만 덕산 이야기에서는 이런 질문/대답의 관계가 파괴되고 부정된다.

둘째로 기표작용적 체제에서는 기호들이 체계 속에서 회귀한다. 말하자면 순환성을 띤다. 은유의 원리가 그렇다. 그러나 이 이야기에는 이런 순환이 없고 기호는 계속 이동할 뿐이다. 한번도 회귀한 적이 없고 마침내 삶의 세계에서 죽음의 세계로 이동한다. 그러나 은유의 경우에는 삶의 세계와 죽음의 세계는 이렇게 발전하는 것이 아니라 순환한다.

셋째로 기표작용적 체제에는 중심이 있지만 이 이야기에는 중심이 없다. 덕산이 중심인가? 설봉이 중심인가? 암두가 중심인가? 중심 주제는 무엇인가?

넷째로 기표작용적 체제는 해석에 의해 기호계가 확장되고 따라서 기의가 주어지고 다시 이 기의가 기표가 되는 과정이 반복된다. 그러나 이 이야기는 도무지 그런 해석의 단서를 제공하지 않고, 따라서 기의가 부여되지 않는, 기의를 부여할 수 없는, 그런 점에서 기의가 탈락된, 기의를 부정하는 기표의 세계라고 할 수 있다.

다섯째로 기표작용적 체제에서는 기호들의 무한 집합이 하나의 중심이 되는 기표를 지시하고, 이 기표가 왕, 군주, 절대적 권위를 상징한다. 라캉 식으로는 아버지라는 이름, 남근, 대타자이다. 그러나 덕산 이야기에는 이런 중심 기표가 없고, 이렇게 절대 기표, 중심 기표가 없다는 것은 불교가 지향하는 이른바 空 사상과 통한다.

여섯째로 기표작용적 체제에서는 기표가 실체를 소유한다. 들뢰즈가 말하는 실체는 얼굴이고, 이 얼굴이 목소리와 관련되기 때문이다. 데리다는 소쉬르가 음성중심주의, 이성중심주의를 지향한다고 비판한 바 있다. 그러나 이 이야기에서는 기표가 실체를 소유하지 않는다. 예컨대 암두 스님이 은밀히 그 뜻을 말했다고 하지만 무슨 말인지 모르겠고, 따라서 그것은 암두의 목소리가 아니고, 암두는 덕산이 말후구도 모른다고 했지만 과연 모른다고 한 것인지 알고도 그런 말을 한 것인지 모르겠다. 요컨대 여기서 기표는 실체, 목소리, 이성을 배반한다.

일곱째로 기표작용적 체제는 체계로부터의 도주선을 부정한다. 체계로부터 도주하는 경우 그는 희생양이 된다. 이런 체제는 언제나 닫힌 공간, 폐쇄적인 공간이기 때문이다. 그러나 이 이야기는 이런 폐쇄적 공간이 아니라 열린 공간, 개방적 공간이다. 이런 공간에는 시작도 끝도 없다. 그렇지 않은가? 과연 어디가 시작이고 어디가 끝인가? 어느 날은 어느 날일 뿐이다. 어느 날 우연히 이런 일이 있고 또한 설봉이 그런 말을 하든 암두가 그런 말을 하든 혹은 설봉의 말을 암두가 하든 암두가 한 말을 설봉이 하든 혹은 덕산이 한 말을 암두가 하든 관계가 없다. 모든 선은 도주하고 그런 점에서 禪은 線이고 그것도 도주선이다. 禪은 한 점에 고정되는 것이 아니라 線을 따라 선에 의해 선을 삼키며 무수히 도주한다. 그리고 이 도주는 도주가 아니다. 왜냐하면 무주(無住)는 무주가 아니기 때문이다. 머물지 않는 것이 머무는 것이고 머물다/머물지 않다는 분별을 떠나기 때문이다. 그런 점에서 선적 시학은 탈영토화(無)가 바로 재영토화(有)가 되는 그런 재영토화를 지향한다.

끝으로 결국 기표작용적 체제는 보편적 기만체계이다. 모든 체계가 기만체계이고 허구이고 폭력이고 억압이다. 그런 점에서 이 이야기는 이런 기만에서 허구에서 폭력에서 억압에서 해방되는 탈출하는 도주하는 길을 암시한다. 들뢰즈에 의하면 유목민적 기호계가 반기표작용적 체제이지만 나는 불교적 사유, 혹은 선적 기호 혹은 반기호가 기표작용적 체제, 말하자면 모더니즘 이후의 우리시, 우리 모더니즘을 극복하고 해체하는 방향이라고 생각한다. 이제까지 덕산 스님의 탁발 이야기를 분석한 것은 그런 방향을 찾기 위해서였다.

파리병에서 나오는 길

그러므로 중요한 것은 이 언어체계, 기표작용적 체제에서 해방되는 길이고 방법이고 책략이다. 비트겐슈타인이 생각난다. 그가 후기의 『철학적 탐구』에서 강조한 것은 유리병에 갇힌 파리에게 그 병에서 나오는 길을 보여주려는 시도였다. 그에 의하면 언어는 처음 현실을 그리는 그림으로 인식되고, 다음 자율적인 규칙의 세계인 경기로 인식되고, 마침내 파리가 갇힌 유리병 혹은 사다리로 인식된다. 들뢰즈가 말하는 기표작용적 체제는 자율적 규칙의 세계, 기호, 경기로서의 언어에 해당하고, 그가 이런 기표작용적 체제를 비판하는 것은 이런 언어 체제가 우리를 억압하고 우리의 삶을 규제하기 때문이다. 그런 점에서 언어는 감옥이고, 우리는 수인이고, 우리는 유리병에 갇힌 파리이다.

유리병에서 나오는 길은 없는가? 앞에서는 덕산 스님의 탁발 이야기를 중심으로 그 방법을 찾았지만 이런 선적 감각은 우리시의 경우 김춘수나 김수영의 경우에도 나타난다. 특히 김수영의 경우 이런 감각을 읽을 수 있다는 것은 그동안 우리 현대시와 선의 관계를 도식적으로 혹은 선시 모방적인 측면에서만 논의해온 시대착오적 경향을 벗어날 수 있는 단서가 되고 되어야 한다. 사실 그동안 우리 현대시의 선적 경향이라고 주장된 것들은 선적 경향이나 감각은 있지만 한마디로 현대가 탈락된, 이 시대가 탈락된, 이 시대에 대한 고뇌나 갈등을 동기로 하지 않는 그야말로 무색무취한 고풍스런 선시이고 선적 감각의 시이고 또한 소승적인 어조로 일관되었고 지금도 사정은 비슷하다.

베케트의 희곡, 존 케이지의 음악, 백남준의 예술, 나아가 앤디 워홀의 작업까지 이른바 모더니즘을 파괴하는 예술이 궁극적으로는 동양 사상, 그것도 선불교적 태도를 지향한다고 해석할 수 있다면 아직도 고려나 이조풍의 선시 혹은 선적 시가 판을 친다는 것은 우리 현대시의 낙후성과 통한다. 김수영을 다시 읽는 것은 이런 낙후성을 극복하기 위한 노력이고 현대와 결합되면서 동시에 현대를 부정하고 해체하는 그런 선적 감각을 공부하기 위해서이다.

예컨대 김수영의 「등나무」는 난해한 시에 속하지만 이 난해성이 문제이다. 그동안 이 시는 민중의식, 말하자면 등나무 줄기가 뻗어가는 과정, 지칠 줄 모르고 서로 얽히며 뻗어가는 과정이 민중의 끈질긴 삶과 저항을 표상한다는 식으로 해석되었지만, 이런 해석이 정설도 아니고 반드시 옳은 것도 아니다. 시에는 무슨 옳은 해석이 있는 게 아니고 따지고 보면 모든 해석은 오류이고 갈등이고 등나무이다. 등나무는 줄기가 하나로 곧게 뻗어 오르는 것이 아니라 그 줄기가 한 쪽으로 감기면서 뻗어 오르고 그러므로 뻗어 오르는 것도 아니고 뻗어 내려가는 것도 아니다. 요컨대 등나무는 나무이면서 나무가 아니다. 그렇다면 콩인가? 물론 콩과에 속하지만 콩이 아니고 나무이다. 김수영이 노래하는 것은 두 줄기로 뻗어 올라가던 놈이 며칠 전에 한 줄기가 더 생겼다는 것. 줄기가 민중의식을 표상한다면 이런 표현은 민중이 더 늘었다는 말인가? 중요한 것은 밤 사이에 이슬을 마신 등나무 잎에 갑충과 쉬파리떼와 진드기가 있다는 것, 말하자면 진(眞)과 속(俗)이 하나라는 것. 그렇다면 이런 말 뒤에 오는

> '엄마 안 가? 엄마 안 가?'
> '안 가 엄마! 안 가 엄마! 엄마가 어디를 가니?'
> '안 가유?'
> '안 가유! 하---'
> '으흐흐---'

같은 시행들은 무엇을 말하는가? 이 시의 난해성은 이런 표현에 있고, 이런 난해성이 김수영의 선적 감각과 통한다는 게 내 생각이다. 이 시행들은 앞의 연과 무슨 관계가 있는 것도 아니고 없는 것도 아니다. 도대체 이런 말을 하는 화자는 누구인가? 갑충, 쉬파리떼, 진드기라고 할 수는 없고, 갑자기 등나무 아래 엄마와 아이가 나온다는 증거도 없고, 그렇다면 등나무 줄기인가? 두 줄기 외에 새로 생긴 한 줄기가 아이인가? 이 시행 다음에는 등나무의 위치가 드러난다. 등나무는 우물 옆에 있고 넝쿨장미 위에 있고, 등꽃 위에 있다. 그리고 다음다음 연에는 "우물이 말을 한다/ 어제의 말을 한다"는 시행이 나온다.

그러므로 이 말, 엄마와 아이의 말은 우물이 하는 말이고 우물은 '어제의 말'을 한다. 물론 어제의 말은 어제에 대한, 과거에 대한 말일 수도 있고, 어제 한 말, 과거에 한 말일 수도 있다. 다시 생각하면 이 말은 어제의 말이지만 우물의 말이고, 우물 옆에 등나무가 있으므로 우물이 하는 말은 우물에 비친 등나무가 하는 말이 된다. 이렇게 복잡한 것이 문제이다. 우물에 비친 등나무가 하는

말은 결국 등나무 줄기가 하는 말이다. 결국 이런 표현은 등나무/우물, 넝쿨장미/등나무, 등꽃/등나무, 등나무 줄기/인간, 어제의 말/어제 한 말, 어제/오늘의 경계를 해체한다. 어제의 말이 오늘의 말이고, 등나무 줄기의 말이 인간의 말이고, 우물의 말이 등나무의 말이다. 비침의 주체/객체의 경계가 해체된다.

요컨대 이 시에서는 시간적인 경계가 해체되고 공간적인 경계가 해체되고 등나무와 인간의 경계가 해체된다. 뿐만 아니라 대화 자체도 무슨 말을 하는지 감이 잡히지 않는다. '엄마 안 가?'는 부정을 전제로 한 질문이고 대답 역시 부정을 전제로 한다. 문제는 '안 가유?'라는 물음에 대한 '안 가유! 하---'라는 대답이고 이 대답에 대한 '으흐흐---'라는 표현이다. 무슨 말을 하는가? 물론 '안 가유! 하---'는 탄식이거나 환희이고 '으흐흐---'는 흐느낌이다. 그렇다면 이런 느낌들은 무엇을 표상하는가? 중요한 것은 이런 표현들이 긍정/부정, 환희/탄식의 경계를 해체한다는 것. 뿐만 아니라 김수영은 두 줄기 외에 "한 줄기가 더 생긴 것이 며칠 전이었나"라고 묻는다. 그렇다. 며칠 전이었나? 이 글을 쓰다 만 것이 며칠 전이었나? 당신을 만난 것이 며칠 전이었나? 며칠 전이 며칠 전이었나? 헤아린다는 것은 무엇이고 분별한다는 것은 무엇인가?

조주 스님은 말한다. "지도무난 단혐간택(至道無難 但嫌揀擇)." 도에 이르기는 어렵지 않다. 다만 간택을, 분별을, 사량(思量)을 버리라. 유리병에 갇힌 파리는 어떻게 유리병에서 나올 것인가? 우리는 어떻게 이 언어라는 감옥에서 현실에서 영창에서 나갈 것인가?

육긍 대부가 남전(南泉) 선사에게 물었다. '스님 옛날 어떤 사람이 병 속에 거위 새끼를 키웠습니다. 거위가 자랐는데 그걸 어떻게 꺼내겠습니까? 병을 깨도 안 되고 새도 다치게 해서는 안 됩니다.' 그러자 남전

> 선사는 느닷없이 '대부!' 하고 불렀다. '예' 엉겁결에 대부가 대답을 하고 쳐다보니 남전 선사가 빙그레 웃으며 말했다. '병 속에서 나온 새를 보았는가?'[53)]

거위는 병에서 나온 것인가? 아니면 거기 그대로 있는 것인가? 있다고 할 수도 없고 없다고 할 수도 없다. 있음/없음에서 벗어나는 길이 이렇게 어렵구나. 변(邊)에서 떠나기가, 곧 실체가 있다는 견해와 실체가 없다는 견해를 벗어나는 길이 이렇게 어렵다. 그러므로 원효 스님은 말씀하신다.

> 무릇 좋다/나쁘다, 아름답다/추하다, 높다/낮다 등의 차별이 없는 평등의 세계, 곧 영구히 변치 않는 우주의 온갖 사물의 있는 그대로의 모습은 있음/없음에 집착하는 그릇된 생각을 떠나서 오직 맑고 깨끗하다.[54)]

15. 언어여 침을 뱉어라

—禪과 후기현대시의 방향—

후기현대와 시뮬라시옹

나는 그동안 우리시의 새로운 방향이 선(禪)과 함께 선을 통해 선을 공부하면서 전개될 수 있고 전개되어야 한다는 생각에서 몇 편의 글을 발표한 바 있다. 시는 무슨 영원한 게 아니라 언제나 시대의 산물이고 따라서 시대가 변하면 시 역시 변해야 하고 우리는 지금 이른바 21세기를 살고 이 시대를 일부에서는 정보화 시대 혹은 후기자본주의 시대라고 말한다. 20세기를 지배한 시가 이른바 현대시, 모더니즘이라면 새로운 시대의 시는 이런 현대성을 미적으로 극복하는 후기현대성을 지향하고 지향해야 한다. 그러나 말이 쉽지 시의 경우 후기현대성의 미학, 철학, 세계관에 대해서는 주장들이 분분할 뿐이고 이것이 우리시 나아가 우리 문학의 한계이고 문제점이다.

이런 한계를 뚫고 나가는 일은 말처럼 쉽지 않고 최근의 우리 시단이 생산하는 담론들은 이런 문제와는 담을 쌓고 아예 외면하고 아직도 19세기적 서정시론 아니면 20세기 모더니즘 시론 그것도 한물 간 신비평이다. 이런 시론들이 우리시의 새로운 방향, 말하자면 미적 현대성을 극복하는 문제에 대해 무슨 도움이 되는지 모르겠고 그런 점에서 지나치게 보수적인 발언들이 극성을 부리고 있다.

내가 그동안 선과 관련해서 몇 편의 글을 쓴 것은 요컨대 우리 시의 후기현대성을 선의 문맥에서 이해하고 그 철학적 사상적 토대를 거기서 찾으려는 노력의 산물이다. 이런 노력은 그러니까 그동안 서양의 문맥에서만 읽어온 포스트모더니즘의 미학/반미학을 동양적 문맥, 특히 선불교적 문맥에서 새롭게 읽고 우리대로의 새로운 미학/반미학을 세우려는 노력과 통한다. 공부하기에 따라서는 이런 노력은 21세기의 예술과 시의 방향을 제시하고 동양과 서양의 대화, 넘나들기, 경계 해체를 통해 서구 지배적이었던 현대시의 흐름을 주체적으로 해석하고 새로운 논리를 부여한다는 점에서 서구 종속적인 문학 이론을 극복한다는 의미도 띤다.

미적 모더니즘은 기호의 자율성을 강조하지만 이 자율성은 내적인 모순을 드러내고, 말하자면 기호 자체가 의미를 생산한다는 점에서 비판되고 이때 기호 자체란 말은 현실과 관계없다는 것. 그리고 기호와 기호의 차이가 의미를 생산한다는 것을 뜻한다. 들뢰즈식으로 말하면 이런 자율성의 공간은 이른바 탈영토화를 의미하고 기표들의 무한한 사슬 앞에서 우리가 체험하는 것은 무력감이고 기표는 아무것도 생산할 수 없고 단지 우리를 억압한다는 점에서 비판된다. 따라서 모더니즘을 극복하는 문학은 다시 재영토화를 추구하지만 이 추구는 과거, 곧 영토가 있던 시대로의 퇴행, 말하자면 리얼리즘으로의 복귀가 아니다. 나는 들뢰즈가 말하는 반기표작용적 체계를, 그러니까 기표작용에 반대하고 저항하는 기호계를 선불교와 관련시켜 후기현대성을 해석한 바 있다.[55]

물론 후기현대성에 대해서는 이론가들마다 주장이 다양하지만 포스트모던 사회의 문화적 특성을 이른바 시뮬라크르(simulacra)로 정의한 보드리야르(Baudrillard)의 주장은 이제 거의 고전적 가치를 띠고 그만큼 설득력이 있고 특히 포스트모더니즘의 미학/반미학의 이론 정립에 폭넓게 적용된다. 시뮬라크르란 과연 무엇인가? 다음은 보드리야르의 말.

> 추상의 매력을 낳았던, 어떤 것에서 다른 것 사이에 게재되었던 지고의 다름이 사라져버렸다. 지도의 서정과 영토의 매력, 개념의 마술과 실재의 매력을 낳는 것은 다름이기 때문이다. 지도와 영토를 이상적으로 일치시키려는 지도 제작자들의 광적인 계획 속에서 절정을 이루고 또 수그러든 재현적 상상 세계는 시뮬라시옹 속에서 사라진다. 이 시뮬라시옹의 작용은 핵분열적이고 발생론적이지 전혀 사변적이거나 담론적이지 않다. 사라져버린 것은 모든 형이상학이다. 더 이상 존재와 그 외양을 나누던, 실재와 그 개념을 나누던 거울이 없다. 더 이상 상상적인 공통 분모가 없다. …실재는 이제 합리적일 필요가 없는데 그 이유는 실재란 더 이상 이상적이거나 부정적인 어떤 사례에 빗대어 측정되지 않기 때문이다. 실재는 이제 조작적일 뿐이다.[56)]

이 글을 옮긴 하태환도 지적하듯이 보드리야르에 의하면 이 시대, 곧 포스트모던 사회의 특성은 다름, 차이가 사라진다는 데 있다. 현대 사회가 차이나 대립을 강조한다면 후기현대 사회는 차이를 제거하고 그런 점에서 소쉬르가 말하는 언어적 특성도 부정된다. 소쉬르에 의하면 의미는 기호들의 차이가 생산하지만 후기구조주의자들 예컨대 데리다는 의미를 생산하는 차이가 아니라 차이 자체 말하자면 절대적 차이, 흔적, 차연을 강조한다. 그러나 보드리야르는 이런 절대적 차이마저 부정하고 제거한다.

그러므로 지도와 영토의 일치를 강조하던 재현적 상상 세계는 사라지고 재현 역시 지도를 그린다는 점에서 추상에 지나지 않는다. 따라서 원본이 없는 시뮬라시옹의 세계는 하나의 세포로부터 그와 똑같은 다른 세포가 증식하듯이 코드의 무한한 복제가 가능한 세계이다. 모든 형이상학은 외양/본질, 사물/존재의 대립을 강조하기 때문에 시뮬라시옹 속에서는 형이상학도 사라진다. 시뮬라크르는 가상, 사이버 실체, 가장으로 번역이지만 어디까지나 원본이 없는 그러니까 원본/이미지 실재/헛것이라는 2항 대립체계를 벗어나는 그런 이미지이고 보드리야르에 의하면 실제보다 더 실제적인 헛것이고 제3의 현실이 된다. 시뮬라시옹은 이런 시뮬라크르가 형성되는 과정을 의미한다. 나는 이 글에서 시뮬라크르를 가상적 실체라고 번역한다.

리얼리즘이 원본(현실)을 복제한다면 모더니즘은 복제가 아니라 자율적인 언어 공간을 강조한다. 그러나 모더니즘이 지향한 것은 이런 자율성을 전제로 자율성과 함께 자율성을 통해 존재 찾기, 의미 찾기이다. 그런 점에서 모더니즘은 표면/심층, 현상/본질, 언어/의미라는 2항 대립을 전제로 한다. 그러나 포스트모더니즘은 위에서 살핀 것처럼 경계를 허물고 원본이 없는 이미지, 2항 대립의 해체, 복제의 복제로 나타나는 가상적 실체의 세계이다. 그러나 중요한 것은 시뮬라시옹의 미적 실천이고 이런 실천이 동양적 사유, 특히 선불교와 맺는 관계이다.

왜냐하면 많은 이론가들이 지적하듯이 시뮬라시옹 혹은 포스트모더니즘은 자본주의적 허무의 세계이고, 자본주의와 손을 잡는 미학이고 현실이기 때문이다. 예컨대 바우만(Bauman)에 의하면 포스트모더니즘은 아방가르드의 한계 혹은 아이러니로 요약된다. 그는 아방가르드가 의도는 현대적이었지만 결과는 후기현대적이고 혹은 의도는 근대적이었지만 결과는 탈근대적이라고 말한다. 아방가르드는 이 시대에 오면서 상업주의와 결탁하고 따라서 최초의 부르주아 예술에 대한 공격, 위반, 투쟁을 지향하던 의도는 결과적으로 실패하고 자기 파괴의 극한에서 더 이상 나갈 방향을 찾지 못하는 한계에 봉착한다.

따라서 그에 의하면 포스트모던 아방가르드라는 말은 모순적인 용어이다. 그러나 이 모순을 극복하는 일, 그러니까 이 시대 아방가르드의 한계, 한국이든 미국이든 전위 예술의 한계를 돌파하고 전위 예술의 아이러니를 극복하고 이른바 포스트모더니즘의 새로운 출구와 방향을 선적 사유와 실천에서 찾자는 게 내 글의 주제이다. 따라서 에코(Eco)가 지적하고 에코의 지적과 암시와 제안을 따라 아방가르드의 한계가 라우센버그(Rauschenberg)의 이른바 백지 회화 혹은 공백의 회화로 나타나고 존 케이지(Cage)의 침묵 음악으로 나타나고 이런 예술은 영원한 해방을 꿈꾸지만 결국은 자기 파괴로 끝나고 더 이상 나갈 길을 찾지 못하고 결국은 아방가르드는 종말을 맞는다는 게 바우만의 주장이다.[57]

그러나 이런 주장은 어디까지나 서양 중심의 주장이고 동양적 사유, 특히 선불교적 사유에 의하면 이런 한계는 축복이 된다. 내가 존 케이지의 예술, 전위 예술, 포스트모더니즘을 선과 결합시켜 새롭게 해석한 것은 이런 문맥에서이다.[58]

내 마음 깨뜨려 이름을 빼내가라

포스트모더니즘의 한계가 축복이라? 그렇다. 언제나 한계나 위기는 축복이고 축복은 축축한 게 아니다. 일찍이 나는 황지우, 이성복, 최승호, 박남철 같은 1980년대 시인들의 새로운 특성을 이른바 해체니 포스트모더니즘이니 하면서 다소 성급하게 정의한 바 있고,

아니 그 앞 세대 시인들인 김수영, 김춘수 같은 시인들에게도 그런 증후가 나타난다고 주장한 바 있고 이런 주장은 지금도 크게 달라진 건 아니다. 이런 주장이나 판단은 어디까지나 우리시의 역사, 문맥, 전통을 전제로 한 것이지 서양의 문맥을 전제로 한 것이 아니다. 말하자면 우리시의 새로운 양상을 서양의 범주, 안경으로 들여다 본 것이고 따라서 그것은 한국적 포스트모더니즘이고 한국적 해체이다.

그 후 황지우는 시집 『게 눈 속의 연꽃』(1990)을 비롯한 여러 시집에서 1980년대적 실험, 파괴, 해체를 동양적 사유, 특히 불교적 사유에 의해 사유를 통해 사유와 함께 새로운 세계를 모색하고 이성복은 시집 『달의 이마에는 물결무늬 자국』(2003)에서 상호텍스트성을 실천하고 최승호는 『아무것도 아니면서 모든 것인 나』(2003)에서 온건하긴 하지만 불교적 사유를 전개한다. 이런 사정은 우리시의 경우 포스트모더니즘이 일단 불교적 사유를 지향하고 이런 지향은 서양의 예술적 위기가 동양의 사유에 의해 극복될 수 있다는 사실을 암시한다. 그런 점에서 내가 말하는 선이나 선적 태도는 그동안 심심치 않게 논의되던 전통적 선시나 이런 선시를 모방하는 일군의 보수적인 시인들, 예컨대 황동규, 오세영, 최동호, 조정권, 이성선 같은 시인들의 작업과는 관점을 달리 한다. 달리 한다는 것은 이들은 한때 최동호가 주장한 이른바 정신주의에 동의하는 것 같고 따라서 정신주의를 실천한다고 생각되고 내가 말하는 선적 태도는 이렇게 무슨 정신을 중심으로 하는 게 아니라 그런 점에서 무슨 본질을 강조하는 태도가 아니다.

나는 지금도 이 세계에 무슨 본질이 있고 더구나 정신이 본질이라는 주장에는 동의하지 않는다. 그런 점에서 2항 대립체계를 사유의 기본으로 하는 형이상학을 부정하고 이런 부정은 이미 선 불교가 실천하고 있었다는 점에서 만시지탄은 있지만 우리 현대시의 새로운 방향, 특히 전위적이고 실험적인 시인들의 새로운 방향을 생각하면 만시지탄(晩時之歎)이 아니라 조시지탄(早時之歎)이고 이제 비로소 때가 무르익었다는 생각이다. 왜냐하면 철학이든 사상이든 예술이든 시대와 제대로 만나야 하고 우리 현대시의 새로운 방향이 선 불교와 만나는 것은 이런 시대성을 전제로 한다. 포스트모더니즘의 한계가 禪사상을 부르고 선사상이 포스트모더니즘의 한계를 극복하고 극복해야 한다. 어떻게?

처음 본 모르는 풀꽃이여, 이름을 받고 싶겠구나
내 마음 어디에 자리하고 싶은가
이름 부르며 마음과 교미하는 기간,
나는 또 하품을 한다

모르는 풀꽃이여, 내 마음은 너무 빨리
식은 돌이 된다. 그대 이름에 내가 걸려 자빠지고
흔들리는 풀꽃은 냉동된 돌 속에서도 흔들린다
나는 정신병에 걸릴 수도 있는 짐승이다

황지우의 「게 눈 속의 연꽃」 중 일부이다. 알 만한 사람들은 알겠지만 이 시의 모티프는 김춘수의 「꽃」과 「꽃을 위한 서시」이다. 그런 점에서 황지우는 역시 황지우답게 남의 시를 그것도 그 유명한 김춘수의 시를 모티프로 하고 따라서 이 시는 김춘수의 시와 대화적인 관계에 있고 아니 투쟁적인 관계(?)에 있고 이런 기법이나 방법은 그의 시가 보여주는 후기현대성과 통한다. 그러나 이 시는 단지 후기현대성만 보여주는 게 아니라 김춘수의 시에서 읽을 수 있는 언어와 사물의 관계를 부정하고 그런 사유를 빈정댄다. 문제는 이런 빈정거림이 선적 사유와 닿아 있다는 것. 따라서 그는 이 시에서 우리시의 후기현대성을 선적 사유에 의해 일단 극복하려는 몸짓을 보여준다. 김춘수는 「꽃」에서 이렇게 노래한다.

> 내가 그의 이름을 불러주기 전에는
> 그는 다만
> 하나의 몸짓에 지나지 않았다.
>
> 내가 그의 이름을 불러 주었을 때
> 그는 나에게로 와서
> 꽃이 되었다.

김춘수의 경우는 꽃이고 황지우의 경우는 풀꽃이다. 전자의 경우 명명 이전에는 하나의 몸짓에 지나지 않지만 후자의 경우에는 이름을 받고 싶어 한다. 말하자면 전자에선 명명 행위가 전적으로 주체, 나, 화자의 문제이고 후자에선 주체와 대상의 문제로 나타난다. 그렇다는 것은 풀꽃이 이름을 받고 싶어 한다는 표현 때문이다. 인간중심주의적 시각에 의하면 무슨 풀꽃이 그것도 하찮은 풀꽃이 이름을 받고 싶어 하겠는가? 그러나 이 풀꽃은 이름을 받고 싶어 한다.

다음 김춘수의 경우 명명 이후 꽃은 주체에게로 와서 비로소 꽃이 되고, 따라서 명명 행위는 생략되지만 황지우의 경우 명명 행위는 마음과 교미하는 일이고 마음과 섹스하는 일이고 이런 시간에 그는 하품을 한다. 요컨대 명명 행위가 지겹다는 것, 권태롭다는 것, 무의미하다는 것. 그리고 2연에 다시 나오는 "모르는 풀꽃이여"

가 암시하듯 명명 행위가 있어도 사물은 그러니까 풀꽃은 알 수 없고 이른바 존재를 획득하지 못한다. 그러나 김춘수의 경우에는 명명 이후 꽃은 존재를 획득하고 비로소 꽃으로 존재한다.

이름을 불러도 풀꽃을 알 수 없는 것, 풀꽃이 미지의 존재가 되는 것은 '마음'이 너무 빨리 '식은 돌'이 되고 '그대 이름에 내가 걸려 자빠지기' 때문이다. 사물은 언어에 의해 존재를 획득하고 존재를 건설하고 이때 존재의 건설은 하이데거 식으로 말하면 눈에 보이는 존재자들(being)이 은폐하고 있는 존재, 대문자 존재(Being)를 건설하는 일과 통한다. 이른바 하이데거가 주장하는 개시성(開示性), 비은폐성이 예술의 진리라는 것. 그리고 이런 진리 찾기, 본질 찾기, 의미 찾기가 모더니즘 문학의 주제 가운데 하나이다.

그러나 황지우는 이런 탐구를 부정하고 비판한다. 명명 행위는 권태롭고 명명 이후에도 사물은 알 수 없고 언어에 걸려 그는 넘어질 뿐이다. 요컨대 그에게 언어는 장애물이고 방해물이고 절벽이다. 그러므로 그는 '정신병에 걸릴 수도 있는 짐승'이 된다. 김춘수는 「꽃을 위한 서시」에서 이렇게 노래한다.

> 나는 시방 위험한 짐승이다.
> 나의 손이 닿으면 너는
> 미지의 까마득한 어둠이 된다.

김춘수가 이 시에서 노래하는 것은 하이데거적 의미로서 사물의 본질, 존재, 의미 찾기이고 결국 그는 사물의 본질을 찾을 수 없다고 고백한다. 그가 '위험한 짐승'인 것은 미지의 세계를 추구하고 탐구하기 때문이다. 그러나 황지우는 '정신병에 걸릴 수도 있는 짐승'이다. 인간은 이성적 동물이고 짐승이지만 위험한 짐승이고 정신병에 걸리는 짐승이다. 물론 위험한 짐승과 정신병에 걸리는 짐승은 다르다. 전자가 사물에 대한 인식과 관계된다면 후자는 이런 인식이 불가능하고 따라서 인식 이전에 있는 인식에 절망한, 그러니까 언어에 절망한 언어 이전과 언어 이후에 있는 짐승이다. 정신병은 언어를 모르기 때문이다. 요컨대 언어를 상실하고 망각하고 언어 능력을 상실한 경지이다. 이런 경지도 경지인가? 내가 황지우의 시를 분석적으로 읽은 것은 이 시의 표제가 「게 눈 속의 연꽃」이고 이 시의 마지막 행에서 그가 "돌을 깨뜨려 불을 꺼내듯/ 내 마음 깨뜨려 이름을 빼내가라"고 노래하기 때문이다.

언어에 속지 마라

모더니스트는 위험한 짐승이고 포스트모더니스트는 정신병에 걸리는/걸릴 수 있는 짐승이다. 정신병은 죄가 아니다. 따지고 보면 언어가 의미를 상실하고, 기표가 기의를 상실하고, 시니피앙이 시니피에를 상실하고 떠도는 이 시대, 이른바 후기현대, 포스트모던 시대는 정신병적(?) 시대이고 들뢰즈 식으로는 정신분열적 시대이다. 이성만이 시대를 지배하는 것도 아니고 이성만이 진리도 아니다. 도대체 나는 진리가 무엇이고 이성이 무엇인지 모르는 입장이고 이성이 있다면 이성은 그동안 우리를 억압하고 목을 조이고 이 멀쩡한 세계를 교활하게 파괴하고 자기 식으로 구성한다는 입장이고 그렇다고 정신병을 옹호하는 것도 아니다. 어디까지가 이성이고 어디까지가 광기인지 모르기 때문이다. 이런 구별 역시 이성의 조작이다. 그렇다면 무엇이 문제인가? 따지고 보면 아무 문제도 없다. 인간들이 공연히 문제를 만든다. 나는 문제를 만들지 않고 돌도 만들지 않고 버섯도 만들지 않는다.

그런 점에서 아무 문제도 없다는 것을 강조하기 위해 선적 사유가 필요하고 선적 실천이 필요하고 결국 시인이든 예술가든 학자든 도를 닦는 심정으로 수행하는 심정으로 시를 쓰고 작품을 만들고 공부를 하자는 것. 무슨 목적을 버리자는 것. 그러므로 정신병에 결려도 걸림에서 자유롭고 걸려도 걸림이 아닌 삶을 살자는 것. 어떻게 사는 것이 그런 삶이고 경지인가?

황지우는 '내 마음 깨뜨려 이름을 빼내가라'고 노래한다. 도대체 무슨 소리인가? 그의 경우 언어는 장애물이고 언어는 존재의 집이 아니다. 김춘수는 존재의 의미를 알 수 없어 '추억의 한 접시 불을 밝히고' 한밤내 울다가 그의 울음(마음)은 돌개바람이 되어 탑을 흔들다가 돌에 스며 금이 된다(4연). 그러나 황지우의 경우 돌 속에 있는 것은 추억의 바람이고 풀꽃이다. 말하자면 전자에선 돌 속에 마음이 있고 후자에선 돌속에 풀꽃이 있고 이 풀꽃이 마음을 흔든다(3연). 김춘수의 경우엔 마음이 의미를 찾아 언어를 찾아 돌 속으로 들어가고 황지우의 경우엔 돌이 마음을 흔든다. 그러므로 석기 시대를 매개로 "돌을 깨뜨려 불을 꺼내듯/ 내 마음 깨뜨려 이름을 빼내가라"고 말한다. 돌을 깨뜨리면 불이 있고 마음을 깨뜨리면 언어가 있다. 마음 밖에 언어가 있는 게 아니라 마음이 바로 언어라는 것. 그러므로 진리에 도달하기 위해서는 마음을 깨뜨리고 언어를 빼내라는 것. 마음이 의미를 찾아가고 언어를 찾아가고 사물을 찾아가는 것이 아니라 마음이 의미이고 언어이고 사물이다. 언어에 속지 마라. 다음은 오대산 은봉(隱峰) 선사 이야기.

대사가 남전(南泉)에게 갔다. 중들이 뵈러 들어오니 남전이 정병(淨瓶)을 가리키면서 말하기를 '구리병은 경계요 병 속에는 물이 있으니 경계를 요동시키지 말고 나에게 물만 갖다 달라' 하였다. 대사가 정병

을 번쩍 들어 남전 앞에 부으니 남전이 그만 두었다.59)

이 공안에 대해서는 여러 해석이 있다. 예컨대 물병은 과연 있는가? 있다는 것은 무엇인가? 무엇이 있다면 그것은 실체가 있다는 말이고 이른바 自性이 있다는 말이지만 자성이 있는 게 아니라 여러 인연이 있을 뿐이고 인연은 다른 존재에 의존한다. 그러나 이런 의존은 타성이 있음을 긍정하는 것도 아니다. 그러므로 대사가 물병을 번쩍 들어 남전 선사 앞에 부은 것은 물병이 空이라는 것, 諸相非相이라는 것을 몸으로 보여준 것, 물병은 있는 것도 아니고 없는 것도 아니고 자성도 아니고 타성도 아니다. 한편 물병은 이름이고 언어일 뿐이다. 다음은 『금강경』에 나오는 말.

'수보리야 네 생각엔 어떠하냐? 보살이 불토를 장엄하느냐?' '아니옵니다. 세존이시여 왜냐하면 불토를 장엄한다는 것은 장엄이 아니며 다만 그 이름이 장엄이기 때문입니다.' '그러므로 수보리야 모든 보살마하살은 마땅히 맑고 깨끗한 마음을 내야 할 것이니라. 마땅히 색에 머무는 마음을 버려야 하고 성향미촉법에 머무는 마음을 버려야 하고 마땅히 머무는 데 없이 마음을 내야 하느니라.'60)

須菩提 於意云何 菩薩 莊嚴佛土不 不也 世尊 何以故 莊嚴佛土者 卽非莊嚴 是名莊嚴

是故 須菩提 諸菩薩摩訶薩 應如是生淸淨心 不應住色生心 不應住聲香味觸法生心 應無所住 而生其心

보살이 부처님이 계시는 맑고 깨끗한 국토를 장엄하는 것, 곧 훌륭하고 아름다운 것으로 가꾸고 꾸미는 것 역시 이름에 지나지 않고 장엄이라는 것은 장엄이 아니라는 것을 강조한 말. 따라서 색성

향미촉법에 머물지 말고 집착을 버리고 마음을 쓰라는 것. 일자무식 나무꾼이던 6조 혜능(慧能)은 이 말을 듣고 깨달았다. "응무소주 이생기심." 불토에는 世間佛土 身佛土 心佛土가 있고 장엄도 장엄이 아니고 이름이 장엄이고 물병도 물병이 아니고 이름이 물병이다. 이 물병을 건드리지 말고 물만 갖다 달라는 남전 선사의 말도 말이고 이름이고 언어일 뿐이다. 집착을 버리자. 머무는 데 없이 마음을 내기 위해서는 마음을 깨뜨리고 이름을 의미를 언어를 죽여야 한다. 김수영은 말한다. 시여 침을 뱉어라. 나는 말한다. 언어여 침을 뱉어라.

無住의 시학을 위하여

보드리야르는 포스트모던 사회의 문화적 특성을 이른바 시뮬라시옹으로 정의하고 그것은 복제의 세계이고 그러니까 원본이 없는 가상적 실체의 세계이다. 따라서 원본/이미지. 실재/헛것이라는 2항 대립체계를 부정하고 철학적으로는 외양/본질, 사물/존재의 대립에서 본질을 찾고 존재를 찾는 이른바 서구 형이상학을 부정하고 해체한다. 이런 부정과 해체가 왜 고민의 대상이 되는가? 절대적 초월적 시니피에를 상실한 시니피앙의 놀이, 유희, 표류를 이 시대 예술의 위기, 시의 위기라고 염려하고 근심하고 걱정하지만 이런 위기가 축복이다. 물론 위기는 우기가 아니지만 우기일 수도 있고 우기가 오면 우산을 쓰고 그대를 찾아가면 된다.

특히 이 땅에서 시를 쓰는 시쟁이들은 이런 위기를 축복으로 전환할 의무가 있고 그것은 마음을 버리는 시쓰기, 언어를 버리는 시쓰기를 지향하고 지향해야 한다. 도대체 최근의 우리시는 너무 촌스럽고 재미가 없고 지난 시절의 복창이 아닌가. 무엇보다 집착이 많다. 명예에 대한 집착, 시라는 장르에 대한 집착, 꽃에 대한 집착, 영혼에 대한 집착. 도무지 버릴 줄 모른다. 시쓰기는 집착이 아니라 집착에서 벗어나고 자아에서 벗어나고 답답한 세계에서 벗어나는 일. 그런 점에서 마침내 시라는 장르에 대한 집착도 시에 대한 집착도 내가 지금 시를 쓰고 있다는 집착도 벗어나야 한다. 應無所住 而生其心이다.

이성복의 시집 『달의 이마에는 물결무늬 자국』이 문제가 되는 것은 최소한 그가 이 시집에서 전통적인 시 장르를 해체하고 무엇을 쓰는지 모르는 것을 썼다는 점이다. 그는 시를 쓰는가? 남들의 시를 해설하는가? 감상문을 쓰는가? 취미로 인용을 하는가? 자신의 시쓰기에 대한 철학적 미적 성찰인가? 과연 그는 무슨 글을 쓰고 있는가?

> 오 이것은 존재치 않는 짐승.
> 사람들은 알지 못했으면서도 그것을 사랑했다.

> 시의 첫 구절에 무엇이 들었는지 우리는 모른다. 무심코 지나가는 말이거나 심심풀이로 해본 말. 우리가 말하기 전에 제 빛깔과 소리를 지니고 있었다. 시의 둘째 구절은 무영수태(無染受胎)… 시의 마지막 구절에서도, 우리는 정말 무엇을 말하고 싶었는지 모른다.

전자는 라이너 마리아 릴케의 「오 이것은 존재치 않는 짐승」이고 후자는 이성복의 「무엇을 말하고 싶었는지 모른다」의 일부이다. 결국 그는 무엇을 말하고 싶었는지 모르고 이 모름이 좋다. 모르는 것을 쓰고 모르는 것을 사랑하자. 이 땅의 시인들은 너무 아는 것만 쓴다. 안다는 것은 언어를 안다는 것. 시라는 장르에 대한 집착을 버릴 때 이런 시가 나오고 이건 시가 아니고 시이다. 시이면서 시가 아닌 이런 시쓰기는 모더니즘을 싫어하고 더욱 포스트모더니즘에 대해서는 비판적이던 이시영의 시집 『은빛 호각』(2003)에서도 읽을 수 있고 나는 이 시집을 읽고 너무 기분이 좋아 이시영 도사에게 편지를 보냈다. 물론 내 글씨를 알아보는 데 얼마나 고생이 심했으랴? 그건 그렇고 이 자리에서 일일이 분석할 수는 없지만 최소한 이 시집에서 내가 읽은 새로움은 모두 그런 것은 아니지만 그가 시가 아니라 산문을 썼다는 점이다. 언제부턴가 우리 시단에는 산문시가 유행이지만 형식만 산문이지 내용은 시적인 것들이 거의 전부이던 터에 이런 산문, 말 그대로 시적인 요소가 하나도 없는 이런 산문을 읽고 이게 시가 된다는 사실은 시와 산문의 경계에 대한 새로운 인식을 낳는다. 과연 시는 무엇이고 산문은 무엇인가?

> 서울역 앞에 아직 대우 빌딩이 없을 때 일만이 형 용만이 형은 양동여관에 터를 잡고 이불장사를 하고 일만이는 재수를 했다. 양동여관이 어떤 곳이냐면 밤이면 아가씨들이 몰래 몸장사를 하고 낮이면 전국에서 모여든 도부꾼들이 붕어같은 눈들을 뜨고 깜빡깜빡 잠드는 곳이었다. 그 좁은 복도에 옥상에 다우다 이불들을 산처럼 쌓아놓고 일만이 형은 사람 좋은 미소를 흘리며 산들바람처럼 이리왔다 저리갔다 했는데

이시영의 「일만이 형」의 일부이다. 신기한 것은 '자정이 넘으면 이불들이 산처럼 쌓인다'는 것보다 이런 산문이 시가 된다는 것. 이시영은 무의식적인 전위이고 전위의 실천가라는 것. 물론 아직도 그의 시에는 이 사회에 대한 사라진 시대의 억압에 대한 유머러스한 풍자가 있다. 그러나 그런 비판이 문제가 아니라 있는 그대로의

산문. 전라(全裸)의 산문이 문제이고 결국 우리는 이제 시가 따로 있고 산문이 따로 있다는 근대 문학론의 해체와 만난다. 2항 대립의 해체이다. 시에 대한 집착을 버리면 이런 산문도 시가 된다.

그런 점에서 나는 조오현 스님의 책 『절간 이야기』(2003)를 시집으로 읽었다. 이 책은 시조집도 아니고 수필집도 아니고 사진집도 아니다. 물론 전반은 산문, 후반은 시조이다. 그러나 책 어디에도 시조집이니 수필집이니 혹은 시조·수필집이니 하는 장르 규정이 없다. 시조니 수필이니 하는 장르 구분이 부질없고 허망한 짓이리라. 이 책에선 수필이 그대로 시이고 시가 그대로 수필이다. 물론 수필은 수풀일 수도 있고 우리는 수필이 아니라 수풀을 읽을 수도 있다. 말이 되는가? 말이 되면 어떻고 말이 안 되면 어떤가? 도대체 말이 된다는 말은 무슨 말인가? 원래 언어와 사물 사이엔 아무 내적 필연성이 없고 따라서 언어는 태생적으로 사기이고 허구이고 환상이다. 그런 점에서 철학도 언어 사기이고 시도 언어 사기이고 그저 사회적인 약속에 의해 사는 동안 잠시 빌려 쓸 뿐이다. 무슨 진리가 있고 깊이가 있고 본질이 있는가?

> 어제 그끄저께 일입니다. 뭐 학체 선풍도골(仙風道骨)은 아니었지만 제법 곱게 늙은 어떤 초로의 신사 한 사람이 낙산사 의상대 그 깍아지른 절벽 그 백척간두의 맨 끄트머리 바우에 걸터 앉아 천연덕스럽게 진종일 동해의 파도와 물빛을 바라보고 있기에 '노인장은 어디서 왔습니까?' 하고 물었더니 '아침 나절에 갈매기 두 마리가 저 수평선 너머로 가물가물 날아가는 것을 분명히 보았는데 여태 돌아오지 않는군요' 하고 혼잣말로 중얼거리는 것이었습니다.

조오현의 「절간 이야기 2」의 일부이다. 다음날도 그 초로의 신사는 거기 있고 아직도 갈매기가 돌아오지 않았느냐는 스님의 질문에 그는 '어제는 바다가 울었는데 오늘은 바다가 울지 않는군요' 한다. 이 신사 이야기는 무슨 의미가 있는 게 아니고 의미를 강조하고 의미를 찾는 이야기가 아니고 그렇다고 선문답도 아니다. 그저 이야기일 뿐이다. 김종삼은 내용 없는 아름다움을 노래했지만 오현 스님은 내용 없는 삶을 이야기하고 이런 이야기가 시이고 시가 아니다. 시가 아니기 때문에 시이다. 無住의 시여. 나도 이제까지 무엇을 말하고 싶었는지 모른다. 언어여 침을 뱉어라.

16. 21세기 우리시의 방향

무너져버린 모더니즘

2001년 9월 11일 뉴욕 맨해튼에 서 있던 세계무역센터 쌍둥이 빌딩이 비행기 테러에 의해 무너진다. 이 빌딩이 표상하는 것은 자본주의와 기술문명으로 집약되는 모더니즘, 말하자면 산업혁명 이후 서구 사회를 발전적으로 지탱해온 합리성 이데올로기이고, 그런 점에서 이 건물의 붕괴는 이런 합리성 이데올로기의 붕괴를 상징한다. 모더니즘의 붕괴이다. 물론 관점에 따라 다양한 견해나 주장이나 예언이 나올 수 있다. 국내에서만 하더라도 내가 읽은 바로는 이 사태는 모더니즘의 붕괴, 현실과 환상의 경계 해체, 보이지 않는 적과의 전쟁, 종교 전쟁, 인간의 잔혹성, 서구 논리와 비서구 논리의 충돌, 문명의 충돌, 보통 국가와 신국(神國)의 충돌 등 다양한 수준에서 해석되었고, 지금도 해석되고 있다. 그러므로 이 사태에 대한 해석은 결말이 난 게 아니라 지금도 진행되고 앞으로도 계속될 것이다.

그러나 한 가지 분명한 것은 이 테러가 자본주의와 기술문명으로 집약되는 세계무역센터 건물을 노린 점이고 다른 하나는 그 테러의 수단이 비행기라는 점이다. 기호론적 시각에서 보면 이 사건은 빌딩과 비행기의 충돌이고, 빌딩과 비행기는 모두 기술 문명을 상징한다는 점이 문제이다. 그런 점에서 이 사건은 기술문명과 기술문명의 충돌이고 이 사건의 아이러니는 이런 점에 있다. 기술이 기술과 싸우고, 기술이 기술을 잡아먹고, 기술이 기술 속에서 기술을 해체한다. 결국 이 끔찍한 사태가 암시하는 것은 20세기 기술문명, 나아가 그것을 지탱한 모더니즘의 붕괴이고, 우리가 믿어온 이성, 기술, 문명의 소멸이다. 많은 학자들이 이 사태를 두고 묵시록적 사태라고 말하는 것은 이 사태에서 20세기의 소멸과 21세기의 재림을 읽기 때문이다. 로마가 망하고 그리스도는 과연 재림할 것인가? 누가 그리스도이고 누가 21세기인가?

뉴욕 세계무역센터 빌딩, 그것도 쌍둥이 빌딩이 무너진 다음 비로소 21세기가 시작된다고 말한 학자들은 많다. 그러나 다시 생각하면 이 쌍둥이 빌딩도 문제이다. 쌍둥이 빌딩이 암시하는 것은 상호복제성이고, 상호모방성이고, 상호반영성이다. 일반 빌딩과 쌍둥이 빌딩은 그 상징적 의미가 다르다. 일반 빌딩은 자연을 재현하지 않고, 현실도 재현하지 않고 인간의 삶도 재현하지 않는다. 그것은 기의(signifiet)를 상실한 기표(signifiant)이다. 이 기표는 자연을 착취하고 자연을 부정하고 자연을 삼키고 새로운 현실을 만들고 새로운 삶의 스타일을 창출한다. 인간이 빌딩을 만들지만 빌딩이 혹은 빌딩으로 표상되는 도시가 인간을 만든다. 20세기를 지배한 것은 이런 기표이지만 뉴욕 세계무역센터 건물은 쌍둥이 빌딩이다. 인간들이 옛날부터 쌍둥이를 기피하고 금기시하고 사회에서 소외시킨 것은 쌍둥이가 합리성, 이성, 규범을 위반하기 때문이다. 정상적이고 합리적인 가치 기준에 의하면 사회는 위계질서에 의존하고, 그것은 예컨대 형과 아우, 어른과 아이 같은 관계로 나타난다.

그러나 쌍둥이는 이런 사회적 합리성 혹은 위계질서를 흔들고 어지럽히고 따라서 사회로부터 소외되고, 심지어 사회가 위기에 처할 때는 희생된다. 이번 뉴욕 세계무역센터 빌딩이 희생된 것 역시 비슷하다. 결과론적인 해석인지 모르겠지만 왜 하필 세계무역센터 빌딩인가? 쌍둥이가 원수라면 원수이고, 나는 지금 무슨 역술가 같은 한담을 하는 게 아니다. 사실이 그렇지 않은가? 쌍둥이 빌딩은 재현을 거부하며 동시에 서로를 반영한다. 그런 점에서 쌍둥이 빌딩은 일반 빌딩과 다른 상징적 의미를 거느린다. 다르다는 것은 일반 발딩이 기의를 상실한 기표라면 쌍둥이 빌딩은 이런 기표이면서 동시에 다른 기표와의 관계를 표상하고, 그 관계는 대립도 일치도 조화도 아닌 이상한 관계이다. 이 이상한 것이 이상하다.

최소한 일반 빌딩은 하나의 체계를 형성하지만 이 쌍둥이 빌딩은 하나의 체계를 형성하면서 부정한다. 쌍둥이는 형도 아니고 아우도 아니면서 동시에 형이고 아우이다. 그런 점에서 쌍둥이 빌딩은 기표들, 혹은 체계들의 상호교환, 자본의 순수 회전을 암시한다. 따라서 쌍둥이 빌딩은 이미 일반 빌딩이 표상하는 20세기 기술문명, 합리성, 직선적인 역사 발전에 대한 아이러니, 말하자면 20세기 문명과 21세기 문명의 아이러니를 내포하고 있었다. 그것은 체계와 반체계, 혹은 체계들의 모방, 체계들의 재생산을 암시한다. 쌍둥이 빌딩은 서로를 반영하고 서로를 교환한다. 그리고 빌딩은 체계의 재생산, 체계가 자신을 생산하는 탈현대적 징후를 거느린다. 남는 것은 체계의 상호교환, 상호반영이다. 어디로 간단 말인가? 기의를 상실한 기표는 같은 기표를 베끼고 서로를 반영하고 그렇게 떠돈다.

비행기와 빌딩이 다른 점이 그렇다. 비행기는 떠돌지만 목표가 있고, 쌍둥이 빌딩도 떠돌지만 목표가 없다. 물론 자본을 향해 떠돈다고 할 수 있지만 자본은 기의를 상실한 기표이고, 그럼 점에서 쌍둥이 빌딩은 바로 자본이다. 아무튼 있는 것은 상호교환, 상호반영, 재생산이다. 이 빌딩이 테러범들의, 그것도 동반 자살 테러범들의 비행기에 의해 붕괴된 것은 다시 20세기와 21세기의 아이러이다. 쌍둥이 빌딩이 21세기적 삶을 예언한다면 비행기는 20세기의 유산이고, 따라서 이들의 충돌은 20세기적 세계관이 그렇게 만만치 않다는 것을 암시하지만 이 비행기 역시 붕괴되고, 아니 스스로 죽음을 택했기 때문에 결국 이 사태는 20세기의 소멸과 21세기의 시작을 암시하지만 21세기의 방향에 대해서는 암시하는 게 거의 없다. 그리고 이렇게 역사가 시작되고 역사가 계속된다. 해석이 계속된다. 남은 것은 모더니즘의 소멸, 붕괴, 자살이다. 모더니즘 사회가 사라진다면 이런 사회를 미적으로 반영하던 미적 모더니즘도 사라지고 사라져야 하고, 따라서 새로운 예술과 문학이 올 것이고 와야 하고 오지 않아도 할 수 없다.

문학의 죽음?

뉴욕 세계무역센터가 무너지기 전에 이미 20세기 문학이 죽었다고 진단한 주장들이 많았다. 왜 죽었다고 하는가? 그럼 21세기 문학은 과연 어떻게 전개될 것인가? 그리고 왜 21세기가 문제인가? 많은 학자들이 주장한 것처럼 그리고 나도 주장한 것처럼 이런 주장들이 나온 것은 매체 변화 때문이다. 인간의 문화를 지배하고 결정하고 먹여 살리는 것은 매체이다. 중세 이후 세계 문화를 지배해 온 것은 문자 매체, 나아가 인쇄 매체이다. 그러나 20세기 후반이 되면서 새로운 매체, 이른바 영상 매체가 등장하고, 이 매체는 문자나 활자 매체와는 다른 세계, 다른 문화 공간을 보여주기 때문이다. 문자가 직선과 시간성을 강조하고 시각을 강조하고 체계를 강조한다면 영상 매체는 순환과 공간성을 강조하고 촉각 내지 전체 감각을 강조하고 파편을 강조한다. 활자 매체에 의존하는 책이 처음, 중간, 끝 같은 내적 구성을 강조하고 보이지 않는 정신적 깊이를 강조하고 저자를 강조한다면 영상 매체에 의존하는 영화나 TV나 컴퓨터는 내적 구성보다 탈구성을 강조하고 표면을 강조하고 저자 개념이 약화된다.

물론 같은 영상 매체이지만 영화가 다르고 TV가 다르고 컴퓨터가 다르다. 영화가 나타났다고 해서 문학이 위기에 처한 건 아니고 문학이 죽은 것도 아니다. 오히려 영화는 문학 작품을 영상으로 형상화함으로써 문학을 선전하고 문학의 이해를 쉽게 하는 순기능을 나타낸다. 하기야 최근에는 문학에 기대는 문학적 영화가 아니라 영상 매체의 특성을 강조하는, 말하자면 영화 미학을 강조하는 영화가 생산된다. 그러나 영화 미학이 문학을 죽인 것은 아니다. 이런 사정은 현대 회화가 문학을 죽이지 않는 것과 비슷하다. 장경렬 교수도 지적하듯이 오히려 영화의 적은 TV이고, 문학의 적도 TV이다. TV 때문에 영화 관객이 줄고 영화관이 한산하게 된다. 왜냐하면 영화관 대신 집에서 TV를 통해 영화를 보고 혹은 TV가 제작한 영화를 볼 수 있기 때문이다. TV 때문에 고생을 하게 된 것은 영화와 문학이고, 문학이 더 심하다. 왜냐하면 TV가 소설이나 시를 읽을 시간을 뺏어가기 때문이고 우리가 오랫동안 믿어온 문학적 진리가 TV 앞에서 맥을 못 추기 때문이고 깊이 있는 사유, 삶에 대한 성찰이 약화되기 때문이다. 물론 깊이 있는 사유가 좋고 삶에 대한 성찰이 반드시 필요한 것은 아니다.[61]

그러나 TV 때문에 문학이 죽는다고 죽어간다고 죽기 직전이라고 할 순 없다. 하기야 TV 때문에 문학이 다소 주눅이 들긴 했지만 죽어간 것은 아니다. 문학의 위기는 컴퓨터와 관계된다. 말하자면 디지털 매체가 문제이다. 디지털 혁명은 21세기 문화 혁명과 통하고, 이미 세계는 정보 사회, 인터넷 사회로 돌입했다. 문학이라고 해서 이런 급격한 변화를 외면할 수는 없고, 나도 견디다 견디다 결국 올 여름 인터넷을 설치했다. 월급 명세서도 인터넷으로 오고 교수회의 정보도 이메일로 오는 실정이다. 환경이 나를 만들고 환경이 문학을 만든다. 어떤 문학을 만드는가? 디지털 문학이고 디지털 미학이다. 활자 매체와는 다른 문학 형식이 나타나고, 그러므로 중요한 것은 문학의 죽음이 아니라 문학 형식의 변화이고, 이 디지털 문학과 활자 문학의 관계이고, 지금 당장 중요한 것은 21세기 우리시의 방향이고 그 방향은 결국 디지털 시대의 시쓰기로 요약된다.

문학은 죽는 것이 아니라 그 형식이 변하고, 이때 그것은 두 가지 유형으로 나타난다. 하나는 문자 매체가 아닌 디지털 매체로 작품을 생산하는 유형, 다른 하나는 디지털 미학을 수용하면서 활자 매체로 작품을 생산하는 유형이다. 이 글에서 나는 후자에 관심을 두고 우리시의 21세기적 양상을 살피기로 한다. 어디서부터 시작해야 하는가? 과연 우리 시는 20세기 미학, 말하자면 미적 모더니즘을 극복했는가? 말이 21세기이지 그동안 생산된 작품들은 특히 자연 서정시들이 보여주듯 20세기가 아니라 거꾸로 19세기로 퇴행하고, 이런 퇴행은 아마 우리나라에서만 가능한 것 같고, 이런 게 우리시의 낙후성이지만 많은 시론가나 평론가는 이런 낙후성을 즐기고 이런 낙후성보다 더 낙후되고 도대체 낙후성에 대한 반성이 없다. 이런 처지에 21세기 우리시를 말한다는 것은 아이러니이다. 모두들 낙후병에 걸려 있고 물론 나는 해체병에 걸려 있는지 모른다. 그러나 나는 최소한 내가 모른다는 것을 안다. 기법의 측면에서도 할 말이 별로 없다. 예술이 결국은 기법이지만 지난 2년 동안 내가 읽은 것은 최소한 우리시의 20세기를 장식한 이상, 김수영, 김춘수, 오규원, 황지우, 최승호, 장정일의 수준을 극복한 시인들이 없다는 점이다. 사정이 이렇다면 우리시의 경우는 문학이 죽은 게 아니라 우리시가 죽고 우리시가 죽은 게 아니라 우리 시인들이 죽은 셈이다. 그럼 나는 이 글을 어디서부터 시작해야 하는가? 보드리야르에게 물어 보자.

보드리야르에게 물어 보자

그에 의하면 이 시대를 지배하는 것은 가상현실이다. 아니 정도의 차이는 있지만 이런 허위, 가짜, 모조성은 어느 시대에나 존재한다. 요컨대 인간의 문화를 지배한 기호가 가짜이고 모조이고 허위이다. 고전 시대에는 기호가 현실을 모조하고 모방하고 반영하고 이런 모조는 현실이 아니기 때문에 가짜이고, 산업 시대에는 기호가 현실과 관계없는 자율적 실체로 나타나고, 이 자율적 실체 역시 가짜이기 때문이다.

이른바 정보 시대 혹은 후기현대로 불리는 이 시대를 지배하는 것 역시 가짜, 위조, 사이비이지만 이 사이비가 문제이다. 사이비는 진짜도 아니고 가짜도 아니며 동시에 가짜이고 진짜이다. 아니 이런 진/위 개념을 초월한다. 산업 시대의 미학, 말하자면 모더니즘 미학이 기호의 자율성을 강조하고, 따라서 기표와 자율성이 기의(의미)를 생산한다면 이 시대에 오면 기표와 기의의 변증법이 사라지고 이런 2항 대립성이 사라지고 남는 것은 기호들의 상호교환, 상호반영, 쌍둥이 빌딩, 사이비 실체(simulacra)들의 범람이다. 이런 사이비들은 비슷하면서 다르고 다르면서 비슷하다. 가짜/진짜, 환상/현실, 허구/진리의 2항 대립성이 소멸하고 남는 것은 기호의 해방, 기호의 완전한 자유이다. 기호의 무한 팽창, 자본의 순수 회전이 있을 뿐이다.[62)]

모더니즘의 종말은 기표와 기의의 변증법 종말과 통하고 지식, 의미 생산의 종말과 통한다. 기호의 해방은 기호의 특성인 선형성(linearity) 소멸과 통하고, 생산의 종말과 통한다. 생산과 축적뿐만 아니라 역사도 직선으로 발전하기 때문에, 그렇게 믿기 때문에 선조성 종말은 생산, 축적, 역사의 종말과 통한다. 물론 교환가치와 사용가치의 변증법도 소멸한다. 박정대의 「그리고 그후에 기타의 눈물이 시작되네」가 보여주는 새로운 기법은 이런 문맥에서 읽을 수도 있다. 그는

> 그래서, 가르시아 로르까의 시집을 덮고 나니 에밀 쿠스트라의 '집시의 시간'이 떠올랐다, 그래서 그 다음에 전인권의 '사랑한 후에'라는 노래를 들었다, 밤은 참 길기도 하다, 빅토르 최의 노래를 더 들으며 세 대의 담배를 연거푸 피웠다, 재채기가 나고 콧물이 났다, 휴지로 코를 풀었더니 눈물이 났다, 그래서 '사랑에 관한 짧은 필름'을 생각했다, 밤은 참 길기도 하다, 아직 기타를 치고 싶지는 않았다.

처럼 노래한다. 이 시는 기타와 침묵의 관계, 로르카의 시, 그의 시를 읽던 밤의 지루한 삶, 다시 로르카의 시, 아들과의 대화로 구성되고, 인용한 부분은 셋째 토막에 해당된다. 구성이라고 했지만 이런 구성엔 필연성이 없고, 토막들을 서로 바꿔도 된다. 말하자면 이런 구성은 구성이 아니라 탈구성이고 그런 점에서 기호의 형성이 해체되고, 이런 탈구성은 따라서 기호의 해방을 노리고 기호의 완전 자유를 노린다. 한마디로 이 시는 단편, 파편들의 집합이고

쓰레기이고, 이 쓰레기가 아름답다. 이런 쓰레기 기법은 선형성, 진보, 역사성 대신 비선형성, 순환성, 탈역사성을 지향한다. 인용한 부분만 하더라도 '그래서'라는 접속사가 아무 필연성 없이, 그것도 너무 자주 자의적으로 사용되고 반복되고, 마침표 대신 쉼표가 사용된다. 이런 문체는 마침표 억압, 곧 완성, 완결, 종결, 끝이 없다는 그의 세계관을 암시하고 나의 세계관을 암시한다.

기호의 이런 선형성 종말은 생산의 종말과 통하고 이제 중요한 것은 생산이 아니라 재생산이다. 벤야민은 재생산 문제를 아우라 소멸과 관련시켜 말했지만 보드리야르에겐 그런 아우라가 문제되지 않는다. 문제는 모더니즘 미학이 지향하던 구조적 가치와 자본주의의 잉여 가치가 비슷하다는 점이다. 구조적 가치는 체계 내의 요소들의 차이가 생산하고 잉여 가치는 노동과 자본의 차이가 생산한다. 그런 점에서 이 시대가 이른바 기의가 탈락한 기표 가치, 말하자면 기호의 자기 재생산을 강조한다는 것은 다시 생각해볼 문제이다. 미학의 경우 이런 재생산 양식은 모델과의 합병에 의존하고 조율, 혹은 변주가 기본이 된다. 이제 기호는 의미를 생산하는 게 아니라 기호를 생산하고, 기표는 기표를 생산한다. 이런 미학은 박상순이 지속적으로 보여준 것으로 예컨대 「내가 알지 못하는 어떤 독일 여자의 죽음」은

검은 옷, 짧은 머리, 검은 눈이 다가와
왜 그렇게 했나요?

검은 옷, 짧은 머리, 검은 눈이 다가와
말해 줄 수 있나요?

검은 옷, 짧은 머리, 검은 눈이 다가와
그게 언제였지요?

처럼 노래된다. 1연이 모델에 해당하고 이 시는 이 모델의 변주에 지나지 않는다. 문제는 전통적인 시에서도 이런 기법이 나타나지만 이 시가 전통적인 기법과 다른 특성을 보여준다는 점이다. 전통적인 시의 경우 변주의 주체는 시인이지만 이 시의 경우에는 시인이 아니라 모델, 혹은 기호라는 것. 그러므로 이 시의 경우 시인이 하는 일은 별로 없고 따라서 대화 형식이긴 하지만 시인의 주관성, 말하자면 주체가 소멸한다. 아니 존재하면서 부재한다. 이런 시는 시인이 쓰는 게 아니라 기호가 쓰고 모델이 쓰고 언어가 쓰고 기표가 쓴다. 기표가 언어이다. 기의가 소멸한 시대의 시쓰기가 요구하는 것은 주관성 소멸이고, 기표가 주체를 생산한다는 인식이다. 요컨대 이런 시쓰기는 기호가 기호를 생산한다는 점에서 기호의 자기 재생산과 통한다.

도대체 기호가 쓰는지 시인이 쓰는지 알 수 없다는 말 속에는 기호가 쓰고 동시에 시인이 쓴다는 말이 들어 있고, 이런 이중 읽기는 이 시대 시가 지향하는 불확정성, 곧 디지털성(digitality)과 통한다. 이중 읽기가 이중 쓰기이다. 자. 이제 예술 작품은 거울이 아니고 이미지가 아니다. 보드리야르가 말하듯이 그것은 여행하는 기호이고, 종말 없는 종말의 가치이고 복잡한 상호 교환으로 전개된다. 예술과 산업은 기호를 서로 교환하고, 예술은 재생산적 기계가 된다. 워홀이 보여준 것. 예술이 현실이고 예술은 어디에나 있고 어디에나 없다. 그는 말한다. 가상현실은 쾌락 원칙과 현실 원칙을 동시에 삼키고, 차디찬 디지털의 우주는 은유와 환유의 우주를 삼킨다. 우리 시는 이런 디지털 우주에서 무엇을 배우고 무엇을 훔치고 무엇을 베끼는가?

여행하는 기호들

김춘수는 거울을 본다. 거울 속에는 내가 아니라 천사가 있고 그는 나를 떼놓고 지구와 함께 잠이 든다. 나는 어디 있는가? 김춘수가 「천사」에서 노래하는 것은 떠도는 나, 떠도는 자아, 말하자면 이 시대의 익명적 자아이고, 이런 자아에 대한 질문이다. 그는

> 거울 속에 그가 있다.
> 빤히 나를 본다.
> 때로 그는 군불 아궁이에
> 발을 담근다.
> 발은 데지 않고 발은 군불처럼 피어난다.

고 노래한다. 물론 거울 속에 나타나는 그는 천사이다. 문제는 내가 없는 거울 속에 천사가 있다는 것, 따라서 이 천사는 김춘수의 존재의 근거라는 것. 천사는 내가 사라진 곳에서 나를 바라보고, 이 바라봄은 나의 바라봄이 아니라 그의 바라봄, 곧 타자의 바라봄이다. 거울이 있기 때문에 내가 있다. 그러므로 나는 거울 이미지, 나는 헛것, 나는 환영이다. 나는 거울에 묻은 때이다. 이 때가 사라지면 맑은 거울만 남는다. 그러나 감춘수의 경우에는 이 맑은 거울 속에 천사가 있다. 내가 없는 거울이 無라면 천사는 무를 표상하고 이 무는 존재/부재한다. 그러므로 김춘수는 천사의 꿈을 모르고 천사의 이름을 모른다. 자아가 경중상(鏡中像)이요 이 거울상에서 상을 빼면 거울만 남지만 김춘수의 경우엔 천사가 남는다. 그러나 이

천사는 어디 있는가? 이런 질문은 이 시대 자아의 불확정성에 대해 암시하는 바 크다.

젊은 시인 김행숙의 「귀신 이야기 1」 역시 이런 문맥에 서 있다. 귀신은 내가 모르는 것, 그러나 있는 것. 나는 귀신을 만나지만 귀신의 정체를 모르고, 모른다는 것은 귀신이 언어 질서, 라캉 식으로는 상징계를 부정하기 때문이다. 그러므로 귀신은 언어 질서, 곧 현실에 구멍이 뚫릴 때 혹은 현실에 구멍을 뚫고 나타난다. 귀신이 무서운 것은 이런 사정 때문이다. 시의 앞 부분을 옮기면

> 하루에 한 두 번, 오장육부가 운행하는 협궤열차가 있다고 말해준 건 상고머리의 여자귀신이다. 귀신도 사기를 치는가? 그녀와 난 사이좋게 지내지만 그녀가 말하길
>
> 너는 십 년 만에 비춰보는 내 거울이야. 난 그때 네가 꼭 죽을 줄만 알았는데, 그래서 유감없이 탈출했는데, 같이 죽기엔 피차 지겨웠으니깐, 이해해? 이해할 수 있겠는가?
>
> 어떤 기억이 이런 식으로 복구된다니!

와 같다. 도대체 무엇이 어떻게 되었는가? 우리가 믿어온 시 문법이 완전히 무너진다. 왜냐하면 내용도 그렇고 형식도 그렇고 이 시에선 언어 질서가 파괴되고 그야말로 귀신, 헛것, 환영의 세계가 난무하기 때문이다. 이 시에서 귀신은 십 년 만에 나타나 나를 보고 말한다. '너는 십 년 만에 비춰보는 내 거울이야' 귀신이 나의 거울이 아니라 내가 귀신의 거울이다. 김춘수도 거울을 노래하고 이상도 노래하고 나도 노래했지만 도대체 귀신이 나를 보고 '넌 내 거울이야'라고 말하는 시는 이번이 처음이다. 이런 도착(perversion)이 쾌락을 낳고 귀신은 밖에 있고 나는 거울이고 거울 속에 있다.

누가 귀신인가?

기호의 상호 교환이란 말을 했거니와 비로 이런 경우가 그렇다. 이런 가상현실은 쾌락 원칙과 현실 원칙을 동시에 삼킨다. 자아는 떠돈다. 자아는 귀신이고 귀신이 자아이다. 그리고 이 자아가 기호이고 결국 기호가 떠돌고 그가 가는 곳은 기의가 사라진 지역. 그는 가는 것이 아니라 회전한다. 영원한 표류, 이른바 초사실주의(hyperrealism)가 나타난다.

초공간, 사이버 공간에서는 현실이 붕괴하고 따라서 현실/상상의 경계가 해체되고 예술/현실의 경계도 지워진다. 이때 지워진다는 것은 사라짐을 의미하지 않고 존재/부재의 존재 그리고 부재를 암시한다. 나는 지금 무슨 소리를 하고 있는가? 썰을 풀고 있는가? 나는 지금 말이 안 되는 소리를 하고 있지만 이 말이 안 되는 세계가 사이버 공간이고 초사실의 세계이다. 이 세계에선 상상과 현실의 모순이 없고 예술과 현실의 모순이 존재하지 않는다. 상상이 현실이고 현실이 상상이다. 예술이 현실이고 현실이 예술이다. 따라서 우리는 현실을 살면서 예술을 살고 상상계에 살면서 현실계에 산다. 모든 현실은 보드리야르가 말하듯 현실의 놀이 속으로 들어 간다. 어떻게 들어가는가?

박상배는 기표의 놀이를 통해 현실과 기호가 동일시되는 세계로 들어간다. 그는 「영등포 수첩」에서

> 글이 오는 동네에서
> 면목없는 동네로 가는 좌석 버스가 지나치는
> 우리 동네 한 귀퉁이에서 157번 버스를 기다리고
> 서 있노라면
> 영원한 등불의 포구를 통해 올라온

갖잡혀 온 갖가지 물고기들의 판때기를
확성기로 일리는 소리, 그 왁짜한 소리들

처럼 노래한다. '글이 오는 동네'는 문래동(文來洞), '면목 없는 동네'는 면목동이다. 그러나 '글이 오는 동네'나 '면목 없는 동네'는 서울에 없고, 그러므로 이 동네는, 낱말들은, 언어들은, 기표들은 현실을 지시하지 않는다. 뿐만 아니라 '영원한 등불의 포구'는 영등포를 의미하지만 서울에는 영원한 등불의 포구가 없고, 요컨대 박상배가 노래하는 것은 지시물, 현실, 기의를 상실한 언어, 기표들의 놀이이고 표류이고, 이 표류가 주는 희열이다. 이런 기표의 놀이를 통해 그는 현실이 예술이고 예술이 현실인 그런 공간을 떠돈다.

그런가 하며 이만식은 한 걸음 더 나가 아예 자연이 기표이고 동시에 이 자연이 텍스트가 되고 그는 이 텍스트 속에 살고 그의 주위에는 기표들로 넘친다. 이런 실험은 모험은 새로운 스타일의 시쓰기는 다음처럼 기술된다. 시의 전문을 옮긴다.

현주소: 하늘시 천둥군 번개면 벼락리 에쁘롱 119-120
집 근처 큰 건물: 동문선 (출판사)
가까운 이웃: 김다은+황순희 (직업: 번역)
멀지만 가까운 이웃: 데리다, 니체, 하이데거 (친한 순서)

이 만 식

맑은 하늘이다
하늘이 웃는다

시의 전문이지만 이 시에는 전문보다 긴 각주가 나오고 이 각주는 니체의 텍스트에 대한 단상과 니체의 텍스트를 논하는 데리다의 에세이 『에쁘롱: 니체의 문체들』[63]의 일부를 인용한다. 우리시도 이쯤 되면 세속, 세련, 세뇌의 극치를 보여주고 교양이나 교양의 놀이도 가히 가경이다. 표제는 그가 살고 있는 주소, 집 근처, 가까운 이웃, 멀지만 가까운 이웃 등으로 되어 있고 이 주소를 찾아가면 이만식이 나오지만 그곳은 데리다의 에쁘롱이다. 에쁘롱은 박차, 해안이나 언덕의 돌출부, 배의 꼬리 등을 의미하고 그럼 이만식은 어디 사는가? 그 외연은 벼락, 번개, 천둥, 하늘로 발전하고 이 낱말들은 니체와 관련된다. 요컨대 그는 니체의 텍스트, 이 텍스트를 동기로 하는, 혹은 이 텍스트 속에 있는 데리다의 에쁘롱 속에, 위에, 뒤에 살고 있다. 수직적으로나 수평적으로나 비슷하다. 과연 이만식은 어디 사는가? 그는 성북구에 사는 게 아니라, 아니 거기 살면서 동시에 텍스트, 상호텍스트, 기호들의 교환 속에 산다. 그리고 하늘이 웃지만 이 하늘은 하늘이면서 니체의 텍스트이고 그러므로 하늘-텍스트이고 텍스트-하늘이고 '니체의 텍스트의 전부'는 더 이상 없다고 해도 과언이 아니라고 그는 말하고 말하면서 인용하고 인용하면서 말한다.

그러므로 이만식의 텍스트는 더 이상 없다고 해도 과언이 아니고, 그는 현실 속에 살면서 텍스트 속에 살고 나는 지금 그의 텍스트 속에서 놀고 이승훈의 텍스트도 더 이상 없다고 해도 과언이 아니다. 현실은 더 이상 없다고 해도 과언이 아니다. 이 정도면 기호 놀이의 극치라 해도 과언이 아니고 이 시를 통해 그는 현실과 기호 혹은 현실과 텍스트의 경계가 해체되는 혹은 둘 사이에 모순이 없는 그런 세계로 들어간다. 그런 세계에서 산다. 얼마나 즐거운가? 즐거운 지식이 아니라 즐거운 기호이다.

문화가 운명이다

이 기호 속에 인간이 살고 기호가 인간을 낳는다. 기호가 기호를 낳는다면 기호가 낳는 인간도 기호이다. 의미가 사라진, 기의가 탈락한, 현실을 잡아먹은 기호 천국. 이게 오늘의 문화이고 가상현실의 유토피아이다. 시인들은 이미 현실이라는 이름을 잊은 지 오래고 현실은 현실의 놀이이다. 김언희를 읽자. 그는 현실을 노래한 적이 거의 없고 그에겐 악몽, 무의식, 환상, 영화가 현실이다. 그는 시를 쓰는 게 아니라 종이를, 컴퓨터를 긁는다. 「크래치」에서 그는 영화를 보는 게 아니라 긁고 할퀴고 그때 천국을 느낀다. 그에겐 영화, 기호, 문화가 현실이고 운명이고 그는 이 현실을

> 스크래치,
> 가방 속의 여덟 머리, 일찍이
> 내 것이었던 여덟, 나는
> 본다, 고로, 나는
> 내가 보는 것
> 이다, 1600일 쉬지 않고 비가 내리는
> 플라스틱 파라다이스, 나는
> 읽는다 왜 읽는지
> 모르는 섹스의
> 黃道, 교미의 皇都, 黃桃와
> 天桃, 털난 것과 털 나지 않은 것,

처럼 노래한다. 그는 '가방 속의 여덟 머리'라는 영화를 본다. 그러나 스크래치는 긁다, 파다, 지우다, 갈겨쓰다, 근근이 살아가다라는 의미가 있고, 명사로는 긁는 일, 상처, 무, 휘갈겨 쓰기 등의 의미

가 있다. 그렇다면 김언희는 지금 영화를 보기 전에 그리고 영화를 보면서 무엇을 긁고 할퀴고 후벼 판다. 무엇을? '일찍이 내 것이었던 여덟'이지만 이 여덟은, 여덟이라는 기호는 기의와는 관계없이 떠돌고, 혹시 '가방 속의 여덟 머리'를 의미한다고 해도 무슨 소린지 모르겠고 다만 우리가 알 수 있는 것은 그가 영화를 보면서 영화를 긁고 상처 내고 지우면서 근근이 살아간다는 것, 그리고 '나는 본다 고로 나는 내가 보는 것'이다. 나르시스적 도착이다. 왜냐하면 거울을 볼 때 내가 존재하지만 김언희는 거울이 아니라 영화이다. 이 시대엔 영화가 거울이다. 그가 보는 것은 영화, 환상이고 이 영화, 환상이 그이다.

그리고 이 프라스틱 천국에서 그는 보드리야르의 책 『섹스의 皇道』를 읽지만 읽는 이유를 모른다. 영화를 볼 때 그는 영화 속에 존재하고 책을 읽을 때 그는 주체 불안, 이성 불안, 독서 불안에 시달린다. 독서가 독사이다, 그러므로 그에겐 '섹스의 皇道'가 '교미의 皇都'로, 이 황도가 黃桃와 天桃로 나타난다. 말하자면 그에겐 기호가 이미 기의와는 관계없이 순수한 기표로만 떠돈다. 이른바 라캉이 말하는 기표들의 사슬, 이 사슬 속에 그러니까 기표와 기표 사이에 무의식, 욕망이 있다. 요컨대 그는 기표 사이에 기표와 함께 잠시 존재/부재한다. 섹스의 黃道는 섹스를 황도, 곧 태양이 도는 큰 원에 비유한 말, 그러나 이런 황도가 '교미의 皇都'가 됨으로써 그 우주적 성원리는 황제로 세속화된다. 그리고 이 황도는 다시 黃桃, 복숭아가 되고 하늘에 있다는 天桃 복숭아가 된다. 결국 黃道는 천도이다. 어서 천도해야 하리라. 도읍을 옮기고 극락세계로 가야 한다. 기호가 극락이다. 요컨대 이 시가 강조하는 것은 이 세상에 대한 강도질이 아니라 기의를 상실한 기표들의 삶이고 이 기표들이 욕망을 움직인다는 사실이다.

가상현실은 욕망의 현실이고 기호의 현실이다. 그러므로 욕망이 기호이고, 이런 기호는 기의에서 독립한 자율적 기호, 말하자면 기호의 물질성 자체이다. 보드리야르가 강조하는 것은 기호의 이런 물질성 자체의 해방이지만 이 해방이 문제라고 큐빗(Cubitt)은 주장한다. 그에 의하면 보드리야르는 수단의 물질성과 수단 사용의 책임이라는 변증법을 무시한다. 말하자면 기호의 물질성과 기호 사용에 대한 책임을 무시하고 그러므로 사회적 윤리적 책임을 무시한다. 그런 점에서 그는 아이젠슈타인의 몽타주 개념을 다시 강조한다.

아이젠슈타인은 기표/기의를 분리하고 기표만을 강조하는 것은, 곧 예술의 물질성을 의미작용에서 해방시키는 것은 생산과 소비 과정을 무시하고 교환의 순간에 나타나는 상품 형식의 절대적 자율성만을 강조한다고 비판한다. 이때 예술/관객이 관계는 사물/사물의 관계로 전락한다. 따라서 이런 물화 현상을 극복하기 위해 그는 순수 기표에서 벗어나는 길을 모색하고, 그 모색이 몽타주 개념으로 나타난다. 그가 강조하는 것은 몽타주가 사회성을 함축하는 것, 곧 이미지의 사회성 함축이다. 요컨대 큐빗의 주장에 의하면 보드리야르가 이미지를 계기적으로 치환하면서 앞의 이미지를 뒤의 이미지가 계속 지우는 방법을 강조한다면 아이젠슈타인은 이미지의 사회성을 강조하고 그 방법이 몽타주라는 것. 후기에 오면 아이젠슈타인은 이른바 배음적 몽타주(overtonal montage)를 강조한다. 이런 몽타주는 구성, 모티프, 리듬, 소리들의 연결을 통해 전체 영화를 관통하는 주제들을 암시한다. 그 특성은 쇼트들의 카탈로그, 말하자면 목록의 구성법이다.[64)]

그러나 나는 이 자리에서 보드리야르냐 아이젠슈타인이냐 하는 문제를 다룰 시간도 지면도 없다. 다만 큐빗도 말하듯 디지털 미학이 시각을 강조하고 그 변증법적 두 양상으로 보편적 카탈로그와 유연성이 있다는 사실이 중요하다. 보편적 목록 형식은 몽타주 개념과 유사하고, 이 목록 형식은 모든 지각이 들어가는 그물을 창조하고, 변하기 쉽고 불안정한 단자적(monadic) 주체를 지향한다.65)

우리시의 새로운 형식으로 이런 목록 형식이 나타난 것은 그렇게 오래되지 않는다. 이런 형식이 보여주는 것은 이른바 디지털 미학이고, 아이젠슈타인적 사회성, 그러니까 기의가 나타날 수도 있고 나타나지 않을 수도 있다. 이런 문제는 어디까지나 시인의 미학, 세계관, 문학관과 관계된다. 최근만 하더라도 같은 목록 형식이지만 최승호의 실험적인 시 「이것은 죽음의 목록이 아니다」는 다분히 사회성이 있는 것 같고 이원의 「접속」은 그렇지 않은 것 같다. 최승호는

> 수달 멧돼지 오소리 너구리 고라니 멧밭쥐 다람쥐 관박쥐 검은 댕기해오라비 중대백로 쇠백로 왜가리 원앙 청둥오리 흰뺨검둥오리 비오리 조롱이 새 홀리기 꿩 깝짝도요 멧비둘기 집바둘기 소쩍새 물총새 청딱다구리 가막 딱다구리

처럼 노래한다. 노래가 아니라 생태계의 목록이다. 이 목록은 4 페이지나 계속되고 시의 끝에 그는 「동강 유역 산림생태계 보고서」(1998. 12. 산림청 임업연구원)를 읽으면서 그가 아무르 장지뱀이나 용수염풀 같은 존재로 태어날 수도 있겠다는 생각을 하고, 그때 그러니까 인간이 아닌 존재로 태어난다면 그는 '이름의 감옥'에서 벗어나 삶을 사랑하는 일에 삶을 바쳤을 것이라고 말한다. 요컨대 이 시에서 그는 산림처 보고서를 인용하고, 그 보고서는 생태계 목록이고, 이 목록은 그에 의하면 죽음의 목록이 아니다. 그럼 무엇

인가? '아니다'라는 말은 '이다'라는 말을 포함하고 그런 점에서 사회성이 나타나고 또한 이름의 감옥에서 벗어나려는 그의 성찰이 나타난다. 이름의 감옥은 언어의 감옥이고 헛것의 감옥이고 진정한 삶의 의미는 그런 감옥에서 벗어나는 일, 그러니까 불립문자 교외별전의 진리를 지향한다. 그런가 하면 이원은

> 목련 꽃잎들이 짓이겨진 3월의 목요일
>
> 식칼
> 밧줄
> 헬멧
> 의료용 붕대
> 백열등
> 해부학 교본
> …(생략)…
>
> 를 샀다 이미지만 샀다

고 노래한다. 그는 목련 꽃잎이 짓이겨진 날 그가 산 것들의 목록을 적고, 그러나 이미지만 샀다고 부연한다. 그가 산 것은 실체인가, 이미지인가? 그가 산 것들은 대체로 찌르고 묶고 방어하고 감싸고 수술하는 데 쓰이는 도구들이다. 이 도구들은 일종의 몽타주가 되어 그의 살의를 암시하고 그러나 그의 주위에 있는 이런 도구들도 실체가 아니라 이미지라는 것, 요컨대 도구, 사물, 이미지의 경계가 해체된다는 것, 이런 사정은 그가 최근에 펴낸 시집 이름 『야후!의 강물에 천 개의 달이 뜬다』가 집약적으로 보여준다.

컴퓨터가 강물이고 그 강물에는 부처님의 진리가 비친다.

무의 장소?

이런 장소, 공간은 없지만 있고 없고 있다. 최승호가 '이름의 감옥'에서 벗어나기를 꿈꾼다면 이원 같은 세대는 이미 그 꿈이 컴퓨터에서 실현된다고 생각한다. 아니 꿈과 현실의 경계가 이미 해체되고 컴퓨터는 꿈이면서 현실이다. 있음이 있음이고 없음이 없음이고 有是有 無是無(재현성) 있음이 있음이 아니고 없음이 없음이 아니라면 有不是有 無不是無(현대성) 이제 우리시가 지향하는/지향해야 할/지향하고 있는 방향은 있음이 더 크게 있고 없음이 더 크게 없는 有是有 無是無(후기현대성) 그런 세계이다. 더 크게 있다는 것은 이 있음이 있음/없음을 내포하는 있음을 의미하고 더 크게 없다는 것은 이 없음이 없음/있음을 내포하는 없음을 의미하다. 말하자면 이런 세계는 이제까지 서구 문화를 지배해온 2항 대립적 사유체계를 초월하는 그런 세계/비세계이고 이런 세계는 서구적이며 동양적이고 아니 동양적 사유의 오묘함이다. 산은 산이고 물은 물이다.

오규원이 계속하는 이른바 '날이미지의 시'가 문제되는 것은 이런 문맥에서이다. 그는 자연을 노래하되 서정을 노래하지 않는다. 그가 말하는 날이미지는 시인의 주관성을 배제하지만 그렇다고 김춘수의 묘사시와도 다르고 이미지스트들의 이미지와도 다르다. 무엇이 다른가? 보드리야르의 개념을 수용하면서 러시아 현대시의 특성을 해명한 엡스타인(Epstein)은 러시아 문명의 기호적 특성에 유의하면서 그것을 현상주의, 개념주의, 영도의 글쓰기로 나눈 바 있고, 나는 오규원의 '날이미지 시'가 이 현상주의와 유사하다고 어디선가 말한 바 있다. 엡스타인이 말하는 현상주의는 감각의 기율을 강조하는 순수 현존의 시학으로 시각이나 촉각의 수준에서 대상의 순수 현존을 강조한다. 따라서 이 현존이란 말은 서구 형이상학에서 말하는 현존과 다른 개념이다. 그가 말하는 현존은 언어의 조소성, 감각의 논리, 있는 그대로의 사물을 강조하고, 따라서 이때 사물, 혹은 대상의 표면은 깊이가 되고 언어 자체가 은유가 된다. 말하자면 이 현존, 이 표면은 표면/심층, 현존/부재, 언어/은유의 대립이 해체되는 그런 현존이고 따라서 비현존이고 현존이다. 개념주의는 공허한 언어 놀이, 기표들의 놀이를 강조하고, 영도의 글쓰기는 문화적 쓰레기, 탈중심주의를 지향한다. 이런 개념들은 우리 시를 읽는 데 도움이 되기에 한 번 더 부연한다.[66)]

강에는 강물이 흐르고 한 여자가
흐르지 않고 강가에 서 있다
안고 있는 아이에게 한쪽 젖을 맡기고
강이 만든 길을 보고 있다

오규원의 「새와 날개」 앞 부분이다. 정효구 교수도 지적하듯이 이 시에는 진술(관념)이 배제되고 묘사(이미지)만 존재한다. 이 담백한 묘사에서 중요한 것은 시의 끝 부분에 나오는 "강에는 강물이 흐르고/ 물 속에는 날개가 젖지 않는" 새가 한 마리 강을 건넌다는 이미지이다. 물 속에 있는, 날개가 젖지 않는 새는 무엇이고 이런 새가 강을 건넌다는 것은 무엇인가? 새/날개의 관계뿐만 아니라 젖다/젖지 않다의 관계도 해체된다. 물 속이 물 밖이고 날개가 젖는 것은 날개가 젖지 않는 것이다. 그러므로 이 물 속은 더 큰 물 속이고 날개의 젖음은 더 큰 젖음이다. "불 속에서 지네가 호랑이를 삼키고 바닷물이 그대 머리 위에 있다. 그러므로 어쨌든 마음에 무엇이라도 있으면 모두가 천지처럼 벌어진다."[67]

요컨대 이런 시는 현상을 노래하되 자신의 상(像)을 노래하지 않고 현상 자체, 사물의 상(象)을 노래한다. 노래하고자 한다. 득상망상(得象忘像)의 시학이다. 나를 버리고 코끼리를 보라. 관념을 버리고 사물을 보라. 그때 사물은 무엇이고 사물이 아닌 것은 무엇인가? 장석남의 시들이 문제되는 것은 이런 사정 때문이다. 그는 「돌의 새」에서

> 노란 꽃 피어
> 산수유나무가 새가 되어 날아갔다
> 산수유나무 새가 되어 날아가도
> 남은 산수유나무만으로도 충분히
> 산수유나무
>
> 너는 가고
> 가고 남는 이것만으로도 너무 많은
> 너를
> 달리 무엇이라고 부르나

처럼 노래한다. 남은 산수유나무는 어디 있고, 가고 남은 이것만으로도 너무 많은 너는 어디 있으며 새는 어디로 날아갔는가? 노란 꽃이 새가 되지만 나무가 새가 되고 노란 꽃은 새가 아니고 나무도 새가 아니다. 그러나 꽃이고 새이고 나무이다. 사물은 사물이 아니고 동시에 사물이다. 새/꽃, 가다/남다, 너/나에 대한 이런 인식은 더 큰 새, 더 크게 감, 더 큰 너에 대한, 그러니까 더 큰 무에

대한, 더 큰 사유에 대한 사유로 드러난다. 그리고 이 드러남이 시에선 은폐된다. 말하자면 은폐/드러난다. 결국 있고 없는 것, 남는 것은 장소이고 이 장소는 관계이다. 사물이 있는 게 아니라 사건이 있고, 관계가 있다.

이우환은 왜 일본 도쿄 신주쿠역에 돌과 철판을 설치했는가? 두 개의 철판 사이에 그 주변에 크고 작은 돌들이 여기 저기 놓여 있다. 그는 작품을 제작한 것이 아니라 이미 주어진 사물을 옮겨 놓는다. 그런 점에서 뒤샹과 비슷하고 다르다. 기성물을 옮겨 놓는 점에서는 비슷하고 변기가 아니라 돌과 철판을 옮겨 놓는 점, 전시장이 아니라 역에 옮겨 놓는 점은 다르다. 돌과 철판은 도구도 아니고 사물도 아니고 그러므로 도구와 사물 사이에 있고, 돌과 철판이 있는 게 아니라 돌과 철판 사이가 있고, 역 역시 역이면서 전시장이다. 요컨대 그가 추구한 것은 사물에 대한 새로운 인식이고, 돌이 표상하는 자연과 철판이 표상하는 문화 혹은 문명의 관계이고 예술과 환경의 관계이다. 또한 돌과 철판은 독자가 말하듯이 만들어진/만드는 사물/도구이다. 이 시대 우리시가 놓치고 있는 것은 무엇이고 새로운 시를 쓴다는 것은 무엇이고 해체를 해체하는 길은 과연 어디 있는가?[68]

17. 해체 이후의 시쓰기

나는 「21세기 우리시의 방향」(「디지털 시대의 시쓰기」라는 표제로 『21세기 문학』, 2001년 가을호에 발표한 글)에서 21세기 우리시의 새로운 흐름을 디지털 매체와 관련시켜 말한 바 있다. 디지털 시대의 시쓰기는 두 가지 유형으로 나타나며, 하나는 문자 매체가 아닌 디지털 매체로 작품을 생산하는 유형, 다른 하나는 디지털 미학을 수용하면서 활자 매체로 작품을 생산하는 유형이다. 그때 내가 주로 언급한 것은 후자이고, 특히 우리시의 새로운 방향으로 無의 개념을 든 바 있다. 이 무는 동양사상, 혹은 불교사상에서 강조하는 것으로 서구적 2항 대립체계를 해체하면서 드러나는 그런 무, 곧 유/무를 초월하는 무이며 유/무를 초월하는 유라고 말할 수 있다. 무이면서 유인 그런 무이다. 그렇다는 것은 이런 무 혹은 유는 언어를 초월하고 부정하는 개념이고, 언어를 초월한다는 점에서 그것은 개념이 아니라 비개념, 개념 이전이다.

다소 도식적인 감이 없지 않으나 이런 무 혹은 유의 개념이 21세기 우리시의 새로운 흐름, 방향, 전망이 될 수 있는 것은 있음이 있음이고 없음이 없음이라는(有是有 無是無) 인식이 리얼리즘을 지배하고, 있음이 있음이 아니고 없음이 없음이 아니라는(有不是有 無不是無) 인식이 모더니즘을 지배한다면 있음이 더 크게 있고 없음이 더 크게 없다는(有是有 無是無) 인식이 후기모더니즘을 지배하기 때문이다. 산은 산이요 물은 물이다. 그러나 산은 산이 아니요 물도 물이 아니다. 그러므로 산은 산이요 물은 물이다. 성철 스님 때문에 유명해진 말이 바로 '산은 산이요 물은 물이다'라는 것. 과연 이 말로 스님이 의도한 것은 무엇일까?

산은 산이요 물은 물이라는 말이나 있음이 있음이고 없음이 없음이라는 말은 같은 문맥을 거느린다. 일상의 시각으로 보면 있는 건 있고 없는 건 없다. 산은 산이요 물은 물이다. 리얼리즘의 인식론적 토대라고 할 수 있다. 그러나 다시 생각하면 이 세계가 그렇고 우주가 그렇듯이 어느 하나로 고정된 실체가 있는 것은 아니고 모든 사물들은 인연 따라 모였다가 흩어지고 다시 모이고 다시 흩어진다. 그러므로 있음이 있음이 아니고 없음도 없음이 아니다.

내가 있다고 하지만 과연 나는 어디 있는가? 물론 나는 지금 작은 아파트 창가에 앉아 이 글을 쓰고 있다. 오늘은 하루 종일 눈이 내린다. 그러나 나는 나를 객관적으로 볼 수 있는 것도 아니고 이 글을 쓴다고 하지만 누가 쓰는지 모호하고 어디 있는지 모르는 내가 이 글 속을 떠돌 뿐이다. 그런 점에서 나는 나의 그림자에 지나지 않는다. 이 그림자가 사유하고 글을 쓰고 방황한다. 요컨대 나라고 생각하고 믿고 느끼는 것 일체가 허상이고 환상이고 시간적으로 변하고 공간적 육체적으로 변한다.

지금 땅에 떨어지는 눈발도 그렇다. 하늘에서 눈이 내리지만 어디까지가 눈이고 어디까지가 물방울인지 모르겠고 따라서 눈의 정체, 실체는 모호하다. 눈은 공중을 떠돌던 수증기가 찬 기운을 만나 얼음 조각이 되어 땅으로 떨어지는 것. 따라서 눈의 실체가 있는 것이 아니라 수증기가 있고 공기가 있고 물방울이 있고 얼음이 있다. 그러므로 있음은 있음이 아니고 없음도 없음이 아니다. 산은 산이 아니요 물은 물이 아니다. 눈은 떨어지면서 비로 변할 수도 있고 떨어진 다음 해가 나면 녹아 사라진다. 땅으로 사라진다. 눈은 어디 있는가? 눈의 실체는 무엇이고 어디서 와서 어디로 가는가? 인연으로 생겨나 시시각각 변하고 변함이 있을 뿐이다. 변함은 있는가? 눈이 비로 변하면 눈은 없고 그러나 비로 변한 눈이 있다. 그러므로 있음은 있음이 아니요 없음도 없음이 아니다.

나 역시 그렇다. 시간적으로 변하고 공간적 육체적으로 변하고 잠시 한 곳에 머물지 않고 떠돈다. 라캉 식으로는 떠도는 욕망, 떠도는 시니피앙, 떠도는 환유이고 불교 식으로는 5온(五蘊)이다. 생멸 변화하는 다섯 가지 요소들이 모여 이루어진 것이 나다. 따라서 나는 없고 5온이 있고, 이 5온이 5음(五陰)이고 5온은 계속 변한다. 말하자면 색수상행식(色受想行識)이 나이지만 색은 스스로 변하고 다른 것에 영향을 주고, 수는 고통과 쾌락을 느끼고, 상은 외계의 사물을 받아들이고, 행은 인연으로 생겨나 시시각각 변하고, 식은 의식하고 분별한다. 그러나 이 다섯 모임은 모두 나타나고 사라지고 계속 변화한다. 어디 내가 있고 무엇이 나라고 할 수 있겠는가?

모더니즘이 강조하는 자아 찾기, 일상적 사유를 초월하는 상상력, 현상이 아니라 심층에 있는/있다고 믿는 본질 찾기는 모두 이런 인식을 토대로 한다. 모더니즘 미학에 의하면 있음은 있음이 아니고 없음도 없음이 아니다. 산은 산이 아니고 물은 물이 아니다.

그렇다면 셋째 명제 '산은 산이요 물은 물이다'는 무슨 뜻인가? 서양 변증법에 의하면 제1명제 '산은 산이요 물은 물이다'는 긍정, 제2명제 '산은 산이 아니요 물은 물이 아니다'는 부정에 해당하고 따라서 제3명제 '산은 산이요 물은 물이다'는 종합 명제에 해당한다. 성철 스님의 말씀은 제1명제에 속하거나 제3명제에 속한다. 어느 명제로 해석해도 상관이 없다. 왜냐하면 따지는 일, 분별하는 일, 나누는 일부터가 일상적 사유의 기본이고 이런 사유는 우리를 구속하기 때문이다.

그러나 변증법적 사유 역시 긍정/부정이라는 2항 대립성을 근본으로 하기 때문에 이성 중심적이고 따라서 나는 성철 스님의 말씀이 제3명제에 속하지만 이런 변증법적 논리를 벗어난 해석을 해야 한다는 입장이다. 어떻게 해석해야 하는가? 문제는 제3명제 앞에 어떤 접속사를 연결하느냐이다. 몇 가지를 생각할 수 있다. 예컨대 '그리고, 그러나, 그러므로'가 그것이다. 먼저 '그리고'로 연결하면 '산은 산이다—산은 산이 아니다—그리고 산은 산이다'. 이때는 '산은 산이고/산은 산이 아니며 동시에 산이다'가 되어 2항 대립체계가 되고 또한 대립적 요소의 균형이 파괴된다. 2항 대립체계 부정은 불교의 기본 원리를 말하는 『6조단경(六祖壇經)』에서 이른바 즉리양변(卽離兩邊)으로 강조된다. 성철 스님의 약해(略解)를 옮기면 다음과 같다.[69]

> 즉리양변—양변을 떠남은 중도(中道)를 말한 것이니, 불교의 근본 원리이다 석존은 초정법륜(初轉法輪)에서 녹야원 다섯 비구들에게 '여래는 양변을 떠난 중도를 정등각(正等覺)하였다'고 유명한 중도 선언을 하였다. 용수(龍樹)도 그의 '대지도론(大智度論)' 43에서 '양변을 떠난 중도는 반야바라밀'이라고 상세히 말하였으니 6조가 항상 고창한 반야는 곧 중도를 말한다.

즉리양변의 원리에 의하면 접속사 '그리고'는 적절치 않고 그렇다면 '그러나'로 연결하면 어떨까? '산은 산이다—산은 산이 아니다—

그러나 산은 산이다'. 이 말 역시 양변에 기대고 2항 대립체계를 따르고 있다. 무슨 말이냐 하면 '산은 산이다/산은 산이 아니지만 산이다'가 되어 산/산이 아님의 체계 속에서 회귀하고 원래의 산으로 돌아감으로써 2항 대립체계에 다시 의존한다. 그렇다면 '그러므로'로 연결하면? '산은 산이다—산은 산이 아니다—그러므로 산은 산이다.' 이때는 양변, 곧 2항 대립체계에서 벗어나고 이런 인과론은 일상적 이성적 논리를 부정하고 즉리양변의 원리를 암시한다. 요컨대 이때의 '그러므로'는 산은 산이라는 긍정과 산은 산이 아니라는 부정이 보여주는 모순 관계, 혹은 대립 관계를 초월하는 긍정이고 이런 대립을 수용하면서 부정한다.

앞에서 나는 있음이 있음이요—있음이 있음이 아니요—있음이 있음이라는 말을 했지만 이런 有—無—有의 관계 역시 비슷한 문맥을 거느린다. 조주(趙州) 스님은 말한다. 도에 이르는 길은 어렵지 않다. 다만 분별하는 일, 선택하는 일만 버려라(至道無難 但嫌揀擇). 있음/없음을 초월하는 더 큰 있음은 있음/없음을 초월하기 때문에 있음이며 없음이고, 내가 더 큰 있음, 더 큰 없음이라는 말을 쓴 것은 이런 사정에서이다.

조주가 저녁 무렵 외출에서 돌아오자 남전(南泉) 스님은 낮 동안 생겼던 일에 대해 말한다. 남전 스님의 절에서는 여러 스님들이 참선을 하고 있었다. 그런데 어디선가 고양이 한 마리가 튀어나오자 동당과 서당 스님들이 서로 자기 고양이라고 우기면서 싸우기 시작한다. 그때 남전 스님이 나서서 말한다. "한마디 깨달은 말을 하면 고양이를 살려줄 것이고 아무 말도 못하면 베어 죽일 것이다." 그러나 아무도 한 마디 말을 못하자 스님은 고양이를 베어 버렸다. 그 유명한 남전참묘(南泉斬猫)이다. 남전은 저녁 무렵 조주 스님이 돌아오자 낮에 생긴 일에 대해 말한다. 그러자 조주는 짚신을 벗어머리에 쓰고 맨발로 나가 버린다. 남전은 이를 보고 '네가 있었으면 구했을 것을'이라고 말한다. 『무문관(無門關)』에 나오는 이야기이다.

조주 스님이 짚신을 머리에 쓰고 나간 것은 무엇을 의미하는가? 『무문관』 게송에는 이렇게 해석한다. '만약 조주가 있었더라면 남전의 명령을 거꾸로 받아들였을 것이다. 그는 남전의 칼을 빼앗고 남전은 목숨을 살려 달라고 빌었을 것이다.' 그러니까 조주가 짚신을 머리에 쓰고 나간 것은 남전의 명령을 거꾸로 받아들인다는(倒行此令) 의미이다.

그러나 이 일화에 대한 해석은 다양하고, 이기영 교수는 이류중행(異類中行) 사상과 여여(如如) 사상에 의해 해석한다. 이류중행은 이류, 곧 동류인 인간이 아닌 축생 속으로 나갈 것을 주장하고, 이런 사상은 궁극적으로 축생이나 인간이 같다는 인식을 토대로 한다. 여여, 곧 차이가 없음은 너와 나뿐만 아니라 인간과 축생도 차이가 없음을 의미하고, 따라서 중요한 것은 축생과 더불어 여여해지기 위해 축생의 모습을 하고 축생을 축생에서 벗어나게 하는 것. 이 말은 『금강경』에 나오는 인상(人相)을 버리라는 말과 통하고, 따라서 이 일화에서 중요한 것은 고양이가 말을 못하므로 너희들이라도 말을 해야 한다는 것. 여여해지는 것은 고양이를 살리는 것. 살리기 위해선 어떻게 해야 하는가? 조주 스님이 신발을 머리에 얹은 것은 아래와 위는 언제나 바꿀 수 있다는 것. 이른바 본말전도(本末顚倒). 서로 입장을 바꾸어 볼 수 있다는 것. 아래와 위를 언제나 바꿀 수도 있다는 것을 의미한다.[70)]

발은 발이고 머리는 머리이다. 그러나 조주에 의하면 발은 발이 아니고 머리도 머리가 아니다. 그러므로 발은 발이고 머리는 머리이다. 고정된 자리나 본질은 없다. 초현실주의 기법 가운데 이른바 데페이즈망(depaysement)이 있고, 이는 전치(轉置) 혹은 전위법(轉位法)으로 번역되며 어떤 물체를 본래 있던 곳에서 다른 곳으로 옮기는 것을 뜻한다. 이런 기법에 의해 초현실주의자들이 강조한 것은 우리 인간 속에 잠재하는 억압된 무의식 세계를 해방시키는 것. 이런 기법은 조주정초혜(趙州頂草鞋)와 다르지 않고, 아니 조주의 경우는 단지 무의식의 문제가 아니라 세계를 새롭게 보려는 방법과 실천의 문제이다. 초현실주의가 인간 속에서 인간의 한계를 벗어나고자 한다면 조주의 경우는 이류중행을 시도하고 이런 시도는 21세기 우리시의 화두이다.

후기모더니즘의 선조라 할 뒤샹은 1917년 뉴욕 그랜드 센트럴 갤러리에 공중화장실에나 있을 남성용 변기를 옮겨 「샘」이란 제목을 붙이고 머트(R. Mutt)란 이름으로 서명해서 출품한다. 이 변기는 결국 전시장 칸막이 뒤에 버려진 신세가 되고, 전시가 끝나자 뒤샹은 대대적인 반격에 나선다. 그가 주장한 것은 참가비 6달러를 낸 모든 화가는 작품을 전시할 권리가 있는데 머트 씨의 「샘」을 거부한 이유는 무엇인가?라는 것. 20세기 초 미국에서는 저 악명 높은 변기가 등장하고 우리 동양에서는 일찍이 조주의 이름다운 짚신이 등장한다. 뒤샹이 일상과 예술, 혹은 일상과 작품의 경계를 해체한다면 조주는 일상을 지배하는 있음과 없음의 경계를 해체하고, 나아가 이런 더 큰 없음이 혹은 더 큰 있음이 21세기 우리시의 화두가 될 수 있다.

결국 해체의 해체가 문제이고 해체의 해체는 해체 이전으로 돌아감이 아니다. 우리는 미래 이후에 있다. 미래 이후는 미래 이전인가 미래 이후인가? 해(解)는 소(牛)를 칼(刀)로 뿔(角)에 이르기까지 잘게 갈라 해부한다는 것이고 몸(體)은 뼈(骨)와 풍부한 살(豊)로 이루어진다. 그러므로 해체의 해체는 이 몸, 예술이라는 몸, 시라는 몸, 정신이라는 몸을 잘게 갈라 해부한 다음의 문제이고 해부가 끝난 다음의 문제이고 물론 해부는 살인이 아니라 더 크게 살리기 위한 노력이다. 이런 노력이 필요하다. 나는 지금 목 디스크로 고생이다. 지난 가을 부산 다녀온 다음 거의 두 달째 정형외과를 다니고 있지만 바른 쪽 팔에 온 마비가 좀처럼 낫지 않고, 지금도 이 글을 힘들게 쓰고 있다. 왜 갑자기 이런 잡념이 찾아오는 것인가? 이런 잡념도 필요하다. 오독이 새로운 읽기를 낳는다. 산은 산이고 물은 물이다.

18. 후기현대와 우리시의 방향

후기현대와 시적 모험

시적 모험은 상상력의 모험이다. 최근의 우리시가 이렇다 할 시적 모험을 보여주지 않는 것은 상상력에 대한 새로운 이해가 부족하고 이 시대가 전통적인 상상력의 세계를 용납하지 않기 때문이다. 따지고 보면 상상력도 영원한 게 아니라 시대적 산물이고, 따라서 근대적 상상력이 다르고 현대적 상상력이 다르고 후기현대적 상상력이 다르다. 이 글에서 근대적이라고 하는 것은 이른바 전현대(premodern)를 의미한다. 그렇다면 전현대가 아니고 왜 굳이 근대인가? 근대나 현대나 모던을 의미하기 때문에 결국은 같은 의미이지만 전현대라는 의미로 근대라는 용어가 사용되기도 하고 또 우리 현대문학사에서는 일부 학자들이 이런 뜻으로 이런 용어를 사용하기 때문이다.

이성이나 양심과 달리 상상력은 정신적 이미지를 생산하는 능력이고 그런 점에서 시적 능력이고 예술을 창조하는 능력이다. 좀더 부연하면 상상력은 사물을 재현하고 새로운 세계를 창조하는 능력이다. 사물의 재현이냐? 세계의 창조냐? 근대를 지배한 것은 사물의 재현이고 현대를 지배한 것은 세계의 창조이다. 그런 점에서 근대적 상상력은 재현적 능력이고 그것은 이미 존재하는 외적 현실을 재생산한다. 생산이 아니라 재생산이고 이런 재생산이 부가 가치, 잉여 가치를 생산한다. 이런 상상력은 창조가 아니라 외적 현실의 복사이고 좀더 심하게 말하면 이미 존재하는 사물들을 착복하고 도둑질하고 훔쳐오는 일에 지나지 않는다.

이른바 리얼리즘 미학이 은폐하고 있는 것은 작가나 시인이 무슨 새로운 세계를 창조하는 것이 아니라 이미 존재하는 사물, 현실, 현상을 베끼고 소유하고 그것을 나의 창작이라고 주장하는 이상한 놀이이다. 이런 놀이는 시의 경우 정서나 서사를 매개로 전개된다. 근대를 지배한 이런 상상력은 거울에 비유되고 거울은 외부세계를 모방하고 반영한다. 주체와 객체의 측면에서는 객체가 주체를 지배한다. 따라서 근대 회화의 경우 상상력은 개성보다는 보편적인 상상력, 익명의 일반적인 상상력으로 드러나고 좋게 말하면 성스런 재능이 요구된다. 그러나 객체 앞에서 주체는 희생된다. 소멸이 아니라 희생이고 이런 희생의 대가로 그는 명성을 획득한다.

현대적 상상력은 사물의 재현, 사물의 반영, 거울이 아니라 새로운 세계를 창조하는 능력이다. 근대적 상상력이 거울에 비유된다면 이런 능력은 램프에 비유되고, 이런 능력은 자신을 불태운다는 점에서 대상 착복이 아니고 도둑질이 아니고 객체에 의한 주체의 희생이 아니다. 창조적 능력이라는 점에서 이런 상상력은 생산적이고 따라서 재생산을 통한 부가 가치, 잉여 가치를 노리지 않는다. 생산적이라는 것은 주어진 현실, 사물, 현상 너머(그런 게 있는지는 모르지만)에 있는 독창적인 세계, 사물을 생산한다는 뜻이다. 복사가 아니라 생산이고 생산은 재생산이 아니다.

그런 점에서 현대적 상상력은 이미 존재하는 세계가 아니라 그런 세계를 초월하는 어떤 세계, 유토피아, 환상을 추구하고, 그런 세계를 창조한다. 이런 창조가 램프에 비유되는 것은 이런 시대의 현실이 어둡기 때문이다. 그리고 시인이나 예술가는 램프이고 램프의 빛의 근원이고 따라서 램프가 타오르는 것은 예술가가 타오르는 것. 그는 거울처럼 차갑고 투명한 게 아니라 램프처럼 뜨겁고 환히 타오른다. 램프 기름은 석유 가게에서 사 오는 것이 아니라 예술가의 영혼, 정신, 정열, 광기이다. 그러므로 그는 그의 광기와 상상력을 불태우며 세계를 밝히고 새로운 세계를 창조한다. 보들레르가 그렇고 릴케가 그렇고 이상, 김수영, 김춘수가 그렇고 이 자리에 계신 많은 시인들이 그렇다. 한마디로 현대 시인은 자신을 잡아먹고 산다.

램프는 거울이 아니다. 거울이 객체를 지향하고 따라서 주체가 희생된다면 램프는 램프 자체, 곧 창조 주체를 강조하고 객체를 밝히고 불태우고 그런 점에서 주체 앞에서 주체 속에서 주체와 함께 주체를 통해 객체는 희생된다. 함께라는 말은 주체가 램프이기 때문이다. 그렇다면 주체도 희생되는가? 희생이 아니라 자기 희생이고 자기 불사르기이고 이런 희생도 희생이지만 앞에선 말한 근대적 상상력의 주체 희생과는 다르다. 근대적 상상력이 객체의 전경화를 통한 주체의 배경화 혹은 희생이라면 현대적 상상력은 주체의 전경화를 통한 객체의 배경화 혹은 희생을 기본으로 하기 때문이다.

후기현대의 상상력

상상력이 영원한 게 아니라 역사의 산물이라는 것은 이런 사정을 전제로 한다. 근대적 상상력이 다르고 현대적 상상력이 다르다면 당연히 후기현대적 상상력도 다르고 달라야 하고 이 차이가 문제이다. 우리나라의 경우 과연 이 시대가 이른바 후기현대에 속하는가에 대해서는 사회학자, 경제학자, 인문학자들 사이에도 의견이나 주장이나 학설이 분분하다. 그렇다고 이들의 학설이 국민적 의식으로 확장되지도 않고, 그렇다고 우리 문학의 역사에 근대문학, 현대문학이 없는 것도 아니다.

우리의 경우 경제적 근대화와 정치적 근대화가 함께 추진되지 못한 것은 우리의 한계이고 팔자이고 운명이고 나는 이 운명과 팔자를 사랑하자는 입장이다. 굳이 우리의 근대성을 서구라는 거울을 통해 볼 필요는 없고, 서구 모델을 통해 보아야 할 필요도 없다는 입장이다. 진리가 있는 게 아니라 입장이 있을 뿐이다. 식민지 시대 모더니즘은 어디까지나 서구 모더니즘이 아니고 식민지 모더니즘이고, 우리문학의 사생아라면 이 사생아를 버려야 한단 말인가? 이런 사생아를 낳은 것도 우리이고 우리 역사이다. 1960년대 개발시대 모더니즘도 어디까지나 개발 시대 모더니즘이다. 개발은 개의 발이 아니고 개의 발일 수도 있고 이게 우리의 한계이고 김수영이고 그가 노래한 「거대한 뿌리」이다.

비숍 여사와 연애를 하고 있는 동안에는 진보주의자와
사회주의자는 네에미 씹이다 통일도 중립도 개좆이다
은밀도 심오도 학구도 체면도 인습도 치안국
으로 가라 동양척식회사, 일본영사관, 대한민국관리
아이스크림은 미국놈 좆대강이나 빨아라 그러나
요강, 망건, 장죽, 종묘상, 장전, 구리개 약방, 신전,
피혁점, 곰보, 애꾸, 애 못 낳는 여자, 무식쟁이,
이 모든 무수한 반동이 좋다
이 땅에 발을 붙이기 위해서는

이상은 김수영의 「거대한 뿌리」의 일부. 1893년 조선을 처음 방문한 영국왕립 지학협회 회원인 비숍 여사는 '인경전의 종소리가 울리면 장안의/ 남자들이 모조리 사라지고 갑자기 부녀자의 세계로/ 변화하는 극적인 서울'을 본다. 그러나 김수영이 강조하는 것은 '전통은 아무리 더러운 전통이라도 좋다'는 것. 그러므로 이런 거대한 뿌리 앞에서는 진보주의, 사회주의는 네에미 씹이다. 우리 문학은 아무리 더러운 문학이라도 좋다. 이런 문학 앞에서는 이런 저런 비판은 네에미 씹이다. 한국적 모더니즘이 있다면 한국적 포스트모더니즘도 있고, 우리 문학은 서구 문학이 아니다. 아무리 왜곡된 문학이라도 좋다. 왜곡된 자본주의가 있다면 왜곡된 문학이 있고 이 왜곡, 천박함, 곰보, 애 못 낳는 여자, 무식쟁이를 사랑해야 한다.

요컨대 왜곡되긴 했지만 우리의 젊은 애들이 보여주는 삶의 양식과 의식은 분명히 현대가 아니라 후기현대의 특성을 보여주고 후기현대적 환경은 이미 우리들 곁에 와 있다. 지난 10월 제1회 모더니즘 시학회 학술세미나가 서울 출협회관 4층에서 있었고, 그때 나는 인사의 말인가 감사의 말인가를 하면서 모던을 광의로 해석하면 '새로운'이라는 뜻이고 따라서 이런 태도는 어느 시대에나 존재하고, 후기현대 역시 이런 문맥에서 수용하자는 말을 한 바 있다. 그리고 이런 새로움을 이른바 파편성 개념으로 요약하면서 이 건물(출협회관)에 대한 지각도 파편적이라는 것. 말하자면 건물 전체를, 전체의 유기적 통일성을 지각할 수 없다는 것. 파편적 이미지들의 집합이라는 것, 따라서 통일성이나 유기성을 강조하는 현대성 개념이 사라진다는 것. 그러므로 후기현대는 이미 우리 곁에 와 있다는 것을 말한 바 있다.

후기현대와 파편적 시쓰기

현대적 상상력이 결국은 마술적 종합 능력이라면 이 시대는 그런 종합 능력을 상실하고 이른바 파편적 상상력(?), 혹은 상상력의 종말을 지향하고, 이런 종말을 슬퍼할 필요는 없다. 제행무상(諸行無常) 제법무아(諸法無我)이다. 종말이 출발이고 끝이 시작이다. 얼마나 좋은가? 내가 후기현대적 상상력이라는 말을 쓰는 것은 이미 후기현대적 삶이 진행되고 있기 때문이다. 이런 시대의 상상력은 앞 시대의 상상력과 달라야 하고 다르다. 그러나 후기현대적 상상력은 단순한 또 하나의 역사적 변형이 아니다. 한마디로 말하면 후기현대적 상상력은 상상력의 종말이고 그런 종말을 향해 추락하는 상상력이다. 그것은 현대적 상상력의 기본 명제들을 비판하고 부정한다. 현대적 상상력의 기본 명제들은 스크립너(Scribner)에 의하면 (1) 독창적 표현, (2) 예술가의 권위, (3) 서사적 일관성, (4) 형이상학적 깊이, (5) 주관적 내면성이다.

이런 명제들이 부정되는 것은 무엇보다도 대중 매체의 혁명을 동기로 한다. 예컨대 벤야민이 지적한 것처럼 기술 복제 시대, 기계적 재생산의 시대에는 현대적 의미로서의 예술가, 곧 개성적 주체가 독창적으로 이미지를 만드는 게 아니다. 주체는 상상력의 근원이 아니고 이미지 창조 혹은 생산 능력을 대표하지 않는다. 영화, 비디오, TV, 인터넷의 경우 이미지는 근대적 주체가 생산하는 게 아니다. 영화의 경우 카메라는 배우의 연기를 통일적인 전체로 간주하지 않고 영화 배우의 연기는 연극 배우와 달리 하나의 통일된 작업이 아니라 여러 개의 개별적 작업, 파편적 작업이 모여 이루어진다. 그러므로 카메라 앞에서 배우라는 인격체, 통일체는 해체된다. 연극 배우가 하나의 인격체이고, 특히 무슨 가상이나 환상을 표상한다는 점에서 아우라를 소유한다면 영화 배우는 이런 아우라를 포기해야 하고 포기한다. 그는 전체가 아니라 파편이다. 스크린에서는 하나의 전체로 보이지만 그런 사건도 실제 촬영은 전체적인 연속을 따르는 게 아니라 개별적인 촬영들로 이루어진다. 예컨대 한 회사원이 외국으로 출장 가는 경우 회사를 나오는 장면을 찍고 비행기 타는 장면은 일주일 후에 찍고 외국에서 돌아와 회사에 다시 출근하는 장면은 첫 장면 다음에 바로 찍을 수도 있다. 몽타주의 경우엔 이런 사정이 한결 심하다. 몽타주는 한마디로 파편 미학이다. 부분들을 모아 전체를 만들지만 그것은 전체가 상실되고 전체를 알 수 없고 전체가 사라졌기 때문에 아우라가 상실된 시대의 미학이다.

그런 점에서 후기현대적 상상력은 기술적 복제 능력이 창조적 생산자로서의 근대적 주체와 싸우고 결국 이런 주체, 창조적 예술가는 능동적 창조적 주체에서 이미 조립된, 날조된, 그도 어쩔 수 없는 이미지들의 그물 속에서 폭파하는 수동적 주체로 변한다. 아니 수동적 주체가 아니라 주체 소멸이라고 할 수 있다. 상상력은 그동안 어떤 형식으로든 현실과 관계를 맺었지만 후기현대에 오면 대중 매체의 재생산 기술에 의해 현실, 현실이라고 말해지는 것이 의미를 상실한다. 영상 매체가 현실을 흡수하고 잡아먹기 때문이다. 그런 점에서 이미지는 현실을 재현하거나 새로운 현실을 창조하는 게 아니라 현실을 대신하고 기호도 그렇다. 다음 시는 이런 시대의 시적 상상력을 보여준다.

> 글이 오는 동네에서
> 면목 없는 동네로 가는 좌석 버스가 지나치는
> 우리 동네 한 귀퉁이에서 157번 버스를 기다리고
> 서 있노라면

영원한 등불의 포구를 통해 올라온
갓잡혀 온 갖가지 물고기들의 판때기를
확성기로 알리는 소리, 그 왁짜한 소리들

이상은 박상배의 「영등포 수첩 3」의 일부. 그는 지금 건강이 안 좋아 시쓰기를 쉬고 있지만 이런 상상력은 우리 시의 역사에서 단연 새롭고 후기현대적 상상력의 보기가 된다. 각주에 의하면 '글이 오는 동네'는 문래동(文來洞), '면목 없는 동네'는 면목동, '영원한 등불의 포구'는 영등포이다. 기호가 현실을 대신한다는 것은 이런 상상력을 두고 하는 말이다. 문래동, 면목동, 영등포라는 기호는 서울의 한 지역을 지시하는 게 아니라 기호 자체를 지시하고, 따라서 기호는 기의(시니피에)를 상실한 기표(시니피앙)로 떠돈다. 현실이 있는 게 아니라 기호, 기표, 시니피앙이 있을 뿐이다. 기호, 이미지, 영상 매체가 현실을 잡아먹는 시대의 상상력은 그러므로 전통적인 상상력의 죽음이고 이런 죽음이 희열과 통한다. 무슨 독창성이 있고, 시인의 권위가 있고, 서사적 일관성이 있고, 형이상학적 깊이가 있고, 주관적 내면성이 있는가? 있는 건 언어유희, 인용, 패러디이다. 나는 다른 글에서 다음처럼 말한 바 있다.

따지고 보면 독창적인 글쓰기는 없고, 옛날이나 지금이나 표절 아니면 인용, 그런 문장들, 단어들을 적당히 재구성한 것에 지나지 않는다. 작가나 시인들은 영원히 베끼는 자들이고, 이들이 보여주는 웃기는 장난이야 말로 글쓰기의 본질/비본질이다. 이 땅의 글쟁이들은 이 사실을 인정해야 하고 박상배 시인은 실천하고, 무식한 것들은 인정하지 않는다. 무슨 본질, 진정성 따위를 이야기하는 비진정성. 좀더 솔직해져야 할 것이다. 웃기는 장난의 진리![71]

그런가 하면 김연신의 「봄날은 간다」는 유쾌하게 망가진, 쓰레기가 우리를 비웃는 이른바 각주시이다. 이 각주시에 대해서도 다른 글에서 다음처럼 말한 바 있다. 그동안 우리가 읽은 각주시는 어디까지나 각주를 단 시. 그러니까 논문에서처럼 각주는 각주의 기능을 할 뿐이었다. 그러나 김연신의 경우 각주는 각주의 역할을 하면서 동시에 한 편의 독립된 시가 된다. 그렇다면 이런 각주시는 각주/시의 경계를 해체하고 이른바 다중시, 다층시가 된다. 멀티 포에트리라고 할까? 사실 이 시는 작사: 손로원, 작곡: 박시춘, 노래: 백설희, 각주: 김연신, 여기다가 해설: 이승훈, 읽기: 독자가 된다면 이 시에는 얼마나 많은 사람들이 참여하고 있는가? 그리고 이 시는 누구의 시인가? 그의 각주가 독립적이면서 의존적이라는 것은

연분홍 치마가[1] 봄바람에[2] 휘날리더라
오늘도 옷고름[3] 씹어가며

1) 사랑한 당신
돌고 도는 별을 보며
울던 것은 행복이었고
가슴 속 깊이
다진 말은 정절이었죠

2) 사랑한 당신, 지금 그곳에 당신이 계시면서 어느 곳에서든지 언제든지 또 당신이 계시기도 하고, 당신이 지금 그곳에 계시므로 여기에는 이제 확실히 아니 계시겠지만 눈앞에 많은 당신이 나타나는 것은

처럼 되어 있기 때문이다. 아무튼 우리는 지금 여기 이 성황당까지

온 셈이다. 그리고 봄날은 간다. 아무것도 아닌 것이 남아 있다. 잔재, 쓰레기, 배설물이 남아 있다. 쓰레기를 사랑하자. 쓰레기를 버리지 말고 다시 활용해야 한다. 이 시대는 재활용 시대이다. 미셸의 말을 인용하자. 잔재, 쓰레기, 배설물은 수익성이 있고 모호성이 있다. 잔재는 손상, 분산, 혼합된다. 죽음, 쓰레기, 더러움, 악을 사랑하자. 쓰레기를 사랑하지 않는 자들은 파시스트, 유토피아를 꿈꾸는 자, 피투성이 청소부, 쓰레기통과 단두대를 만드는 자, 유리 강철 제작자, 순결의 강박 관념에 사로잡힌 자들이다. 쓰레기는 좌파인가 우파인가?[72]

결국 후기현대적 상상력은 아이러니의 상상력이고 비유하면 거울도 아니고 램프도 아니고 거울들의 미로이다. 미로의 이미지는 반영의 반영, 기원 없는 순수한 반영. 패러디이다. 팝 아티스트 앤디 워홀은 독창성을 조롱하고 독창적 창조적 주체라는 휴머니즘 사상을 조롱하고 깊이도 내면도 없는 작품들을 보여준다. 그리고 비디오 아티스트 백남준은 피아노 공연 중 객석에 앉아 있던 스승 존 케이지의 넥타이를 가위로 조각조각 잘라버리고 바이올린을 땅바닥에 부숴버리고 친구 보이스에게 부탁한 도끼로 피아노를 부수고 미녀 첼리스트 샬롯트의 아름다운 유방에 수상기를 매달아 놓고 첼로를 연주케 한다.

모두가 웃기는 짓이다. 그러나 이런 행위는 삶과 예술의 경계가 해체되고 삶의 놀이가 예술의 놀이인 경지를 암시한다. 이런 놀이는 삶의 감각을 고양한다는 점에서 이른바 선적(禪的) 깨달음을 지향한다. 더 이상 잃을 것이 없는 삶, 무아(無我), 무소유의 삶이다. 후기현대의 새로운 시적 상상력, 시적 모험은 그런 점에서 새롭다는 말도 버리고 시적 상상력이라는 말도 버리고 마침내 모험이라는 말도 버려야 한다. 이렇게 버리는 것이 모험이고 우리시의 나갈 방향이다. 깨달음과 자유와 천진과 웃음이 필요하다. 무엇보다 마음을 비워야 할 것이다. 아직도 우리시는 너무 무겁고 너무 진지하다. 백남준의 예술은 그냥 놀이이고 인용과 콜라주이고 장난이다. 이우환은 백남준과 보이스를 현대판 한산(寒山)과 습득(拾得)이라고 부른 바 있다. 이런 정신이 필요하다.

19. 과학기술 정보화 시대의 시

아우슈비츠 이후에도 서정시는 가능한가?

아우슈비츠 이후에도 서정시는 가능한가? 독일 철학자 아도르노의 질문이다. 이 질문을 통해 그가 의도한 것은 아우슈비츠, 곧 유태인 학살 이후에 서정시를 쓰는 것은 불가능하고, 그럼에도 불구하고 시를 쓴다면 그것은 야만적인 행위라는 경고이다. 그러나 아우슈비츠 이후에도, 2차 대전 이후에도 시쓰기는 계속된다. 그러므로 아도르노의 주장은 시쓰기의 종말이 아니라 거부가 아니라 부정이 아니라 전통적인 서정시에 대한 비판으로 읽을 필요가 있다. 그런 점에서 아우슈비츠가 표상하는 사회적 윤리적 위기는 이제까지 우리가 믿어온 전통적 서정시 개념, 말하자면 현실과 동떨어진 순수한 시, 소박한 의미로서의 미적 자율성의 세계에 대한 비판을 환기한다. 이런 서정시는 한마디로 시를 창조하는 개인, 창조 주체를 강조한다. 그러나 클리핑거도 지적하듯이 사회적 윤리적 의식을 수반하는 시, 아우슈비츠 이후의 진정한 서정시는 정치에 무관심한 시, 사회에 무관심한 시, 이른바 이 땅에서 말하는 순수시를 허용하지 않는다. 이런 시대엔 개인적 경험을 재현하는 서정시는 시적

호소력, 정당성, 의의를 상실할 것이다.73)

이상은 현대시의 조건이고, 우리시의 경우 이런 조건이 완벽하게 충족된 것은 아니고, 그런 점에서 우리시는 아직도 아도르노의 말에 귀를 기울여야 하고, 그런 자기 비판을 통해 우리시의 현대성은 새롭게 획득될 것이다. 그러나 시대는 다시 바뀌고, 이 시대는 디지털로 표상되는 이른바 과학기술정보화 시대에 속한다. 따라서 우리시는 2중의 과제를 안고 있다. 하나는 아직도 끝나지 않은 20세기의 화두인 이른바 미적 현대성의 실현이고, 다른 하나는 이제 새롭게 시작되는 21세기 정보화 시대, 혹은 후기 산업자본주의 시대의 화두인 이른바 후기현대성 미학/반미학의 실천이다. 이 글에서는 주로 21세기가 표상하는 정보화 시대 혹은 이 글의 주제인 과학기술 정보화 시대의 미학, 문학, 시쓰기에 대해서 다루기로 한다.

정보화 시대는 매체를 중심으로 하면 인쇄 문화가 전자 문화로 바뀌는 시대이다. 그런 점에서 아도르노 식으로, 혹은 아도르노를 패러디해서 이런 질문을 할 수 있다. 전자 매체 이후에도 서정시는 가능한가? 이런 질문이 노리는 것은 우리가 그동안 믿어온 문학, 그러니까 이른바 근대문학이 활자 매체를 중심으로 했고, 책을 중심으로 했기 때문에 이제 전자 매체가 중심이 되는 시대엔 시를 쓸 수 없고, 이런 시대의 시쓰기는 야만적인 행위가 되리라는 점이다. 그렇기 때문에 그동안 많은 학자, 지식인, 문학 이론가들은 문학의 죽음을 주장하고 문학의 위기를 주장했다. 생각하기에 따라서는 이런 주장은 설득력이 있다. 활자 매체, 인쇄 매체를 중심으로 문학이 존재해 왔다면 전자 매체가 지배하는 시대에 문학이 위기에 처하고 죽음을 맞이하는 것은 자연스런 현상일지 모른다. 그러나 과연 그런가? 다시 아도르노를 패러디하면 이 시대가 요구하는 것은 현대시의 종언이 아니라 이제까지 우리가 수행한 글쓰기, 시쓰기에 대한 비판과 부정이고 비판적 부정이고 부정적 비판을 통한 새로운 시쓰기의 방향이다.

그런 점에서 이 시대의 시쓰기는 사회적 윤리적 위기도 문제이지만, 일단 매체 위기, 새로운 매체에 대한 인식, 새로운 문화에 대한 인식이 문제이다. 미디어가 메시지를 결정한다고 말한 이론가는 맥루한이고 나는 미디어가 문화를 결정한다고 말한다. 물론 사회 속에 문화가 있고, 문화 속에 문학이 있고, 사회, 문화, 문학은 동떨어진 관계가 아니라 서로 영향을 주고받는, 이른바 역동적 병증법적 체계를 형성한다. 이런 점을 전제로 그동안 나는 21세기 우리시의 방향에 대해 몇 편의 글을 쓴 바 있고, 현재 이 문제에 대한 나의 사유는 크게 발전한 것도 아니고 그렇다고 그때와 같은 것도 아니다. 그러므로 이 글에서는 그때 주장을 중심으로, 거기 기대어, 그 주장들과 함께 최근의 내 사유에 대해 사유하기로 한다. 물론 思惟에는 事由가 있는 것도 아니고 없는 것도 아니고 思惟는 私有이며 私有가 아니다.[74]

인쇄 문화와 전자 문화

이 시대는 인쇄 문화가 전자 문화로 바뀌는 과도기라고 할 수 있다. 현대시가 위기에 처하고 문학이 죽었다는 주장이 나오는 것은 문학 자체의 잘못이 아니라 이런 시대의 상황과 관계된다. 인쇄 문화 이전에는 필사 문화가 있었고, 필사 문화 이전에는 구술 문화가 있었다. 커넌에 의하면 구술, 필사, 인쇄, 전자라는 매체는 각각 다른 종류의 진리를 전달하고, 다른 종류의 문화를 형성한다. 18세기부터 20세기까지 지속된 인쇄 문화, 책의 문화는 내면성, 소외, 인식론을 강조하고 우리가 알고 있는 문학, 이른바 근대문학은 결국 이런 책의 문화에 지나지 않는다. 그에 의하면 인쇄물이 문학을 만들었고, 위대한 문학이 추구해온 것은 신비스런 현실이었고, 그것은 언어 기호의 자의성과 관계되고, 이런 자의성이 내면을 부른다.[75)]

그러나 오늘 이 시대는 이런 책의 문화가 전자 문화로 바뀌는 과도기이고, 따라서 책의 문화, 읽기의 문화가 끝나는 시대이다. 물론 이런 주장은 지나치게 과격하다고 할 수 있다. 그러나 과격하다고 무조건 비판만 할 수도 없다. 보수파들은 이런 과격파들을 비판하고 비난하고 부정하지만 구체적인 대안이 없다. 전자 문화가 우리의 삶을 지배한다면 이제까지 책, 언어, 인쇄를 먹고 살아온 문학, 시는 무엇을 먹고 어떻게 살아갈 것인가?

물론 전자 문화 시대에도 인쇄 문화는 존재한다. 그러나 중요한 것은 이런 시대에는 문학의 경우 두 매체가 서로 영향을 준다는 점이고, 매체 선택에 따라 글쓰기의 양식, 혹은 글쓰기의 의식/무의식에 차이가 난다는 점이다. 사실 나만 해도 볼펜으로 글을 쓸 때가 다르고 샤프펜슬로 글을 쓸 때가 다르고 컴퓨터를 두드리며 글을 쓸 때가 다르다. 글을 쓸 때와 컴퓨터를 두드릴 때가 다르다. 글은 쓰고 컴퓨터는 두드린다. 글을 쓸 때는 종이에 새기고 파고 무언가를 남기는 심정이지만 컴퓨터를 두드릴 때는 내가 흐르고 사라지고 무언가를 버리는 심정이다. 펜이 남성이라면 컴퓨터는 여성이다. 펜은 페니스와 통한다. 페니스(penis)는 펜이 있다는 뜻이고, 어머니(mother)는 타자라는 뜻이고, 여성(woman)은 여성 속에 남성이 있다는 뜻이다. 따라서 컴퓨터, 여성은 어머니이고, 어머니는 타자이다.

그러나 나는 지금 해체적 글쓰기에 대해 글을 쓰려는 게 아니다. 나는 지금/그때 펜으로 쓸 때와 컴퓨터로 두드릴 때 나를 사로잡는 무의식, 그리고 이 무의식이 형성하는 사고 과정에 대해 말하고 있다. 펜으로 쓸 때 나는 라캉이 말하는 은유 공식(S(+)s)이고 컴퓨터를 두드릴 때 나는 환유 공식(S(−)s)이다. 대문자 S는 기표이고 소문자 s는 기의이다. 펜은 기표와 기의, 말소리와 의미 사이에 있는 건널 수 없는 막대기를 가로지른다. 그러나 컴퓨터는 기표와 기의 사이에 영원히 건널 수 없는 막대기로 존재한다. 컴퓨터는 기의에 도달할 수 없고 기의는 영원히 기표에서 분리된다. 그런 점에서 펜이 자식(기의, 의미)을 낳는다면 컴퓨터는 결핍, 욕망을 낳고, 펜이 가까스로 의미에 닿는다면 컴퓨터는 영원히 의미에서 소외되고, 기표들은 끊임없이 표류하거나 다른 기표로 대치될 뿐이다. 펜은 막대기가 표상하는 수평을 가로지르고, 컴퓨터는 이 수평을 소유한다. 수평의 정신분석은 흐름, 물, 곧 여성과 통하고, 이 수평을 가로지르는 펜은 남성을 표상한다. 그리고 수평이 있기 때문에 수평 가로지르기가 있고, 여성이 있기 때문에 남성이 있다. 말하자면 여성이 남성을 낳는다.

내가 이런 이야기를 하는 것은 미디어기 메시지를 결정한다는 주장, 특히 전자 문화, 그것도 컴퓨터가 글쓰기에 주는 영향을 강조하기 위해서이다. 전자 문화를 대표하는 매체들은 많다. 그리고 비록 연속적인 관계에 있지만 영화와 TV가 다르고 TV와 컴퓨터가 다르다. 인쇄 문화와 전자 문화의 차이를 살피기 위해서는 이들 간의 차이에 대한 고찰이 중요하지만 이 글에서는 컴퓨터를 글쓰기, 인쇄의 진보로 보고, TV를 혁명으로 보는 맥루한의 관점에 따라 책과 TV, 인쇄 매체와 전자 매체의 차이를 요약하기로 한다.

첫째로 시간의 측면에서 책은, 혹은 글은 계기적 질서를 따라 전개되며, 그런 점에서 선형적이고 연속적이지만 TV는 그런 계기성이 없고 따라서 일시적이며 불연속적이다. 책이 안정되어 있다면 TV는 불안정하고 끊임없이 흘러간다. 책이 처음, 중간, 끝이라는 논리적 질서나 체계를 강조한다면 TV는 파편적이다. 둘째로 공간의 측면에서 책은 외부 현실과 무관한, 혹은 독립된 자율적 공간을 강조하고, TV의 경우엔 내부 공간과 외부 공간이 넘나든다. 전자가 자율성을 강조한다면 후자는 그런 자율성을 해체한다. 셋째로 미학의 측면에서 책이 전통적 구성을 강조한다면 TV는 몽타주나 콜라주를 강조한다.

넷째로 매체의 측면에서 책은 활자, 언어를 강조하고 TV는 이미지를 강조한다. 언어는 자의성을 특성으로 하고, 이 자의성은 코드, 혹은 체계에 의해 의미를 생산하지만 이 의미는 현실과는 관계가 없다. 그러나 이미지는 이런 자의성을 결여한다. 말하자면 낱말은 추상적이고 자의적이지만 이미지는 구체적이고 즉물적이다. 따라서 이미지는 코드 없는 언어이며, 코드가 없다는 것은 체계를 거부하고 사유를 거부한다. 다섯째로 이런 매체의 차이를 전제로 이른바 진리의 문제가 발생한다. 책이 활자 너머, 언어 너머, 혹은 언어의 심층에 있다고 믿어온 진리를 겨냥한다면 TV는 표면의 진리를 지향하고, 전자의 진리가 영원한, 심오한, 신비한 것이라면 후자의 진리는 일시적이고 일상적이고 순간적인 것이다. 여섯째로 수용자의 측면에서 책은 독자의 능동적 역할, 사유를 강조하고 TV는 수동적 역할, 감각을 강조한다. 끝으로 생산자의 측면이다. 책의 경우 저자는 주체적으로 의미를 생산하는 자, 나아가 창조자의 역할을 하지만 TV의 경우 작가는 편집자, 혹은 대본 작가가 된다. 말하자면 전통적인 작가 개념이 해체된다.[76]

기술정보화 시대의 상상력

요컨대 인쇄 매체와 전자 매체의 차이는 이상에서 요약한 것처럼 단순히 매체, 수단, 도구의 차이가 아니라 글쓰기 자체에 영향을 주고 이런 영향을 우리가 어떻게 수용하고 거부하고 변증법적으로 발전시키느냐가 중요하다. 이런 문맥에서 우리가 선택할 길은 어디인가? 그것은 전자 매체의 의한 시쓰기, 인쇄 매체에 의한 시쓰기, 전자 매체/인쇄 매체의 상호관계를 인식하며 시쓰기 세 가지로 요약할 수 있다. 전자 매체에 의한 시쓰기는 인터넷에 의한 시쓰기, 다중 매체의 시쓰기로 최근 확장 일로에 있고, 인쇄 매체에 의한 시쓰기는 전통적인 시쓰기에 해당하고, 그동안 내가 관심을 둔 것은 그리고 지금도 관심을 두고 있는 것은 마지막 글쓰기 양식, 곧 활자 매체/전자 매체의 상호 관계, 상호 영향을 염두에 두는 시쓰기이고, 이런 시쓰기는 전통적인 시쓰기 양식을 발전적으로 극복하고 21세기 정보화 시대에 상응하는 시쓰기를 지향한다. 이른바 포스트모더니즘 미학/반미학이 대체로 그렇고 현대시의 한계를 인식하면서 21세기 우리시가 나갈 길이 그렇다. 그렇다면 이 길은 어디이고 어떻게 가야 하고 노리는 것은 무엇이고 사회적 미적 가치는 무엇인가?

무엇보다 먼저 상상력의 변화가 요구된다. 기술정보화 시대의 상상력은 낭만주의 시대의 상상력과 다르고 20세기 모더니즘의 상상력과도 다르고 달라야 한다. 한마디로 이 시대의 상상력은 전통적인 상상력의 종언을 뜻하지만 종언보다는 극복이고 그것은 최소한 모더니즘 상상력의 비판과 비판적 수용과 극복을 노린다. 근대 혹은 현대적 상상력은 대체로 (1) 독창적이고 진정한 표현, (2) 작가, 시인의 권위, (3) 서사적 일관성 혹은 미적 통일성, (4) 형이상학적 깊이, (5) 주관적 내면성으로 요약된다. 그러나 이런 상상력은 이 시대의 기술 혁명에 의해 변형된다. 비단 이 시대가 아니라 일찍이 벤야민은 '기술 복제 시대의 예술 작품'에서 개인적 주체가 더 이상 창조자가 될 수 없고, 예술 작품의 신비한 분위기, 이른바 아우라가 기술 복제에 의해 소멸한다고 주장한 바 있다.77)

예술 작품의 주관적 내면성, 신비가 사라지는 것은 기술 복제 때문이다. 그러나 지금 이 시대는 이런 기술 복제가 아니라 인간 복제 시대이다. 기술 복제가 예술의 아우라를 죽였다면 동물 복제 단계를 넘어 인간 복제 시대가 되면, 아니 이미 되고 있는 시대에 시인은 무엇이고 무엇을 노래해야 하는가? 나는 2002년 7월 13일 토요일 오후에 이 글을 쓰고 있지만 사실 여간 괴로운 게 아니다. 무엇보다 나는 이 글을 준비 없이 쓰며 그것은 이 세미나를 총괄하는 이무상 시인이 지난 늦은 밤 전화로 다급하다면서 늦어도 월요일까지 원고를 출판사로 보내라고 하는 바람에 제대로 준비도 못하고 시간에 쫓기며 이렇게 고생을 하면서 쓰고 있다.

그건 그렇고 오늘자 조선일보에는 '첫 복제인간 12월 탄생'이라는 기사가 1면에 나왔다. 사상 첫 인간 복제 실험으로 논란을 일으켰던 이탈리아의 세비리노 안티노리 박사가 12일자 프랑스 신문 리베라시옹과의 인터뷰에서 복제된 아기가 오는 12월에 태어날 예정이라고 밝혔다. 이 배아는 아버지의 조직을 이용해 만들었고 남자 아기가 태어날 경우 아버지의 유전적 복사판이 될 것이라고 그는 말한다. 기술 복제에 의해 똑같은 그림이 나오고 책이 나오고 이제는 똑같은 인간이 나온다. 놀랍다기보다는 끔찍하고 무섭고, 그러나 이것이 21세기 과학기술 시대의 상황이다. 이제까지 우리가 믿어온 예술가, 시인의 독창성은 무엇이고 작가나 시인의 권위는 무엇이고 저자란 개념은 무엇인가? 창조 주체라는 개념은 어디까지나 인간 이성에 대한 신뢰와 상상력의 독창성을 토대로 하지만 똑같은 인간, 복사판 인간이 나온다면 이 독창성 개념은 어떻게 될 것인가? 형이상학적 깊이나 미적 통일성이나 주관적 내면성은 그야말로 박살나는 세상이 올 것인가?

그런 점에서 기술 복제의 영향으로 근대적 주체는 적어도 부분적으로는 능동적 주체에서 수동적 주체로 변화되고 이런 주체는 이미지의 영향 아래 존재한다. 아니 이미지가 주체를 형성한다. 주체 분열이 아니라 이제는 이미지가 주체가 되는 그런 시대이고, 사이보그(cyborg)가 인간 주체를 대신하고, 보드리야르가 진리인지 모른다. 보드리야르를 다시 읽자. 그는 이 시대를 사이비 실체(simulacra), 초실재(hyperrality)의 세계로 규정한 바 있고, 이 시대는 TV가 삶 속으로 용해하고 거꾸로 삶이 TV 속에 용해되는 시대이다. 어디까지가 이미지이고 어디까지가 현실인가?

그에 의하면 기호와 대상, 기호와 현실의 관계는, 사이비 실체라는 측면에서는 역사적으로 세 단계로 나타난다. 르네상스 시대에서 산업혁명 시대까지 기호는 자연의 모조, 사기, 허위로 등장하고, 근대 산업 시대에는 기호가 생산된다. 말하자면 상품은 사용가치도 교환가치도 아니고 기호가치로 둔갑하고, 따라서 상품이 아니라 기호를 생산하고, 후기현대 혹은 정보화 시대에는 기호가 현실이며 현실이 아닌 그런 세계로 기호/현실의 경계가 해체되고 사이비 실체가 지배한다. 이런 시대 그에 의하면 산업적 사이비 실체의 시대엔 모든 의미가 산업적 시뮬라크르로서만 의미를 띤다. 문학이 시대를 반영한다면 이런 시뮬라크르 미학이 나와야 하고 나오고 있고 이미 영화나 비디오에서는 실천되고 있다.[78]

요컨대 보드리야르 식으로는 현실은 전적으로 기호와 이미지로 구성되며 이런 현실은 외부 현실이 없는 현실이고, 이런 현실 속에서 새로운 주체가 탄생한다. 들뢰즈와 가타리에 의하면 이 새로운 주체는 이른바 단자적(nomadic) 주체이고, 기관이 없는 몸이 탄생한다. 주체에서 독립된, 주체에서 떨어져 나간 몸이 탄생하고 삶과 현상은 다중매체와 가상현실, 사이버 공간을 동기로 한다. 이런 공간은 근대적 주체에 대한 질문을 낳고, 이런 주체와 놀고 희롱하고 실험하고 궁극적으로 매체 고유의 다중적 주체로 변형시킨다. 그리고 이런 주체를 찬미한다, 사이버 공간에서 나는 나를 마음대로 바꾼다. 마치 옷으로 갈아입듯이 나를 바꾸고 이제 자기 동일성은 이미지들의 놀이 속에서 그 끝을 알 수 없는 놀이 속에서 무한히 조성된다. 만들어진다. 흘러간다. 이제 주체의 일관성이나 통합은 미덕이 아니라 악덕이고 통합은 제약이 된다. 나는 언제나 바뀌며 하나의 나가 아니다.[79)]

디지털 시대의 시쓰기, 과학 기술정보화 시대의 시쓰기는 이런 매체 현실, 문화적 변화에 대한 물음과 대응과 대화를 전제로 한다. 나는 다른 글에서 이런 현실을 반영하는 시쓰기의 양식으로 다음과 같은 미적/반미적 특성을 말한 바 있다. 간단히 요약하면 (1) 선형성(linearity) 소멸, (2) 재생산 미학, 모델과의 합병, 의존, 조율, (3) 기호들의 표류, 떠도는 자아, (4) 현실과 기호의 동일시, (5) 기호 천국, 가상 현실, (6) 목록 형식, (7) 불교적 세계관이다.

특히 이 자리에서 내가 강조하고 싶은 것은 불교적 세계관이 후기 구조주의나 포스트모더니즘 미학을 발전적으로 해석할 수 있는 단서를 준다는 점이다. 이 시대는 꿈과 현실의 경계가 해체되는 시대, 컴퓨터가 꿈이면서 현실인 시대이고, 그런 점에서 이 시대가 요구하는 것은 단순한 주체소멸이 아니라 불교의 핵심이기도 한 無我 사상, 不二 사상에 대한 문학적 철학적 인식, 성찰, 반성이다. 나는 그것을 有/無의 경계 해체라는 측면에서 읽은 바 있다. 有是有 無是無가 리얼리즘에 속한다면 有不是有 無不是無는 모더니즘에 속하고 이제 우리 시가 지향해야 할 방향은 더 크게 있고 더 크게 없는, 말하자면 有이며 無이고 無이며 有라는 의미로서의 有

是有 無是無이고 포스트모더니즘이 여기 속한다. 더 크게 있고 더 크게 없다는 것은 有/無의 대립을 초월하는 사유와 통하고 趙州 스님의 말씀이기도 한 지도무난 단협간택(至道無難 但嫌揀擇)과 통한다. 산은 산이고 물은 물이다. 이번에 소생이 『인생』이라는 시집을 내면서 서문에 '산이 물 위로 간다(東山水上行)'를 인용한 것도 이런 의미에서였지만 공부도 제대로 안 한 일개 서생(書生)이 이런 말을 인용한 것이 부끄러울 뿐이다.[80)]

20. 데리다와 장자의 글쓰기

말과 글을 초월하는 글쓰기

데리다(J. Derrida)는 1930년 알제리에서 태어났다. 그는 1959년부터 프랑스에서 교육을 받고 파리고등사범학교 교수를 역임한 유태계 학자로 1965년 역사와 글쓰기를 다룬 책에 대한 장문의 서평을 발표하면서 대중의 시선을 끈다. 그는 1967년 세 권의 저서 『문자학(of grammatology)』, 『목소리와 현상(speech and phenomena)』, 『글쓰기와 차이(writing and differenc)』를 동시에 출판하면서 소쉬르, 후설, 프로이트에 대한 비판적 읽기를 통해 이른바 해체적 읽기 혹은 해체적 접근을 철학에 도입한다. 특히 1969년 미국 존스홉킨스대학에서 「인문과학 담론에서의 구조, 기호, 놀이」를 발표하면서 미국을 중심으로 이른바 해체주의 선풍을 일으킨다.

위의 세 저서 가운데 『문자학』은 글쓰기에 대한 새로운 성찰을 강조하고 그것은 크게 소쉬르의 구조 언어학을 대상으로 한다. 물론 루소, 레비-스트로스, 하이데거, 니체 등을 대상으로 하지만 나는 이 글에서 주로 소쉬르의 언어 개념을 해체하는 그의 글쓰기 개념을 간단히 살피고 그가 강조하는 글쓰기와 장자의 언어 혹은 글쓰기를 비교하기로 한다.

그는 세 가지 수준에서 소쉬르를 비판한다. 첫째는 언어에는 차이만 존재한다는 소쉬르의 명제이고, 둘째는 언어 기호를 구성하는 기표(signifiant)와 기의(signifié)가 자의적 관계에 있지만 소쉬르의 경우 궁극적으로 기의, 그것도 초월적 기의를 강조함으로써 이성중심주의를 지향한다는 것, 셋째는 문자체계의 2차성이다. 소쉬르에 의하면 문자체계의 기능은 언어를 표기하는 2차적 기능이고 언어는 음성 언어를 대상으로 하고 문자체계는 배제한다. 따라서 소쉬르는 문자체계, 글쓰기보다 음성체계를 강조하고 결국 음성중심주의를 지향한다.

첫째로 언어의 본질이 차이에 있다는 소쉬르의 주장. 그에 의하면 언어 속에는 오직 차이만 존재하고 이 차이는 실체적 항목들의 차이가 아니라 이런 항목들이 존재하지 않는 차이이다. 말하자면 기표든 기의든 언어는 언어체계 이전에 존재하는 관념이나 소리를 소유하는 게 아리나 오직 체계가 환기하는 개념적 차이와 음성적 차이가 존재한다는 것.[81)]

이런 주장은 요컨대 언어는 체계이고 체계는 요소들의 관계, 곧 차이에 지나지 않는다는 것. 따라서 기표와 기의가 의미를 소유하는 것도 체계 밖의 사물과는 관계없고 오직 체계에 의해, 그러니까 각 요소들의 차이에 의해 의미를 생산한다. 예컨대 '나'라는 낱말은 실체를 지시하거나 그런 실체를 전제로 하는 것이 아니라 오직 인칭체계 곧 '나/너'의 차이에 의해 의미를 생산한다. '나'라는 낱말이 기표의 수준에서 그렇다면 '산'이라는 낱말은 기의의 수준에서 '산/들'의 차이가 의미를 생산한다.

그러나 데리다에 의하면 이렇게 구조적 차이로만 존재하는 요소들 역시 존재하는 게 아니다. 말하자면 차이에 의해 각 요소가 존재하는 게 아니라 차이에 앞서 존재하는 혹은 차이를 가능케 하는 어떤 것을 전제하기 때문이다. 그의 주장을 요약하면 다음과 같다. 예컨대 음성적 요소가 감각적인 것은 이 요소에 형식을 부여하는 차이 혹은 대립을 전제로 한다. 쉽게 말하면 차이에 앞서는 순수한 차이, 운동이 있다는 것. 한 요소가 음성적 실체로 환원되는 것은 이런 차이 때문이다. 이런 차이는 기원으로서의 종합을 전제로 하고 이런 종합을 기원으로서의 흔적이라고 할 수 있다. 시간적 경험의 최소 단위 속에는 언제나 과거 파지(retention)가 있고 이렇게 타자를 보유하는 흔적이 없다면 차이도 없고 의미도 나타날 수 없다. 따라서 문제는 구성적 차이가 아니라 오히려 내용이 결정되기 전에 순수한 운동이 차이를 생산하고 이 순수한 흔적이 차연(différance)이다. 차연은 감각과 지성을 초월하며 기호의 분절을 허용하고 기표와 기의, 표현과 내용, 말과 글의 분절을 허용한다. 이런 의미에서 언어는 이미 글쓰기(ecriture)이다. 한마디로 차연은 형식을 형성한다.[82)]

이런 주장을 통해 데리다는 언어에는 차이만 있다는 소쉬르의 주장을 비판한다. 그는 소쉬르에 기대 소쉬르를 뚫고 새로운 개념/비개념에 도달한다. 소쉬르는 차이를 강조하고 데리다는 이 차이 너머에 있는 것, 이런 차이를 형성하는 것, 곧 차연을 주장하기 때문이다. 차연은 순수한 운동이고 순수한 흔적이고 그가 말하는 광의의 글쓰기이다.

결국 그가 말하는 글쓰기는 협의의 글쓰기가 아니라 그가 애용하는 차연, 흔적, 텍스트 등과 비슷한 개념이다. 우리는 흔히 말과 글, 말하기와 글쓰기를 구분한다. 그러나 데리다가 강조하는 것은 이런 구분, 차이, 형식을 가능케 하는 글쓰기이고 그런 점에서 광의의 글쓰기이고 원－글쓰기(arch-ecriture, arch-writing)이다. 이런 글쓰기는 기원으로서의 흔적이고 차연이고 협의의 말과 글을 초월하고 협의의 말과 글 이전에 있다. 차연은 시간/공간의 2항 대립을 해체한다. 그런 점에서 존재, 사물, 언어는 자기동일성이 없고 있는 건 오직 시간적 지연과 공간적 차이이다. 앞에서 낱말의 의미는 절대적으로 현존하는 게 아니라 언제나 과거의 의미를 간직한다고 했거니와 이제 좀더 자세히 데리다가 말하는 글쓰기, 곧 광의의 글쓰기가 협의의 말/글 속에 어떻게 기원적 흔적으로 드러나는가를 살피기로 한다.

고기를 잡으면 통발을 잊어버려라

일본 철학자 도시히코는 데리다의 글쓰기를 다음처럼 해석한 바 있다. 먼저 협의의 글쓰기, 소쉬르의 용어로는 문자체계의 경우 공간성은 존재하고 시간성은 완전히 부정되지 않는다. 예컨대 a—b—c—d의 순서로 글을 쓰는 경우 공간성은 그대로 존재하고 시간성, 곧 계기적 질서 역시 완전히 소멸하는 게 아니다. 왜냐하면 a를 적고 다음에 b를 적을 때 a는 앞에 존속하고 c를 적을 때도 그 앞에 b가 존속하기 때문이다. 그런 점에서 협의의 글쓰기는 전통적으로 인식된 것처럼 공간성만을 특성으로 하는 게 아니다.

한편 말, 소쉬르의 용어로 발화(parole)의 경우 공간성은 소멸하고 시간성의 지배를 받는다. a를 말하고 다음 b를 말할 때 a가 소멸하고 c를 말할 때 다시 b가 소멸하기 때문이다. 그러나 이런 소멸은 기표의 경우에 해당하고 기의의 경우에는 a를 말하고 다음 b를 말한다고 해서 a의 의미가 완전히 소멸하는 게 아니라 b는 a의 의미의 흔적을 거느리고 c를 말할 때 c 역시 b의 의미의 흔적을 거느린다. 그러므로 말에도 공간성이 있다. 요컨대 글은 공간적이고 말은 시간적이라는 2항 대립은 해체된다. 왜냐하면 글에는 시간의 흔적(기표)이 남고 말에는 공간의 흔적(기의)이 남기 때문이다. 도시히코가 강조하는 것은 말의 경우 기표의 계열 a−b−c−d는 시간적 순서를 유지하지만 기의 a, b, c, d는 어디로 가는지 모른다는 것. 그것은 고정성이 없고 이런 가동성, 흔적이 데리다의 원−글쓰기에 해당한다.83)

그런 점에서 원−글쓰기는 협의의 글과 말의 경계를 해체한다. 데리다의 원−글쓰기, 기원으로서의 흔적은 생각하기에 따라서는 말에도 있고 글에도 있고 동시에 말과 글을 초월한다. 요컨대 원−글쓰기는 말과 글을 가능케 하고 말과 글을 구분한다. 글의 시간적 흔적(기표)이 차연이고 말의 공간적 흔적(기의) 역시 차연이다. 이런 흔적은 실체가 없지만 실체가 없는 것도 아니고 모든 구분, 차이, 대립 이전에 있으며 구분, 차이, 대립을 가능케 하고 생산한다. 그러므로 이런 글쓰기는 글을 생략한 글쓰기이고 따라서 언어뿐만 아니라 존재, 세계, 사물의 흔적으로 존재한다.

소쉬르는 차이를 강조하고 데리다는 이런 차이를 가능케 하는 차연, 흔적, 말/글의 차이를 가능케 하는 원−글쓰기를 강조한다. 그렇다면 장자는 무엇을 강조하는가? 장자는 「外物」에서 다음처럼 말한다.

> 통발(筌)은 고기를 잡는 것으로 고기를 잡으면 잊어버리고 토끼올무(蹄)는 토끼를 잡는 것으로 토끼만 잡으면 잊고 마는 것이다. 이와 같이 말이란 사람의 생각을 상대편에게 전달하는 것이므로 생각할 줄을 알면 말은 잊어버리고 마는 것이다. 그러나 나는 어찌 저 말을 잊은 사람과 더불어 말을 할 수가 있을까?84)

장자에 의하면 말, 언어는 통발에 비유되고 토끼올무에 비유된다. 통발과 토끼올무는 도구에 지나지 않는다. 그러므로 고기를 잡으면 통발은 잊고 토끼를 잡으면 토끼올무는 잊어야 한다. 말도 생각을 전하는 도구일 뿐이다. 그러므로 생각을 전하면 잊어야 하고 생각할 줄 아는 사람은 말을 잊는다는 것. 부처님은 말을 뗏목에 비유하고(『금강경』) 비트겐슈타인은 사다리에 비유한다.[85] 뗏목은 강을 건너면 버려야 하고 사다리도 목표물에 도달하면 버려야 한다. 장자 역시 말은 사용한 다음엔 잊고 버려야 한다고 주장한다.

특히 '생각할 줄을 알면 말은 잊어버리고 마는 것(得意而忘言)'이다. 뜻을 알면 말을 잊고 거꾸로 말을 잊으면 뜻을 얻는다. 선불교에서는 以心傳心 教外別傳 不立文字를 강조하고 장자가 말하는 것 역시 크게 보면 비슷하다. 요컨대 그의 주장은 말을 잊으라는 것. 말을 잊기 때문에 글도 잊으라는 것. 아니 내가 읽은 바로는 장자의 경우 말과 글에 대해 별도로 말한 바는 별로 없고 따라서 글에 대한 장자의 생각은 말에 대한 그의 사유에서 유추할 수밖에 없다. 이 부분은 '그러나 나는 어찌 저 말을 잊은 사람과 더불어 말을 할 수 있을까?'라는 장자의 질문과 관련되는바 뒤에 가서 살피기로 한다.

텍스트 바깥엔 아무것도 없다

중요한 것은 장자가 말하는 잊기, 망각의 의미이다. 앞에서 나는 데리다의 소쉬르 비판을 세 가지로 요약한 바 있고, 그 둘째는 언어 기호를 구성하는 기표와 기의가 자의적 관계에 있지만 암암리에 소쉬르는 기의, 그것도 초월적 기의를 강조한다는 것에 대한 비판이다. 먼저 기표와 기의는 자의성의 원리에 따라 결합된다. 예컨대 '산'이라는 기표(말소리)는 '산'이라는 기의(개념)와 결합할, 이 개념을 지시할 아무 필연성이 없다. 자의적으로 제멋대로 결합된다. 왜냐하면 같은 '산'이라는 기의가 영어에서는 mountain, 불어에서는 mont이라는 기표와 결합되기 때문이다. 그러나 소쉬르는 이런 자의성을 강조하면서도 도형으로는 기의를 위에 놓고 기표를 아래에 놓는다.86)

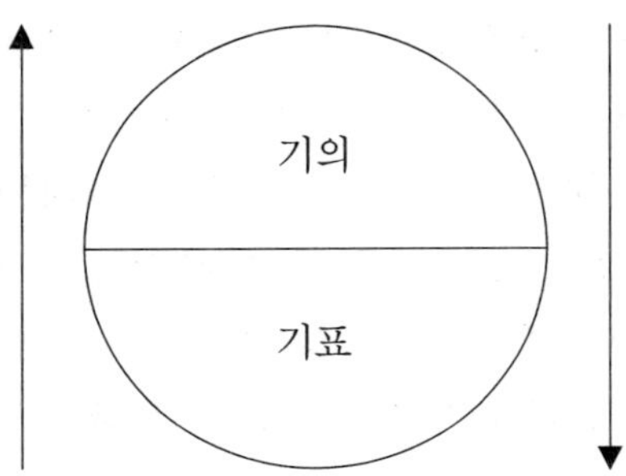

이런 도형이 암시하는 것은 기의가 기표보다 우위에 있고 따라서 기의가 기표를 지배한다는 것. 그렇기 때문에 라캉은 이런 도형을 거꾸로 그려 기표의 우위를 주장한 바 있다. 결국 표면상으로는 기표와 기의가 상호의존적 관계로 나타나지만 그 심층에는 기의가 강조되고 이런 기의는 눈에 보이지 않는 상태에서 기표를 지배하고 기표를 끌고 간다. 결국 그는 암암리에 초월적 기의를 지향하고 이런 기의는 서양 형이상학을 지배한 이성중심주의와 통한다.

데리다에 의하면 소쉬르는 은연중에 초월적 기의, 이성을 강조하고 따라서 이성중심주의를 지향하고 아무튼 언어에 무슨 중심이 있다는 사유를, 사유의 흔적을 드러낸다. 데리다의 경우 언어는 차연이고 흔적이고 원-글쓰기이고 이런 언어는 시작도 끝도 없고 물론 중심도 없다. 그런 점에서 언어는 텍스트이다. 텍스트는 책이 아니다. 책에는 시작이 있고 끝이 있고 중심이 있지만 흔적, 차연, 원-글쓰기, 텍스트에는 시작도 끝도 중심도 없다.

그의 텍스트 개념을 요약하자. 그에 의하면 흔적은 경험의 시간화(temporalization), 그러니까 경험이 시간을 매개로 형성될 때 나타나고, 그런 점에서 경험은 세계 속에 있는 것도 아니고 빛도 소리도 아니고 시간 속에도 없고 공간 속에도 없다. 이 경험의 시간화에 의해 차이들은 요소들 사이에 나타나고 아니 요소들을 생산하고 요소들을 나타나게 만든다. 이 차이들이 텍스트들, 연쇄들, 흔적의 체계들을 구성하고 이런 연쇄와 체계들은 흔적의 조직 속에서만 그 윤곽을 그릴 수 있다. 나타남(appearing)과 나타난 것(appearance)의 차이, 세계와 경험의 차이는 다른 모든 차이들의 조건이고 다른 모든 흔적들의 조건이고 이미 하나의 흔적이다. 이 흔적이 의미의 절대적 기원이고 그런 점에서 의미의 절대적 기원은 없다.87)

데리다의 문장이 난해한 것은 그만큼 그의 주장이 기존의 논리나 사유로는 전달하기 어렵기 때문이다. 직역을 피하고 가능한 의역을 하면서 다시 요약한 그의 텍스트 개념은 '우리는 오직 기호에 의해서만 생각할 수 있다'88)는 명제를 발전시킨 것. 기호는 외적 현실과는 아무 관계가 없고 우리는 기호를 통해서만 생각할 수 있기 때문에 소쉬르가 강조하는 초월적 기의는 존재하지 않고 나아가 객관적 현실, 사물, 지시물, 세계도 존재하지 않는다. 존재하는 건 기호이고 이 기호는 그의 경우 시작도 끝도 없고 중심도 없는 흔적이고 놀이이다. 그런 점에서 그는 서구 형이상학의 전통, 곧 이성중심주의를 부정하고, 존재-신학과 현전의 형이상학을 전복한다.

살아 있는 경험은 세계 속에 있는 게 아니라 시간적 질서 속에 있고, 시간적 질서는 예컨대 1분-2분-3분의 순서로 전개된다. 그러나 살아 있는 경험은 이 질서 어디에 있는가? 결국 경험의 시간화에 의해 우리가 알게 되는 것은 1분과 2분의 차이이고 1분, 2분 3분의 차이들이고 이 차이들이 1분, 2분이라는 요소들을 생산하고 텍스트, 연쇄, 흔적들을 구성한다. 이 흔적이 의미의 절대적 기원이고 그런 점에서 의미의 절대적 기원은 존재하지 않는다. 존재하는 것은 텍스트들, 흔적들의 체계이다. 세계 역시 흔적이고 놀이이다.

그러므로 텍스트 바깥엔 아무것도 없다. 텍스트 바깥이 텍스트 안이고 안이 아니다. 텍스트는 언어의 기원이고 기원 없음이고 또한 텍스트는 직물을 의미한다. 그런 점에서 이 세계에 산다는 것은 텍스트 속에 살면서 텍스트를 짠다는 의미이고 존재는 글쓰기이고 글쓰기는 텍스트 짜기이다. 요컨대 텍스트, 세계, 존재, 쓰기, 짜기, 흔적은 등가 관계에 있다. 이런 글쓰기가 원-글쓰기이다. 그러므로 우리는 글을 쓰는 것이 아니라 사는 것이 바로 글쓰기이다. 그렇다면 시작도 끝도 없고 중심도 목표도 없는, 공간적 차이와 시간적 지연만 있는 이런 글쓰기-삶의 의미는 무엇인가? 객관적 현실, 지시물, 세계가 소멸한 다음의 기호들의 놀이? 기표와 기의의 순수한 놀이? 이 놀이의 의미는 무엇일까?

장자의 꿈인가 나비의 꿈인가

도시히코는 이 놀이를 마르소(M. Marceau)의 팬터마임에 비유하면서 다음처럼 말한다. 어두운 무대. 마르소의 손이 조명을 받으며 암흑의 저 밑에서 떠오른다. 손가락이 섬세하게 떨리면서 나비가 갑자기 춤을 추며 날아오른다. 마르소의 손가락이 나비의 꿈을 꾼다. 관객은 이 나비가 손가락이라는 것을 알고 있지만 동시에 나비라는 것도 알고 있다. 손가락은 나비를 의미한다. 그러나 나비는 손가락이라는 기호의 지시물이 아니다. 나비는 현전하지 않고 현전하는 나비는 나비의 환상일 뿐이다. 지시물, 현실, 세계가 소멸한 뒤에는 기표와 기의만 남고 현실에서 해방된 기표와 기의의 놀이, 상호 얽힘이 존재라는 이름의 텍스트를 계속 짜고 있다는 것. 중요한 것은 데리다의 경우 나비를 환상이라고 하는 것은 문제가 없지만 마르소의 손가락까지 환상이라고 말하지는 않는다는 것.89)

손가락이 나비의 꿈을 꾼다? 데리다 식으로 말하면 손가락은 기호이고 따라서 기호의 꿈이다. 문제는 데리다의 경우 나비는 환상이지만 손가락까지 환상은 아니라는 지적이고, 이런 지적 후에 도시히코는 데리다의 차연, 장자의 꿈, 나가라주나의 空, 선불교의 無一物에 대해 간단히 언급한다. 도시히코의 이런 지적은 암시하는 게 많고 내 생각을 말하면 다음과 같다. 데리다의 경우 나비는 환상이지만 손가락은 환상이 아니고 장자의 경우에는 나비도 환상이고 손가락도 환상이다. 데리다가 목적은 없지만 텍스트를 계속 쓰고 짠다면 장자는 이런 행위도 버리라고 말한다. 다 같이 현실, 초월적 기의, 세계를 부정하지만 데리다는 텍스트를 쓰고 짜는 주체, 쓰고 짜면서 태어나는 주체, 곧 텍스트적 주체를 인정하고 장자는 이런 자아마저 잊으라고 말한다.90) 다음은 장자의 말.

> 전에 장주(莊周)는 꿈에 나비가 되었다. 훨훨 나는 것이 분명히 나비였다.
>
> 스스로 즐겁고 장주인 줄을 알지 못했다. 그러다가 조금 뒤에 문득 깨어보니 분명히 장주였다. 장주가 꿈에 나비가 된 것인지, 나비가 꿈에 장주가 된 것인지를 알지 못하겠다. 정주와 나비는 반드시 구분이 있을 것이니 이를 物化라고 한다.91)

마르소의 팬터마임에서는 손가락과 나비의 경계가 해체된다. 이때 해체란 손가락과 나비, 현실과 환상의 2항 대립이 깨진다는 의미이다. 따라서 손가락은 나비이고 나비가 아니고 나비 역시 손가락이고 손가락이 아니다. 그러나 중요한 것은 손가락이 나비가 되는 것이지 나비가 손가락이 되는 것은 아니라는 점이다. 이 점을 강조하자. 물론 손가락은 나비가 되면서 손가락도 아니고 손가락이 아닌 것도 아니다.

그러나 장자의 나비 꿈은 다르다. 무엇보다 장자가 꿈에 나비가 된 것인지 나비가 꿈에 장자가 된 것인지 모르겠다는 말이 중요하다. 과연 이 꿈은 누가 꾸었는가? 물론 장자가 꾸었다. 그러나 장자가 강조하는 것은 꿈의 주체가 누구냐는 문제. 장자의 꿈인가? 나비의 꿈인가? 손가락과 나비의 경우는 주체가 손가락이고 장자의 경우는 이런 주체 문제가 소멸한다. 이른바 물화(物化)는 주체를 망각하고 객체를 따라 변화하는 삶을 의미한다.

그런 점에서 물화는 말 그대로 주체, 자아, 나를 잊고 대상, 객체, 사물이 되는 삶을 의미한다. 그러므로 이른바 망아(忘我)가 물화이다. 한편 자아를 잊고 사물이 된다는 것은 자아를 망각했기 때문에 사물도 망각하는 경지이다. 왜냐하면 자아, 곧 의식이 없기 때문에 사물이 된 것도 모르기 때문이다. 따라서 물화는 물망(物忘)이다. 사물이 되면서 사물을 잊는 경지. 그러므로 장자가 꿈에 나비가 된 것인지 나비가 꿈에 장자가 된 것인지 장자 자신도 모른다. 그런 점에서 물화는 물아양망(物我兩忘)이다. 장자는 언어를 고기 잡는 통발에 비유하면서 통발은 고기를 잡으면 잊어야 한다고 말하고 나는 앞에서 이 잊음, 망각이 문제라고 말한 바 있다. 그가 강조하는 잊음은 망아이고 결국은 물아양망이고 이런 경지는 '스스로 즐겁고 뜻대로'인 삶을 지향한다.

요컨대 물아양망은 물아해체이면서 해체 이상이고 망아는 차연이면서 차연 이상이다. 무슨 말인가? 물아해체는 주체와 객체의 2항 대립을 해체하고 이른바 서양 형이상학의 전통인 이성중심주의를 전복한다. 물아양망 역시 이런 2항 대립을 해체하고 이성중심주의를 전복한다. 그러나 물아양망은 해체가 아니라 망각이다. 주체도 객체도 망각하라는 것. 차연은 절대적 자아, 현존을 부정하고 공간적 차이와 시간적 지연만 강조한다. 망아 역시 절대적 자아, 현존을 부정한다. 그러나 망아, 곧 자아를 망각하는 것은 물화, 곧 사물이 되는 것이고 이 사물 역시 망각하는 것, 곧 물망과 통한다. 그러므로 차연도 초월하는 경지이다. 이 경지가 유(遊)이고(소요유) 심제좌망(心齊坐忘)(제물론)이다. 데리다가 텍스트, 원-글쓰기를 강조한다면 장자는 텍스트 너머를 추구하고 말, 언어, 문자, 글쓰기를 버리라고 말한다. 그렇다면 장자는 어찌 저 말을 잊은 사람과 더불어 말을 할 수 있을까?

글쓰기의 모험은 놀이의 모험이다

데리다의 소쉬르 비판 세 항목 가운데 마지막으로 남겨둔 것은 문자체계와 언어의 관계이다. 다음은 소쉬르의 말.

> 언어와 문자체계(글쓰기)는 구별되는 두 개의 기호체계이며 글쓰기의 유일한 목적은 언어를 재현함에 있다. 언어적 대상은 쓰여진 낱말과 발음된 낱말의 결합이 아니다. 언어적 대상을 구성하는 것은 발음된 낱말이다. 그러나 발음된 낱말은 쓰여진 낱말의 이미지와 밀접히 결합되기 때문에 쓰여진 낱말이 중심 역할을 빼앗고 따라서 우리는 기호 자체보다 음성 기호의 쓰여진 이미지에 더 많은 중요성을 부여한다. 이런 실

수는 마치 사람을 직접 보는 것보다 그의 사진을 볼 때 더 많은 것을 안다고 생각하는 것과 같다.92)

요컨대 소쉬르가 강조하는 것은 발음된 낱말과 쓰여진 낱말 가운데 발음된 낱말이 중요하다는 것. 언어는 개별적인 발화의 심층에 존재하는 법칙을 의미하고 따라서 발음, 음성을 토대로 하고 이 발음을 옮겨 적는, 재현하는 문자체계, 글쓰기는 2차적이라는 것. 그러나 데리다의 글쓰기는 이렇게 발음된 낱말을 옮겨 적는 글쓰기가 아니다. 말하자면 데리다의 글쓰기는 언어적 대상이 아니고 언어적 실체가 아니고 문자로 재현되는 그런 글쓰기가 아니고 흔적, 텍스트, 원-글쓰기이고 언어로 생산된 것이 아니라 언어의 생산을 가능케 하는 것이다. 그런 점에서 그의 글쓰기는 소쉬르가 말하는 문제체계가 아니다. 그의 글쓰기는 소쉬르가 말하는 언어/문자체계, 발음된 낱말/쓰여진 낱말의 경계를 해체하고 나아가 이런 경계가 나올 수 있는 근거로서의 글쓰기를 강조한다. 다음은 데리다의 말.

지각되는 것은 아니지만 간신히 지각된다고 가정하면 글쓰기는 일반적으로 언어의 특수한, 파생적, 보조적 형식(의사소통, 관계, 표현, 의미작용, 사고나 의미의 구성으로 이해되는)을 지시하는 게 아니고, 주요 기표의 비실체적 이중성, 곧 기표의 기표를 지시하는 게 아니다. 글쓰기는 언어의 외연을 너머 발생하기 시작하며 언어를 포괄한다. 글쓰기라는 낱말은 기표의 기표를 지시하며 이상하게 생각되지만 기표의 기표가 우연한 이중성, 전락한 2차성으로 정의되지 않는 상태로 나타난다. 이와 반대로 기표의 기표는 언어의 운동을 기술한다. 그 기원에 있어서 확실히 그렇다. 그러나 우리는 그 구조가 기표의 기표로 표현될

> 수 있는 기원은 자신을 생산하면서 자신을 은폐하고 지운다는 것을 알 수 있다. 여기서 기의는 언제나 기표로서의 기능들이다. 글쓰기에 의해서만 가능한 것처럼 보이는 2차성은 모든 기의들에 영향을 주고 기의들을 의미 있게 하고 순간적으로 기의들을 놀이에 참여케 한다. 도망가고 다시 잡히는 단일한 기의는 없다. 언어를 구성하는 것은 의미작용의 놀이이다. 따라서 글쓰기의 모험은 놀이의 모험이다.[93)]

데리다는 과연 무슨 말을 하고 있는가? 명확한 판단을 보류하면서 계속 망설이면서 계속되는 그의 주장은 명확한 논리, 이성, 개념을 거부하는 논리이고 이성이고 개념이다. 그가 말하는 글쓰기는 언어 너머 있지만 언어를 포괄한다. 그것은 언어의 기원이지만 자신을 은폐하고 지우는 기원이다. 말하자면 글쓰기는 흔적이다. 글쓰기는 기표의 기표로 나타나고 기표의 기표가 언어의 운동이다. 그가 기표의 기표를 강조하는 것은 기표/기의의 관계가 소쉬르처럼 1대 1로 고정되지 않고 한 기표의 기의는 다시 다른 기표가 되고 이런 기표의 기표가 언어의 운동이라는 것. 그러므로 기표의 기표는 언어의 기원이지만 언제나 흔적, 차이로만 존재/부재한다. 결국 글쓰기는 기표의 기표이고 그러므로 단일 기의는 없고 기의들의 놀이가 있고 글쓰기의 모험은 놀이의 모험이다.

예컨대 낱말 놀이를 생각해보자. 낱말 놀이는 낱말이 지시하는 사물이나 지시물과는 관계없이 이런 지시물이 사라진 상태에서 그러니까 기호 자체만을 강조하면서 수행된다. 어떻게 수행되는가? '연못'을 보기로 들면 다음과 같다. '연못'이라는 기표(1)의 기의(1)는 '연을 심은 못'이다. 그러나 이 기의(1)는 다시 기표(2)가 된다. 왜냐하면 '연'의 기의가 문제이기 때문이다. 그러므로 기표(1)은 기의(1)를 매개로 기표(2)가 되고 그러므로 기표의 기표가 되고 기표의 기표의 기표로 발전한다. 어디 그뿐인가? 기의(1)은 다시 '심다'라는 기표(3), '못'이라는 기표(4)로 분열된다. 또한 '연못'은 순수한 기표의 수준에서는 '날아가는 연이 있는 못'이고 '날아가는 연과 벽에 박는 못'이고 이런 기표의 연쇄는 한이 없고 이런 식의 글쓰기가 놀이와 통한다.

말을 잊은 사람과 더불어 말하기

그렇다면 장자는? 장자는 고기를 잡으면 통발을 버리듯 말도 쓰고 나면 버리라고 했다. 그러나 그는 말한다. 말을 잊은 사람과 더불어 어찌 말을 할 수 있을까? 그가 말을 잊으라는 것은 앞에서 말한 이른바 물아양망(物我兩忘)을 목표로 한다. 이런 경지는 데리다가 말하는 놀이의 경지이면서 그런 놀이를 초월한다. 장자가 말하는 물아양망은 이른바 '소요유'의 유(遊)와 통하고 이 유는 놀이이면서 놀이를 초월한다. 물론 유는 놀이를 의미한다. 그러나 데리다가 말하는 놀이(play)와는 다른 의미이다. 아니 같으며 다르고 이런 놀이 개념을 수용하며 초월한다. 다음은 장자의 말.

> 혜자가 장자에게 말했다. '우리 집에 큰 나무가 있는데 사람들이 가죽 나무라고 부르네. 그 밑둥은 혹 투성이라 먹줄을 댈 수 없고, 그 작은 가지들도 꼬불꼬불 해서 규구(規矩; 자)에 맞지 않네. 그것이 길가에 서 있으나 목수가 돌아보지도 않네. 지금 그대의 말은 이 나무와 같아 커도 소용이 없네. 따라서 여러 사람들이 돌보지도 않을 것이네.' 장자는 이에 대답했다. '이제 자네는 큰 나무를 가지고 있으면서 그것이 쓸데가 없는 것을 걱정이지만 왜 그것을 무하유지향(無何有之鄕)인 광막한 들에다 심어 놓고 그 곁을 방황하면서 무위(無爲)로 날을 보내고 소

> 요하다가 그 밑에 드러눕지를 않는가? 그러면 그 나무는 도끼에 베어지지도 않을 것이고 아무에게도 해를 입을 염려가 없네. 쓰일 데가 없으니 또 무슨 괴로움이 있겠는가?'[94]

그 유명한 무용(無用)의 용(用)이라는 명제. 쓸모가 없기 때문에 쓸모가 있다는 이 명제에서 장자가 강조하는 것은 참 쓸모는 세속의 쓸모를 초월하는 것. 세속적 가치를 잊는 것. 참된 유용성은 세속의 가치를 벗어나는 것이고 이렇게 참된 유용성을 발견하여 홀로 즐기고 홀로 소요하라는 것. 무하유지향은 어디에도 없는 고향, 인공을 가하지 않은 낙토(樂土), 말하자면 유토피아이다. 장자가 강조하는 것은 이런 이상향에서의 소요(逍遙), 곧 슬슬 거닐며 한가로이 돌아다니는 것. 이런 소요가 놀이와 통한다. 데리다의 글쓰기가 놀이, 무용성을 강조한다면 장자는 이 놀이, 무용성의 유용성를 강조하고 그런 점에서 데리다가 예술을 강조한다면 장자는 예술과 삶이 하나가 되는 그런 경지를 지향한다. 말을 잊은 사람과 더불어 말한다는 것은 결국 밝힐 수 없는 것은 밝힐 수 없다는 것을 아는 것이고 세속적 가치를 지탱하고 세속적 가치를 생산하는 언어를 버리는 일과 통한다.

요컨대 데리다의 경우 텍스트가 세계이고 산다는 것은 쓰기이고 텍스트 짜기이고 이 텍스트는 시작도 끝도 중심도 없지만 아무튼 우리는 세계라는 텍스트를 쓰고 짜며 산다. 이렇게 글이 생략된 글쓰기, 원-글쓰기가 데리다의 글쓰기라면 장자는 이런 텍스트로서의 세계를 인정하지만 궁극적으로는 이런 텍스트도 잊으라고 주장한다. 장자의 물아양망은 주체/객체의 2항 대립을 해체한다는 점에서 데리다와 비슷하지만 중요한 것은 장자의 경우 이 망각도 망각하라는 것. 왜냐하면 망각의 망각이 깨달음, 道와 통하기 때문이다.

장자의 말을 인용하면서 이 글도 망각하자.

대저 큰 道는 이름 부를 수가 없고 위대한 변증은 말하지 않으며 위대한 仁은 인자하지 않고 크게 청렴함은 사양하지 않으며 크게 용감함은 남을 해치지 않는다. 도가 밝혀지면 도가 아니고 말로 변증되면 도달하지 못하고 인이 계속되면 이루어지지 못하고 청렴이 결백해지면 미덥지 못하며 용기가 해치면 이루어지지 못한다. 이 다섯 가지는 원래 원만한 것인데 지금은 거의 모난 데 가깝다. 그러므로 앎이 그 알지 못하는 데서 그치면 최고다.[95]

미 주

1) 좀더 자세한 것은 이승훈, 『한국모더니즘시사』, 문예출판사, 2000, pp. 137-143을 참고 바람.
2) Zizek. "The Obscene Object of Postmodernity", *The Zizek Reader*, E. Wright. ed., Blackwell, 1999, pp. 39-44.
3) 김용직, 『한국현대시사 1』, 한국문연, pp. 370-395를 참고.
4) 이상은 · 이승훈, 『시작법』, 문학과비평사, 1988, pp. 282-372를 참고.
5) 이승훈, 「현대시의 종언과 미학」, 『시와사상』, 2006년 가을호.
6) P. Bürger, *Theory of Avant-garde*, trans. by M. Shaw, Univ. of Minnesota Press, 1984, pp. 20-22.
7) 모더니즘과 아방가르드에 대해 좀더 자세한 것은 이승훈, 『한국모더니즘시사』, 문예출판사, 2000, pp. 65-70을 참고 바람.
8) N. Zach, "Imagism and Vorticism", *Modernism*, ed. M. Bradbury, Penguin Books, 1976, p. 230.
9) 좀더 자세한 것은 이승훈, 「김춘수와 무의미시의 세 유형」, 『현대문학』, 2005, p. 1을 참고 바람.
10) 이 시에 대한 좀더 자세한 분석은 이승훈, 「모더니즘의 비판적 수용」, 『모더니즘의 비판적 수용』, 작가, 2002, pp. 58-280을 참고 바람.
11) 김준오, 「순수—참여의 다극화 시대」, 김윤식 외, 『한국현대문학사』, 현대문학사, 2002, pp. 383-384.
12) 최동호, 「한국 현대시사의 넓이와 높이」, 『한국현역100인 대표시선』, 푸른사상, 2005, p. 433.
13) 좀더 자세한 것은 이승훈, 「김안서의 시론」, 『한국현대시론사』, 고려원, 1993을 참고 바람.
14) 이승훈 주석, 『이상문학전집 1』, 문학사상, 1989.
15) S. Freud. "On Dreams", *The Standard Edition of The Complete Psychological Works of S. Freud*, 5, 1975, pp. 652-653. 앞으로 영역 전집은 SE로 표기함.
16) J. Lacan, "The Agency of the Letter in the Unconscious", *Ecrits*, trans. A. Sheridan, Norton & company, 1977, p. 164.
17) J. Lacan, 위의 글, p. 164.
18) S. Freud, *The Interpretation of Dreams*, SE, pp. 4, 320.
19) S. Freud, *The Interpretation of Dreams*, SE, p. 324.
20) J. Lacan, 위의 글. p. 154.

21) 김춘수, 「'장편 연작시' 처용 단장 '시말서'」, 『현대시사상』, 1991년 가을, 고려원.
22) 이재훈 대담, 「비대상에서 禪까지」, 『시와 세계』, 2004년 겨울.
23) 이승훈, 「무의미시」, 『비대상』, 민족문화사, 1983.
24) 김춘수, 「의미에서 무의미까지」, 『김춘수전집 2』, 문장사, 1982, p. 387.
25) 이승훈, 「김춘수의 처용 단장」, 『모더니즘의 비판적 수용』, 작가, 2002.
26) 김춘수, 「'장편 연작시' 처용 단장 '시말서'」, 위의 책, p. 59.
27) 라캉에 대해서는 이승훈, 「라캉의 주체 개념」, 『탈근대주체이론－과정으로서의 나』, 푸른사상, 2003 참고.
28) 김춘수, 「의미에서 무의미까지」, 위의 책, p. 389.
29) 이승훈, 「禪과 잭슨 폴록」, 『시와 세계』, 2004년 봄호.
30) 김춘수, 「'장편 연작시' 처용단장 '시말서'」, 위의 책.
31) 이승훈, 「포스트모더니즘의 시적 기법－김춘수의 <처용 단장> 3, 4부를 중심으로」, 『모더니즘 시론』, 문예출판사, 1995.
32) G. 쥬커브, 「무의미」, 『춤추는 물리』, 김덕영 역, 1981, 범양사, p. 190.
33) 권영민, 『한국현대문학사』, 민음사, 1993, p. 100.
34) 이승훈, 「김수영, 김춘수의 시적 모험」, 『한국모더니즘시사』, 문예출판사, 2000, pp. 222-233.
35) 이승훈, 「김기림의 시론」, 『한국현대시론사』, 고려원, 1993.
36) 이승훈, 「김춘수와 무의미 시의 세 유형」, 『현대문학』, 2005, p. 1.
37) 김춘수, 「의미에서 무의미까지」, 『김춘수전집 2』, 문장, 1982, pp. 383-384.
38) T. Adorno, *Aesthetic Theory*, trans. by C. Lenhardt, Routledge and Kegan Paul, New York, 1970, p. 321.
39) 김춘수, 위의 글, p. 384.
40) M. Bradbury, J. Mcfarlane, "The Name and Nature of Modernism", *Modernism*, Penguin Books, 1978, p. 27 참고.
41) 김춘수, 위의 글, pp. 386-387.
42) 이승훈, 「김기림의 시론」, 위의 책, p. 108.
43) 좀더 자세한 것은 이승훈, 「김춘수와 무의미 시의 세 유형」, 앞의 책 참고 바람.
44) 김춘수, 위의 글, p. 388.
45) 이재훈과의 대담, 「비대상에서 禪까지」, 『시와 세계』, 2004년 겨울.
46) 이재훈과의 대담, 「날이미지와 무의미시 그리고 예술」, 『시와 세계』, 2004년 가을.
47) 자크 데리다, 「힘과 의미」, 남수인 옮김, 『글쓰기와 차이』, 동문선, 2001, p. 25.
48) 바타유, 『에로티즘』, 조한경 옮김, 민음사, p. 9.
49) 미셸 푸코, 『말과 사물』, 이광래 역, 민음사, pp. 347-348.
50) 데리다, 「문학이라는 이름의 이상한 제도」, 『문학의 행위』, 애트리즈 편, 뉴욕: 로틀레지, 1992, p. 36.
51) 들뢰즈, 『천 개의 고원』, 김재인 옮김, 새물결, p. 227.
52) 성철 스님 법어집, 「덕산탁발」, 『본지풍광』, 장경각, 2000, pp. 12-13.
53) 조오현 편저, 『선문선답』, 장승, 1996.
54) 원효, 『금강삼매경론 상』, 조용길 · 정통규 옮김, 동국대출판부, 2002, p. 2.

55) 이승훈, 「선과 모더니즘」, 시선, 2003년 창간호.
56) 장 보드리야르, 「시뮬라크르들의 자전」, 『시뮬라시옹』, 하태환 옮김, 민음사, 1992, pp. 15-16.
57) Bauman, *Postmodernity and Its Discontents*, Polity Press, 1997, p. 100 참고.
58) 이승훈, 「선과 존 케이지」, 『시와 세계』, 2003년 가을호, 2004년 봄호.
59) 『전등록 1』, 동국역경원, p. 290.
60) 『금강경』, 「장엄정토분」.
61) 장경렬, 「컴퓨터, 인터넷, 그리고 문학」, 『21세기문학』, 2001년 여름호, pp. 2-20 참고.
62) J. Baudrillard, "From Symbolic Exchange and Death", *from Modernism to Postmodernism*, ed. L. Cahoone, Blackwell publishers, 1996, pp. 437-460 참고.
63) 데리다, 『에쁘롱』, 김다은 · 황순희 옮김, 동문선, 1998, pp. 119-120.
64) S. Cubitt, *Digital Aesthetics*, Sage, 1998, pp. 31-45 참고.
65) S. Cubitt, 위의 책, p. 79 참고.
66) M. N. Epstein, *After the Future*, trans. A. M-Pogacar, Univ. of Massachusetts press, 1995, pp. 84-87 참고.
67) 『雲門錄 上』, 藏經閣, 1997.
68) 독자, 「이우환의 입장들들」, 시네월드, 1994, pp. 298-302 참고.
69) 성철 편역, 『돈황본 6조단경』, 장경각, 불기 2534, p. 254.
70) 이기영, 『무문관 강의』, 한국불교연구원, 2000, pp. 155-162.
71) 이승훈, 『모더니즘의 비판적 수용』, 작가, 2002, p. 116.
72) 이승훈, 위의 책, p. 35.
73) D. Clppinger, "Poetry, Postmodern", *Encyclopedia of Postmodernism*, ed. V. E. Taylor, Routledge, 2001, p. 292 참고.
74) 이 글에서는 주로 이승훈, 「뉴밀레니엄 시대, 현대시의 양식적 대응」, 『모더니즘의 비판적 수용』, 작가, 2002; 「디지털 시대의 시쓰기」, 『21세기문학』, 2001년 가을호를 참고했음.
75) 앨빈 커넌, 『문학의 죽음』, 최인자 옮김, 문학동네, pp. 176-185 참고.
76) 각주 74) 참고.
77) S. Seribner, "Imagination, Postmodernism", V. E. Tayor(ed.), 위의 책 참고.
78) J. Baudrillard, "Symbolic Exchange and Death", *From Modernism to Postmodernism*, ed., L. Cahoone, Blackwell, 1996, pp. 444-445 참고.
79) T. Woods, *Beginning Postmodernism*, Manchester Univ. Press, 1999, p. 222 참고.
80) 앞에 나온 「해체 이후의 시쓰기」 참고.
81) F. D. Saussure, *Course in General Linguistic*, trans. W. Baskin, New York: Philosophical Library, 1959, p. 120.
82) J. Derrida, *Of Grammatology*, trans. G. C. Spibak, The Johns Hopkins Univ. Press, 1974, pp. 62-63.
83) 이즈쓰 도시히코(井筒 俊彦), 「데리다의 에크리튀르론에 대해」, 『의미의 깊이』, 이종철 옮김, 민음사, 2004, pp. 128-132.
84) 장자, 『장자』, 이석호 역, 삼성출판사, 1976, p. 448.

85) 비트겐슈타인, 『논리－철학 논고』, 이영철 옮김, 천지, 1991, p. 143.
86) 소쉬르, 위의 책, p. 66.
87) 데리다, 위의 책, p. 65.
88) 데리다, 같은 책, p. 50.
89) 도시히코, 위의 책, pp. 118-121.
90) 데리다의 텍스트적 주체에 대해서는 이승훈, 『탈근대주체이론－과정으로서의 나』, 푸른사상, 2003을 참고 바람.
91) 장자, 위의 책, p. 208.
92) 소쉬르, 위의 책, pp. 23-24.
93) 데리다, 위의 책, pp. 6-7.
94) 장자, 위의 책, p. 192.
95) 장자, 같은 책, p. 202.

찾아보기

[인명]

[작품 · 저서명]

[중심개념]

저자: 이승훈(李昇薰)

아호 이강(怡江). 강원도 춘천에서 태어나 춘천고를 거쳐 한양대학교 공과대에 입학. 공대 시절 '현대문학'에 박목월 선생의 추천으로 등단. 1년을 쉬고 국문과 3년으로 전과. 국문과를 졸업하고 연세대학교 대학원에서 「이상시 연구」로 문학박사학위를 취득했다.
현대문학상, 한국시협상, 시와시학상, 배남학술상, 김삿갓문학상 수상
현재 한양대학교 국어국문학과 교수
저서로는 시집에 『사물A』, 『당신의 방』, 『나는 사랑한다』, 『너라는 햇빛』, 『인생』, 『비누』, 『이것은 시가 아니다』 등이 있고 시론집에 『시론』, 『비대상』, 『모더니즘 시론』, 『포스트모더니즘 시론』, 『해체시론』, 『한국모더니즘시사』, 『한국현대시론사』, 『한국현대시의 이해』, 『시적인 것은 없고 시도 없다』 등 저서 55권을 펴냈다.

현대시의 종말과 미학 값 13,000원

2007년 12월 1일 1판 1쇄

저 자 이 승 훈
발행인 임 경 환
발행처 **집 문 당**

413－756 경기도 파주시 교하읍 문발리 514-7
등 록 1971. 3. 23. 제2-304호
영 업 부 (02)743-3192～3 팩스(02)742-4657
전자우편 sale@jipmoon.co.kr
편 집 부 (02)743-3096 팩스(02)743-3097
전자우편 edit@jipmoon.co.kr
홈페이지 www.jipmoon.co.kr

ISBN 89-303-1345-0

이 도서의 국립중앙도서관 출판시도서목록(CIP)은 e-CIP 홈페이지 (http://www.nl.go.kr/cip.php)에서 이용하실 수 있습니다.(CIP제어번호: CIP2007003424)